NAMAZ VE
KARAKTER GELİŞİMİ

İnsan yayınları : 446
psikoloji dizisi : 14

Copyright©**İnsanyayınları**

birinci baskı, 2006
sekizinci baskı, 2011

yayıncı sertifika no: 12381
isbn 978-975-574-500-8

namaz ve karakter gelişimi
esma sayın
esmasayin16@gmail.com

içdüzen
mürettibhane

kapak düzeni
harun tan

baskı-cilt
istanbul matbaacılık prodüksiyon yay. san. tic. ltd. şti.
gümüşsuyu cad. ışık san. sit. blok no: 21
topkapı/zeytinburnu/istanbul
tel: 212 - 482 51 66
matbaa sertifika no: 12923

İnsan yayınları
mehmet akif cad.
kestane sok. no: 1 güngören/istanbul
tel: 212-642 74 84 faks: 212-554 62 07
www.**İnsanyayınları**.com.tr
İnsan@**İnsanyayınları**.com.tr

NAMAZ VE
KARAKTER GELİŞİMİ

ESMA SAYIN

insan yayınları

ESMA SAYIN

1977'de Bursa'da doğdu. 2001 yılında Uludağ Üniversitesi İlahiyat Fakültesi'nden mezun oldu. Aynı yıl, Din Psikolojisi Bilim Dalı'nda yüksek lisans çalışmasına başladı. 2003 yılında "Namazın Karakter Gelişimi Üzerine Etkisi" isimli tezini tamamladıktan sonra, Tasavvuf Tarihi Bilim Dalı'nda doktora çalışmalarına başladı. 2010 yılında "Tasavvuf Kültüründe İbadetler ve Hac Örneği" isimli teziyle doktorasını tamamladı. Şu an Hakkâri Üniversitesi Eğitim Fakültesi Din Kültürü ve Ahlak Bilgisi Öğretmenliği Bölümü'nde yardımcı doçent olarak görevine devam etmektedir. Yazar, Arapça ve İngilizce bilmektedir.

Yazarın elinizdeki eserinden başka, *Namaz Anne Kucağıdır* (İstanbul 2007) isminde bir eseri daha yayınlanmıştır. Bunun dışında yayına hazırladığı çalışmalar ise şunlardır: *Tasavvuf Kültüründe İbadetler (Namaz, Oruç, Zekât, Hac ve Kurban), İslam Tasavvufunda Keramet ve İstikamet Anlayışı, Peygamber Efendimizin İbadetlerinin Manevî Yönleri, Fotoğrafik Hafıza Tekniklerinin İbadet ve Ahlak Derslerine Uyarlanması, Dua Terapisi ve Duanın Manevî Yönleri.*

İçindekiler

TAKRİZ

*b*u eserde namaz, Kur'ân ve Sünnet'in gösterdiği istikamete dikkat edilerek, gerçekten yapılması gerektiği gibi, birçok boyutuyla ele alınmıştır. Bunların birincisi ibadet, ikincisi de, özellikle son semavî din olan İslâm'ın her vesile ile üzerine eğildiği sosyal hayattır. Nitekim nübüvvet zincirinin son halkası Hz. Muhammed'e kadar bütün peygamberler aracılığı ile ilâhî mesajın içeriğinde bu iki ana noktanın özellikle vurgulandığına Kur'ân ayetleri işaret etmektedir. İnsan bunlardan birini gerçekten yaratılış hikmetinin bilincinde olarak yerine getiriyorsa, diğerini de tabiî olarak yapmak durumundadır. Bunlardan birini aksattığı an, yerine getirdiğini zannettiği görevinde, en azından şuur boyutunda, ciddî bir eksiklik var demektir. Çaresi kişinin kendisini sorgulayarak olumsuz davranışlarını gidermesidir. Esma Sayın, bu güzel eserde bunu anlamlı bir şekilde vurgulamaktadır. Kendisini tebrik ediyor, yeni eserleri için başarılar diliyorum.

Doç. Dr. Salih KARACABEY

ÖNSÖZ

*b*u çalışma gönüllerde namaz aşkının, zihinlerde namaz bilincinin canlanması için kaleme alındı. Esasında eser, *"Namazın Karakter Gelişimi Üzerine Etkisi"* isimli yüksek lisans tezinin tasavvufî içeriğinin genişletilmesiyle, çeşitli bakımlardan zenginleştirmelerle ortaya çıkmıştır.

Namaz bir hayattır. Namaz kalbin azığı, gönlün sevinci, zihnin dinginliği ve ruhun yükselişidir. Namaz hayatın merkezindedir. Bu nedenle o, hayatın içinde hak ettiği yeri almalıdır. Namazın şeklinin ötesinde bir ruhu ve mana derinliği vardır. Şekil ummanda bir damla ise, ruh ummanın ta kendisidir. Bu yüzden biz namazın henüz tam manasıyla keşfedilememiş manevî ve derûnî yönünü sûfîlerin görüşlerine ağırlık vererek tasavvufî bir bakış açısıyla ele almaya çalıştık.

Namaz insan hayatına bir anlam ve amaç katar böylece insanın psikolojik ve sosyal dünyasını zenginleştirir. O, insan psikolojisini olumlu yönde etkiler.Bu eser, namazın insan psikolojisine kazandırdıklarını gözler önüne serme gayretinin bir ürünüdür.

Namaz sûre ve duaları, sadece meâlin dar dünyasına sıkıştırılamayacak kadar zengin anlamlar içerir. Bu konuda yazılmış eserler yok denecek kadar azdır. Namaz sûrelerinin, kavramlarının ve dualarının geniş anlam ve yorumlarını bu çalışmada bulabileceksiniz.

Namaz, Allah'la karşılıklı sohbet ve aşk itirafıdır. Allah, sevgisini insana sunar; insan, hakiîkî bir namaz kılıyorsa, Rabbinin sevgisini ruhunun derinliklerinde hisseder. Bu eser, namazda okunan sûre ve duaların Allah'la karşılıklı bir sohbet olduğunu, Allah'ın namaz kılan insana sunduğu müjdelere dikkat çekerek ortaya koymaya çalıştı.özellikle namaz duaları da peygamberler,onların aileleri ve ümmetleriyle karşılıklı dualaşma anlamını taşır. Namaz dualarının bu yönüne ağırlık vermek, "evrensel barışın" sağlanmasına katkıda bulunabilir. İki cihanda birbirine sevgisiyle Allah katında yücelen insanların sayısını yükseltebilir.

Namaz yüce ahlâk sahibi bir insanın doğum müjdesidir. O, güzel ahlâkıyla yücelen bir insanın iki cihan sevincidir. Ahlâklı insanı oluşturmak için namaz günde beş defa görev başındadır. Bu eser namazın ahlâk üzerindeki olumlu etkisini de anlatmaya çalıştı.

Namazın içindeki "Sübhân" Allah'ı isim ve sıfatlarıyla andığımız derin sırlarla dolu bir lâfızdır.Bu nedenle namazın içinde özellikle secde duruşunda Allah'ın isimleriyle nasıl dua edileceğini ele alarak O'nun güzel isimleriyle bağlantı kurmaya çalıştık. Her secdede farlı bir ilâhî isimle, farklı bir ilâhî güzellik yaşamanın önemine değindik.

Bu çalışmaya emek veren, destek ve yardımlarını esirgemeyen sevgili hocam Prof. Dr. Hayati Hökelekli'ye, Dr. Nebile Aslan'a, Yrd. Doç. Dr. Abdülkerim Bahadır'a, Doç. Dr. Adem Şahin'e sonsuz teşekkürlerimi sunarım.

Bu çalışmanın tasavvufî bir bakış açısı ve manevî bir soluk ve ufuk kazanmasını sağlayan saygıdeğer hocalarım Prof. Dr. Süleyman Uludağ'a, Prof. Dr. Mustafa Kara'ya, Doç. Dr. Salih Karacabey'e, Prof. Dr. Mahmut Erol Kılıç'a; gönül zenginlikleri, Allah ve Rasûlullah aşkları, ibadet sevgileri ile bana örnek olan dedem ve anneanneme sonsuz şükranlarımı sunarım.

Bu eserin namazı güzel, ahlâkı güzel; namazı kendisinden razı, kendisi namazından razı nesillerin filizlenip büyümesine katkıda bulunmasını dilerim. Gayret bizden, tevfik ve lütuf Rabbimizdendir.

Esma Sayın
Tavşanlı 2005

I. İBÂDET KAVRAMI

A. İBÂDETİN TANIMI

*İ*bâdet kelimesi; boyun eğmek, saygı göstermek, hizmet etmek, itaat ve kulluk etmek, bağlanmak, tevazu göstermek, tapınmak manalarına gelir.[1] İbadet, Allah'a saygı ve sevgi göstermek, korku ve ümit beslemek[2], O'na karşı kulluk ve bağlılığımızı söz ve hareketlerle ortaya koymak olarak da ifade edilmektedir.[3]

Bir başka anlamıyla ibâdet, tapmak, dua etmek, taparcasına sevmek; dinsel, törensel, âdet edinilmiş uygulama ve pratikler demektir.[4]

İbâdet, Hazret-i Allah'ın sonsuz bir kudret ve hakimiyete sahip olduğuna inanmak ve kaynağını, mahiyetini bilemediği yaratıcının büyüklüğü ve yüceliği karşısında sonsuz bir saygı ve teslimiyet hissi duyup bunu ifade etmektir.[5]

1. İbn Manzur, *Lisânü'l-Arab*, Daru's-Sadr, Beyrut, C. 4, s. 260-262.
2. Akseki, A. Hamdi, *İslâm Dini*, Nur Yayınları, Ankara, 1989, s. 107
3. Pazarlı, Osman, *Din Psikolojisi*, Remzi Kitabevi, İstanbul, 1968 s. 189.
4. Sinclair, John-Gwyneth Fox, Önder Renkli Yıldırım, *Metro Collins Cobuild Birmingham University International Language, Database Essential Dictionary, İngilizce-İngilizce Türkçe Sözlük*, s. 1208
5. el-Karadavî, Yûsuf, *İbâdet*, (çev. Hüsamettin Cemal), Çığın Yayıncılık, İstanbul, 1974, s. 40

Sonuç itibarıyla, Allah'a inancı ve bağlılığı simgeleyen bütün doğru davranışlar ibâdet olarak isimlendirilir. Kendi imkânlarıyla tam ve mükemmel olamayan insanın, her şeyini kendisine borçlu olduğu mükemmel ve yüce varlığa karşı itaat ve yakınlaşma isteği, ibâdetlerle anlam kazanmaktadır. İbâdet bir "itaat" davranışıdır. Allah'a bağımlılığın şuuruna ulaşmış insanın, bunun sonucuna içtenlikle, şükran ve minnettarlık duyguları içerisinde katılmasını simgeler. İbâdet ve dinî uygulamalar vasıtasıyla inançlı insan, kendi psikolojik tabiatının ve gündelik şuurunun normal işleyiş düzeninin dışına çıkarak, üstün bir varlık tarzına ve yaşama modeline yükselmektedir.[6]

İbâdetler, kişiye iş yapabilme gücünü kazandırır. Cemaatle yapılan ibâdetler, ferdin topluma katılmasını sağlarken kişinin sosyal uyumuna da yardımcı olur.[7]

İbâdet, mahiyeti idrâk olunamayan bununla beraber varlığı, sonsuz kudret ve yüceliği her yerde sezilen, zahirî sebeplerin üstünde dilediği tasarruf kudretine sahip olan zâta karşı gösterilen tevazu, saygı, itaat ve tazimin en yükseğidir.[8]

B. PSİKOLOJİK VE SOSYOLOJİK AÇIDAN İBÂDETİN ETKİLERİ

C.G. Jung'a göre, "Kilise ve ibâdetler, telkin yoluyla bireyleri birleştirerek, şekilsiz bir kitleyi inananlar topluluğuna dönüştürmeye ve bu organizasyonu bir arada tutmaya çalışırken, yalnızca büyük bir sosyal hizmet görmekle kalmaz, aynı zamanda bireye anlam dolu bir yaşamın da paha biçilmez nimetini sunar."[9]

6. Hökelekli, Hayati, *Din Psikolojisi*, T.D.V. Yayınları, Ankara, 1993 s. 233-234.
7. Şentürk, Habil, *İbâdet Psikolojisi Hz. Peygamber Örneği*, İz Yayıncılık, İstanbul, 2000, s. 30.
8. Akyüz, Vecdi, *Mukayeseli İbâdetler İlmihali*, İz Yayıncılık, İstanbul, 1995, C. 1, s. 56.
9. Jung, C.G., *Keşfedilmemiş Benlik*, (çev. Canan Ener Sılay), İlhan Yayınevi, İstanbul, 1999, s. 85.

Din, cemaat anlayışı ve ibâdetler, bireyin kendisine ve başkalarına güven duygusu kazanmasını, öncelikle birtakım değerlere bağlanmasını, üstün ve aşkın olan bir varlığa inanma duygusu etrafında bütünleşmiş fertlerle kaynaşmasını sağlar. Dinin cemaat anlayışı ve teşkilatı vasıtasıyla kişinin icra ettiği müşterek dinî faaliyetler, onun ciddiyet ve güven duymasında, dolayısıyla cemiyet karşısında kendisini kuvvetli hissetmesinde çok önemlidir.[10]

Dinî inanç ve değerler, ibâdet ve törenlerle, dünya hayatına ilişkin dinî açıklamalar ile insan hayatına bir anlam ve amaç kazandırır. İnsanlararası ilişkileri düzene koyar; kişinin zihinsel açmazlarını çözer. Ayrıca dinin insanı davet ettiği ve yönlendirdiği ideallerle oluşturduğu cemaat hayatı, kişiye kimlik kazandırır; cinsellik ve saldırganlık dürtülerinin ıslâh edilip faydalı duruma getirilmesine hizmet eder. Ruh sağlığını koruyucu yönleri olan ruhanî konular, tedavi edici etkiler ortaya koyar (Allport, s. 89-93; Johnson s. 231-251). Din, insanın iç dünyası ile doğal ve toplumsal çevresi arasında denge ve uyum kurmasına yardımcı olur. İnsanın kişilik yapısındaki güçleri bütünleştirmesinde ibâdetin de büyük bir payı vardır (Argle-Hallahmi, s. 201-203). Dinî hayatın temel unsuru olarak ibâdetin etkisi tek bir alanla sınırlandırılamaz. Dolayısıyla ibâdet; insanın bedenî ve maddî yönünü de etki altına almakta ve bu şekilde insan hayatının bütününü kuşatabilmektedir.[11]

Türkiye'de bir grup ilahiyat fakültesi öğrencisi üzerinde yapılan ankete dayalı olan alan araştırmasında, öğrencilerin namaz, oruç, dua, tövbe, sadaka gibi dinî pratikleriyle psiko-sosyal uyumları arasındaki ilişki anlaşılmaya çalışılmıştır. Sonuçta kendini kabullenme, kendini ifade etme, etkinlik, sosyallik, sorumluluk gibi kişilik değişkenleriyle ibâdetleri yerine getirme sıklığı arasında olumlu bir ilişkinin varlığı tespit edilmiştir.[12]

---

10. Kula, Naci, *Kimlik ve Din*, Ayışığı Kitapları, İstanbul 2001, s. 78.
11. Hökelekli, Hayati, "İbâdet-Psikoloji ve Sosyoloji Açısından İbâdet", *D.İ.A.*, C. 19, s. 248-251, T.D.V Yayınları, İstanbul, 1999.
12. Hayta, Akif, "U.Ü. İlahiyat Fakültesi Öğrencilerinin İbâdet ve Ruh Sağlığı (Psiko-Sosyal Uyum) İlişkisi Üzerine Bir İnceleme", *U.Ü.İ.F.D.*, sayı 9, C. 9, s. 1-38, Bursa, 2000.

Cemaatle yapılan ibâdetlerin bir dost yüzü görmek, mescidin manevî ihtişâmını seyretmek, camiye gelen mü'minleri görmek, namaz saflarının düzenindeki ve ritmik hareketlerdeki ahengi izlemek gibi göze hitâb eden etkileri de bulunmaktadır. Aynı zamanda güzel bir sesle ve usûlüne uygun olarak okunan ayetler, dualar, salât ve selâmlar, getirilen kamet, (namaz sûrelerinin sesli olarak okunduğu namazlarda) imamın okuduğu ayetler, namazdan önce yapılan vaaz ve okunan hutbelerin dikkatle dinlenmesi, toplu dua, niyaz ve yakarışlar esnasında duyulan sesler, ağlamalar, ibâdetin işitme duyusuna hitâb eden etkilerindendir.

İbâdetin koklama duyusuna hitâb eden yönleri ve etkileri de vardır. Camilere giderken güzel koku sürme âdeti, bu gerçeğin bir ifadesidir. Dost yüzü ve dost sesini, dost kokusu tamamlayabilir. Güzel koku, insanı zaman ve mekân boyutlarının ötesine taşıyarak kişiyi derunî hayallere daldırır.[13]

İbâdet eden kişi yeni bir hayat coşkusu elde eder ve en üstün gücü kavrar. Yapılan bir araştırmaya göre, dine bağlanma ve ibâdetin, ırklar arasındaki hoşgörü ve diğer gelişime dayalı sosyal tutumları gerçekleştirme noktasında belirgin bir kaynak teşkil ettiği görülmüştür (Campbell & Fukuyama).[14] Burada bahsettiğimiz güzelliğin ortaya çıkabilmesi için, doğru inancın ve doğru ibâdet anlayışının bulunması gerekmektedir.

Sosyolojik açıdan, toplum hayatı içerisindeki ibâdetler büyük bir öneme sahiptirler. Meselâ namazdan bahsedersek: Namazın tavsiye edilen kılınma şekli, durum ve seviye farkı gözetmeden cemaat hâlinde edasıdır. Burada namaz her sınıf insanı, (zengin-fakir, âlim-cahil, büyük-küçük, yöneten-yönetilen), aralarındaki sosyal statüleri ortadan kaldırarak bir araya getirir ve insanlar yan yana bir Allah'a yönelerek kulluklarını ifade ederler. Bir günde kılınan beş vakit namaz, her mahallede insanları bir araya toplar ve haftada bir defa olmak üzere

---

13. Kara, Mustafa, Cami ve İbâdet Psikolojisi, Diyanet Aylık Dergi, sy. 28, s. 27-36, T.D.V. Yay., Ankara, 2001.

14. Meadow, Mary Jo (Mankato State University) Richard D. Kahoe, Christian Haven Homes, Psychology of Religion, Religion in Individual Lives, 1984, Harper & Row. Publishers New York, s. 47-48.

kılınan cuma namazı ise şehrin sakinlerini bir araya getirir. Yine bunun gibi, bayram namazlarında daha uzak yerlerdeki insanlar bir araya gelirler. Bu durum bir düzeni simgeler ve büyük bir disiplini gösterir. Aynı zamanda Müslümanlar birbirlerinin durumlarını, sıkıntılarını öğrenirler, böylece birçok sosyal sorun konuşulur ve sorunlar halledilerek sıkıntılar giderilir.[15] Bu örnekte görüldüğü gibi toplumsal bütünleşme ve uyumu kazanmanın ön şartının ibâdetleri yerine getirmek olduğu söylenebilir.

Psikoloji, insanın çeşitli durumlar karşısında ve muhtelif şartlar altında neler hissedeceğini, neler düşüneceğini, ne gibi kararlar alıp neler yapacağını inceleyen bir bilim dalıdır. Bu noktada insanın duygu, düşünce, karar ve uygulamaları arasında dinî olanları da bulunduğuna göre psikoloji, insanın dinî duyuş ve davranışlarını da incelemek durumundadır. İşte dindar veya dine muhâtab bir varlık olan insanın önemli dinî davranışlarından biri de ibâdetleridir. Bu sebepledir ki psikoloji ilmi, bir davranış olarak ibâdetleri de sebep-sonuç ilişkileri içerisinde incelemek, böylece dindar kişiyi tanımak ve tanıtmak durumundadır.[16]

Daha önce de ifade ettiğimiz gibi ibâdet, bir itaat etme ve bağlılık davranışıdır. Bu noktada itaat etmek, sevilme yolu ile güvenliğe ulaşma görevini görür. Eğer insanın güvenlik duygusu yalnızca başkaları tarafından sevilmeye bağlı ise, birey sevilmek için her bedeli ödemeye hazırdır.[17] Bu durum yüce yaratıcı ile olan ilişkilerini de etkiler. Yüce yaratıcı kullarını sevmektedir. Sevginin gerçek kaynağı odur. Sevmeseydi kâinatı insanın emrine vermezdi. Nimet sofralarını Âdemoğlunun önüne sermezdi. Adam gibi yaşayan Âdemler için cenneti lütfetmezdi. Âdem'i ademden (yokluktan) kurtarmazdı. Binlerce peygamberi insanlığın doğruyu bulması için göndermezdi. Mademki

15. Hamidullah, Muhammed, *İslâm Peygamberi*, (çev. Salih Tuğ), İrfan Yayınları, İstanbul, 1991 s. 733-734.
16. Şentürk, Habil, *İbâdetin Manası ve Fonksiyonları Üzerine Psikolojik Bir Bakış Denemesi*, S.D.Ü. Basımevi, Isparta, 1995, Yıl. 1994, sayı 1, s. 140; Şentürk, Habil, *Din Psikolojisi*, Esra Yayınları, İstanbul, 1997, s. 132.
17. Horney, Karen, *Günümüzün Nevrotik İnsanı*, (çev. A. Erdem Bagatur), Yaprak Yayınları, İstanbul, 1986, s. 85.

bunlar var, o hâlde Hazret-i Allah'tan bize doğru akan sonsuz bir merhamet ve sevgi seli var. İşte ibâdetin gerekçesi!

Kulluk, kişiyi Allah'la olduğu kadar diğer insanlarla da yakınlaştırmaktadır. Benzer duygu ve düşüncelere sahip olan, ortak bir amaç için bir araya gelmiş insan topluluğu içerisinde ferdî benlik duvarları yıkılarak kolektif ruh hâkim duruma geçer. Genel olarak cemaatleşme hâlinde duygu hassasiyeti zirveye ulaşır. Heyecan derinleşir ve irade kuvvet kazanır.[18]

Başka bir ifadeyle söylemek gerekirse, bir toplumun en mükemmel seviyeye ulaşarak bütünleşmesi ve gelişmesi için, fert ve toplum menfaatlerinin aslında zıt olamayacağı inancının insanlarda kökleşmesi şarttır. Bu bağlamda ibâdetler, insanlar arasında bütünleşmeyi sağlayan kolektif ruhu canlandırır, bu yöndeki karakter özelliklerini geliştirmeye hizmet ederler.

C. İBÂDETİN İNANÇLA OLAN MÜNASEBETİ

Dindar insanın kulluk eylemi olan ibâdet geçici ve tesadüfî bir olay değil, hayatın esaslı bir ifadesi kabul edilir. Bu kapsamıyla ibâdet, dinî hayatla o kadar sıkı bir bağ içerisindedir ki ibâdet olmadan dinin varlığını sürdürüp sürdüremeyeceği şüphelidir. Bu açıdan ibâdet, psikolojiye indirgenemez ve psikoloji tarafından da açıklanamaz; ancak ibâdetin insan üzerindeki etkileri incelenebilir.

William James, Gordon W. Allport, Paul E. Johnson, Carl Gustav Jung, Victor E. Frankl, Becker, Maslow gibi bilim adamlarına göre, dinin fert üzerindeki asıl etki ve fonksiyonu onda güçlü, uyumlu, bütünleşmiş, sağlam yapılı bir kişilik oluşturmasıdır. Bu noktada dinî pratikler (ibâdetler) dinin ayrılmaz bir parçası olarak bütünleşmiş bir kişiliğin oluşmasında etkin bir rol üstlenmişlerdir. Din psikolojisi araştırmalarından elde edilen sonuçlar da bunu desteklemektedir.[19]

---

18. Hökelekli, *a.g.e.*, s. 245.
19. Hökelekli, *a.g.e.*, s. 233-234.

İbâdet, dinî bir davranış olduğuna göre, bu davranışın oluşmasında rol oynayan psikolojik amiller (sebepler) vardır. Bu açıdan ibâdet, inançla iç içe bir ilgi içindedir.[20] Öyleyse davranışın tutarlı olabilmesi için, dayandığı inanç temelinin de tutarlı olması icab eder. İnançların oluşmasında ise duygu ve düşüncenin önemli tesirleri olduğu psikolojik bir gerçektir.[21]

Dinî hayatın temel unsuru olarak ibâdetin etkisi tek bir alanla sınırlandırılamaz. Bu bakımdan kulluk, insanın şahsî ve manevî cephesiyle birlikte etki ve sonuçlarını iletme aracı olan bedenini ve maddî yönünü de etki altına almakta ve bu şekilde insanın bütün hayatını kuşatabilmektedir (Wach, s. 26). Meselâ ABD'de 10.000 kişiye uygulanan çok sayıdaki psikolojik test sonucunda, dine inanan veya bir mezhebin kilisesine devam eden kişilerin, bunu yapmayanlardan daha sağlam bir kişiliğe sahip oldukları tespit edilmiştir (Link, s. 20-105).[22]

İnançların farklı olması tabiî olarak davranışların da farklı olmasına yol açar. Meselâ bir Müslüman, Allah'a ibâdet etmek için camiye gider ve namaz kılar. Bir Hristiyan ise kiliseye gider ve kendi inançlarına uygun olarak ayin yapar.[23] Bu durum göstermektedir ki ibâdet inançla uygunluk arz eder. Demek ki genel olarak kişinin ibâdetlerine bakarak onun inancı hakkında bir hüküm verilebilir. Nitekim Johnson'a göre, en önemli din testi, davranış testidir. İbâdet, kişinin dinî duygu, düşüncesi ve inancının davranış hâlindeki bir göstergesidir.[24]

İbâdet, psikolojik bir tarifle bireyin Allah'a karşı, sevgi, saygı, bağlılık, şükran ve acizlik duygularını ifade eden davranışlarıdır.[25] Dikkat edilirse bu tarifte bir kuldan, bir de kulun inandığı Allah'tan bahsedilmektedir. Demek ki, bireyin ibâdet edebilmesi için önce ken-

20. Yavuz, Kerim, *Çocukta Dini Duygu ve Düşüncenin Gelişmesi*, İz Yayıncılık, İstanbul, 1984, s. 69-70.
21. Krech, David-R. S. Crutchfild, *Sosyal Psikoloji*, Can Yayınları, 1988, s. 178.
22. Hökelekli, *a.g.m.*, C. 19, s. 248-252.
23. Ünal, Cavit, *Genel Tutumların ve Değerlerin Psikolojisi*, Beyan Yay., İstanbul, 1996, s. 64-65.
24. Şentürk, Habil, *İbâdet Psikolojisi ve Hz. Peygamber Örneği*, İz Yayıncılık, İstanbul, 2000, s. 29.
25. Pazarlı, Osman, *Din Psikolojisi*, Remzi Kitabevi, İstanbul, 1972, s. 189.

disine ibâdet edilmesi gerektiğine inandığı bir Allah inancı ve şuurunun olması gereklidir. Bu duruma göre, ibâdetin temeli inanca dayanır. Ayrıca kişinin inandığı Allah ve din hakkında sağlıklı bilgilerin olması gerekir. Buna göre kişi, dinî inancının gereği olarak Allah'ı sevecek, ondan korkacak ve ona saygı duyacak, Allah'ın yaratıcı, kendisinin ise Allah'ın yarattığı bir kul olduğunun farkına varacak, ona itaat etme ihtiyacını ve bağlılığını duyacak, onun verdiği nimet ve imkânlar karşısında minnet hisleriyle şükranda bulunmak isteyecektir.[26]

Din, Allah'ın kullarına gönderdiği emirlerin ve yasakların bütünü olan inanç sistemi olarak ifade edebileceğimiz bir hayat tarzı olduğuna göre, kişinin Allah'a inanç bağıyla başlayıp, bu bağın duygu ve düşünce planından çıkarak bir davranışlar bütünü hâlinde hayata yansıması gayet doğaldır.[27] Bu noktada ibâdetler, Allah'a itaat, bağlılık, sevgi, saygı, şükür, O'nu hatırlama ve O'na yönelme gibi şeyleri kapsayan inanç sisteminin; duygusal ve zihinsel süreçleri aşıp doğru ve erdemli davranışlara dönüşmesinde önemli rol oynarlar.

İbâdetlerin kişinin karakterinde yaptığı değişim ve dönüşümü anlayabilmek için karakterin ne olduğunun iyi bir şekilde anlaşılması gerekmektedir. Bu sebeple namaz ibâdetine geçmeden önce karakter konusunu ele alacağız.

26. el-Karadâvî, Yusuf, *İbâdet*, (çev. Hüsamettin Cemal), Çığın Yayıncılık, İstanbul 1974, s. 44-52.
27. Şentük, Habil, "İbâdetin Manası ve Fonksiyonları Üzerine Psikolojik Bir Bakış Denemesi", *S.D.Ü.D.*, sy. 1, Yıl. 1994, s. 139-157, S.D.Ü. Basımevi, Isparta, 1995; Şentürk, Habil, *Din Psikolojisi*, Esra Yayınları, İstanbul, 1997, s. 71-72.

II. KARAKTER KAVRAMI

A. KARAKTERİN TANIMI VE UNSURLARI

*k*arakter, kişiye has davranışların bütünü olup, insanın bedenî, hissî ve zihnî faaliyetine çevrenin verdiği değerdir. Şüphesiz çevrenin verdiği benimsenen değerler, bireyin kişiliğinin bir yanını oluşturur. Ancak kişilik, karakteri de ihtiva eden daha kapsamlı bir terimdir. Karakter terimini kişilikten ayıran en önemli özellik karakterin daha çok ahlâkî özellikler için kullanılmış olmasıdır.[1]

Karakter, ruhta iyice yerleşen prensipler ve değerler vasıtasıyla iradeyle yapılan fiillerde ruhun istikrar kazanmış olması hâlidir. Eğer bu prensipler, zamanın ve toplumun ahlâk prensipleriyle uygunluk teşkil ederse o zaman karakter "ahlâklılık" vasfını taşır ki bu kavram, bu durumda değer ifade eden bir kavram olur. Böyle bir ahlâkî karakterin aynı zamanda toplumun örf ve âdetlerine de uygun olacağı veya olmayacağı ayrı bir meseledir.[2] Meselâ Türk toplumunda dindar insan ahlâk sahibi, karakterli bir insan olarak algılanmaktadır. Böyle-

---

1. Kula, M. Naci, *Kimlik ve Din*, Ayışığı Kitapları, İstanbul 2001, s. 41.
2. Kanad, H. Fikret, *Karakter Kavramı ve Terbiyesi*, Milli Eğitim Basımevi, Ankara, 1997, s. 15.

ce dindarlık bireyi kötü alışkanlıklardan koruyan, çevresiyle uyumlu ilişkiler kurmasına yol açan, güvenilir ve inanılır olma nitelikleri kazandıran bir referans olarak gözükmektedir.[3]

Bir kimsenin karakteristik yapısının şu noktalarla ilgili olması gerekir:

– Bir kişinin ne olduğunu belirten gerçek.

– Bir kişiyle birlikte yaşayanların kanaatlerinde onun ne olduğu hakkında ifade edilen gerçek.

– Diğer kişilerle birlikte içinde yaşadığımız toplum.

– Diğer kimselerle olan ilişkilerdeki tabiat, huy ve ahlâkî özellikler.[4]

Alfred Adler'e göre, hayatın meseleleri karşısında, bir insanın ruhunda meydana gelen çeşitli ifade şekillerine onun "karakteri" diyoruz. Dolayısıyla karakter doğuştan kazanılan bir şey değildir. Sosyal niteliği olan bir kavramdır. Ancak bir insanın davranışlarına göre onun ahlâklı ve karakterli olduğuna hükmetmemiz yanlıştır. Hareketler, gerçek ruhî durumun hakîkî hüviyetini göstermez. Çünkü iç ihtiyaçlardan ve temayüllerden ziyade, zorlama ile yapılan alışkanlıklar ileride hiç yapılmayabilir. İnsanın iç ihtiyaçlarına uyum sağlamadan teşekkül eden alışkanlıklar hiçbir zaman insanın hakîkî karakterini, yani insanın davranışlarındaki asıl niyeti ortaya çıkarmaz.[5]

Kişilik ve karakterin oluşumu, doğuştan getirilen ve sonradan kazanılan çok sayıda faktörün etkileşiminin bir sonucudur. Temelde dinî iman, bütün kişiliği kapsayıcı bir özelliğe sahiptir. Olgunluk seviyesinde ve tam bir davranış hâlini almış olan iman ve bunun tezahürü dinî pratikler, kişiliği ve karakteri meydana getiren her şeyi kuşatabilen tek ruhî faktördür. Din; duygular, arzular, inançlar, ibâdetler, dünya ve toplumla ilişkinin ve davranışların içinde kendisini gösteren

3. Türköne, M., "Bir Siyasi Sorun Olarak Din Eğitimi", *Yeni Türkiye Dergisi*, sy. 2, Yıl 7, s. 72-74, Ankara, 1982.
4. Palmade, Guy, *Karakter Bilgisi*, (çev. Afif Ergunalp), Kervan Matbaası, İstanbul, trs, s. 12.
5. Çamdibi, H. Mahmud, *Şahsiyet Terbiyesi ve Gazâlî*, Han Neşriyat, İstanbul, 1983, s. 33-34.

psikolojik hayatı içine alır ve her bakımdan kişiliğe ve karakterin oluşumuna nüfuz eder.[6] Davranışlara yönelik çalışan psikologlar için karakter özellikleri, davranış özellikleriyle aynı anlama gelmektedir. Böyle bir görüş açısından karakter, "Belli bir bireyin ayırt edici özelliği olan davranış kalıbı." olarak tanımlanmıştır. Buna karşılık R.G. Gordon ve Kretschmer gibi yazarlar belli bir amaç uğruna çaba göstermeyi gerektiren itici güçlere ve karakterin dinamik unsuruna ağırlık vermişlerdir.

B. KARAKTER VE KİŞİLİK KAVRAMLARI ARASINDAKİ FARK

Kişilik dediğimizde, bir bireye özgü olan ve bireyi eşsiz kılan, doğuştan getirilmiş ve sonradan kazanılmış ruhsal niteliklerin tümünü kastediyoruz. Kişilik, bireyin iç ve dış çevresiyle kurduğu, diğer kişilerden ayırt edici, tutarlı ve yapılaşmış bir ilişki biçimidir. Genel öğrenme yaklaşımına göre, insanın davranış özelliklerinin nedeni, onların öğrenme tarihçesinde yatar. Yani kişilik, öğrenilmiş pekiştirilmiş davranışların bir sonucudur. Örneğin, bir insan saldırgan davranıyorsa bunun nedenini onun geçmiş deneyimlerinde aramak gerekir. Bu kişi değişik durumlarda saldırganlığı sayesinde istediğini elde etmiş ve bu nedenle saldırgan davranışı pekiştirilmiştir.[7]

Yapılan tanımlar üç grupta özetlenebilir: Davranışçı psikologlara göre kişilik, insanın gözlenebilir davranış ve alışkanlıkları olarak; sosyal açıdan ise, ferdin diğer insanlar üzerinde bıraktıkları etkiler ve izlenimler olarak; derinlik psikologlarınca da ferdin iç hayatındaki dinamik güçlerin kendine has özellikleri olarak tanımlanmıştır. Birçok tanım olmasına rağmen, genel olarak psikologların benimsediği bir tanıma göre kişilik, bireyin kendine özgü (*characteristic*) ve ayırıcı (*distinctive*) davranışlarının bütünüdür.

---

6. Hökelekli, *a.g.e.*, s. 187.
7. Cüceloğlu, Doğan, *İnsan ve Davranışı*, Remzi Kitabevi, İstanbul 1993, s. 404, 423; Baymur, Feriha, *Genel Psikoloji*, Remzi Kitabevi, İstanbul, 1991, s. 255.

Daha önce de ifade ettiğimiz gibi çevrenin verdiği benimsenen değerler, bireyin kişiliğinin bir yanını oluşturur. Bu bakımdan karakter teriminin kişilik ile ilişkisi vardır. Ancak kişilik, karakteri de ihtiva eden daha kapsamlı bir terimdir. Karakter terimini kişilikten ayıran en önemli özellik karakterin daha çok ahlâkî özellikler için kullanılmış olmasıdır.[8]

Ayrıca toplumun bireyden kesin bir uyum isteğinde bulunduğu şeyler karakteri; toplumun bireyden kesin bir şekilde uyum isteğinde bulunmadığı unsurlar da şahsiyeti teşkil etmektedir. Bununla beraber sosyal ve ahlâkî önemi olan en devamlı özelliklerimizi, diğer özelliklerimizden ayırmak için bunlara "karakter özelliği" denir. Meselâ dürüstlük bir "karakter özelliği" dir. Buna karşılık olarak tepki hızımız ise bir "şahsiyet özelliği"dir.[9]

Bu noktada karakter kavramı kişiliğin ahlâkî yönünü meydana getirdiği için hem kalıtımla ilgili iç yapımızdan hem de sosyo-kültürel ve sosyo-ekonomik etkenlerin özelliklerinden izler taşımaktadır.

C. KARAKTERİN BİÇİMLENDİRİLMESİ VE EĞİTİMİ

Manevî hayatın eğitimi uyumlu bir karakter terbiyesini gerektirir. Karakter terbiyesinin temelinde de hürriyet ve irade vardır.

Hürriyet iki şekilde anlaşılmaktadır:

– Yaşantı hürriyeti

– Manevî-ahlâkî hürriyet

Yaşantı hürriyeti ile kastedilen, duyuların verdiği hazza uyarak ferdin kendi ilgilerine göre yaşamasıdır ki bu, gerçek hürriyet olamaz. Gerçek hürriyet zihnî ve ahlâkî gelişme sonucu olan bir hürriyettir.[10]

Ahlâk eğitimini ifade eden karakter eğitimi, insanı bir yandan özgür ve kendine hâkim kılarken, öte yandan da onun topluma uyumu-

---

8. Kula, M. Naci, *Kimlik ve Din*, Ayışığı Kitapları, İstanbul, 2001, s. 40-41.
9. Çamdibi, *a.g.e.*, s. 34.
10. Çamdibi, *a.g.e.*, s. 41.

nu sağlar. Ahlâkın amacı, yalnız kişinin hayatını şekillendirmek değil, aynı zamanda onunla toplum arasında en kuvvetli bağları kurmaktır. Bu noktada ahlâk eğitiminin her şeyden önce gayesi, kişide karakteri teşkil etmektir. Karakter sahibi olmak demek, irade kuvvetini güçlendirebilmek demektir. Başka bir deyimle karakter sahibi olmak demek, dış etkilerin üstesinden gelerek gevşeklik ve korkaklığın bütün şekillerini ortadan kaldırmaktır.[11]

Gelişim psikolojisi açısından çocuklarda yedi yaşında ahlâkî soruların yön bulması ve olayların değerlendirilmesi başlar. Çocukta artık yaptığı işin iyi ya da kötü olması ile ilgili birtakım yargılar oluşur; yapılan işin iyi veya kötü olmasıyla ilgili çocuğun zihninde problemler belirmeye başlar. Yani yedi-on iki yaş dönemi ahlâkî eğitim açısından büyük bir önem taşır. Yetişkin birey, bu dönemdeki çocuklara uygun davranışlar göstermelidir. Eğitmen ve aileler yedi-on iki yaş grubuna mensup çocukların karakter eğitimi noktasında duyarlılık göstermelidirler. Çünkü çocuğun ahlâkî yönünün ileride gelişeceğini düşünmek onu ihmal etmektir.[12]

Karakter eğitimi, karakterin bir yönü hâline gelmiş olan ahlâkî yargıları, ahlâkî davranış hâline getirme çabasıdır. Ahlâk eğitimini ifade eden karakter eğitiminde amaç ise, özgür olarak dış etkenlerden sıyrılmış, vicdanına uyarak yargıda bulunan ve davranan insanlar yetiştirmektir.[13]

Bazı eğitimciler vicdan dediğimiz faziletli enerjinin veya ahlâkî ölçünün, yaşayış boyunca aldığımız eğitimin bir neticesi olduğunu ileri sürerler. Yani insanda iyiliği ve kötülüğü yanılmadan değerlendirme gücü veren, bireyi bu noktada idare ve kontrol eden vicdan, doğuştan gelen bir meleke olmayıp, sonradan eğitimle kazanılmış ahlâkî bir cevherdir. Bu nedenle karakter eğitiminin etkisinde hareketlerini şekillendiren, dinin hakikatlerine ve telkinlerine gönlünü açanlar, zengin ve aydınlık bir ruh ve karakter terbiyesine, mükemmel bir vicdan

11. Şemin, Refia, *Çocukta Ahlâkî Davranış ve Ahlâkî Yargı*, İ.Ü. Edebiyat Fakültesi Yay., s. 5.
12. Demirel, Özgün, Gürcan Can, Zeki Kaya, Selahattin Gelbal, *Eğitim Bilimleri*, Pegem A Yayınları, Ankara 2001, s. 13.
13. Şemin, *a.g.e*, s. 50.

özelliğine sahiptirler. Ahlâkî düşünce iyi bir eğitimle gelişebilir. Özellikle sosyal çevre, ahlâkî düşünceye egemen olabilir. Çevre olumlu ise ahlâkî düşünce, vicdan dediğimiz fazilet cevherini, sağlam bir şekilde biçimlendirir ve eğitebilir.[14]

Gerçekte ruh, insanın psikolojik olarak kendisini algıladığı biçimdeki duyguları, kimlik ve kişiliği demektir. Bu anlamda ruh bir yönüyle insanın düşünme ve muhâkeme etme gücüdür. İnsanın düşünce ve muhâkeme etme gücü olan daha da önemlisi bireyin karakterini oluşturan ruhun iyi işlemesi ve işlevlerini gereği gibi yerine getirmesi için biçimlendirilerek eğitilmesi mümkündür. Bunun için ruhun bedene hâkim olacak bir konuma getirilmesi gerekmektedir. İnsanın karakter yapısını oluşturan ruhun bedene hâkim olacak şekilde eğitimi için nazarî akıldan aldığı değer yargılarıyla ilgili önermelerini şehvet ve öfke güçlerinin aşırı isteklerinin önüne geçirmesi; iradeyi bu yönde güçlendirmesi gerekir. Bu noktada ortaya çıkan ahlâkî davranışı İbn Sînâ, bir meleke olarak adlandırır. Bu davranış süreklidir ve ruhtan kolayca ortaya çıkar.[15] Bu bağlamda namaz ibâdeti akıl-duygu dengesini kurma vasıtasıyla insanda olumlu bir karakter yapısının gelişimini hızlandırır.

---

14. Çam, Ömer, "Ahlâk Eğitimi" *Din Eğitimi Araştırmaları Dergisi*, Yıl: 1996, sy. 3, s. 10-11.
15. Dodurgalı, Abdurrahman "Nefs ve Eğitimi", *Din Eğitimi Araştırmaları Dergisi*, İstanbul, Yıl. 1998, sy. 5, s. 78.

III. NAMAZ İBÂDETİ

A. NAMAZ İBÂDETİNİN TANIMLANMASI:

*n*amaz ibâdetinin Arapça aslı "salâ" kökünden gelmektedir. Salât "dua, tebrik, iki varlık arasında cereyan eden birincisinin diğerine yüceliğini, kudretini, şerefini ve ululuğunu bütün samimiyetiyle ifade etmesi; namaz kılan bireyin yüce yaratıcısını eksik ve kusurlardan tenzîh etmesi; namaz kılan bireyin namaz sayesinde kendini Allah'ın azabı olan yakıcı ateşten uzaklaştırarak izale etmesi; istiğfar, rahmet, övgü, bağlılık ve devamlılıkla O'na lâyık olan yüceltme, şeref ve tazim ifadeleriyle yüce yaratıcıyı anmak" anlamlarına gelmektedir.[1]

Hakikat perspektifinden bakılırsa Allah'ın namaz kılan inanan kişilere "salâtının" manası, onları "eksik, kusur ve günah gibi olumsuz karakter özelliklerinden temizleyip kurtarmasını, onlara dünya ve ahirette rahmet etmesini, onlara merhamet, sevgi ve övgüyle muamelede bulunmasını; onları hoş bir şekilde sena etmesini" ifade etmektedir. Meleklerin diğer kullara salâtının manası, "onların inananlara dua etmelerini ve inananların günahlarından bağışlanmalarını dilemelerini" ifade

---

1. el-İsfahânî, Râgıb, *el-Müfredât fi'l-garîbi'l-Kur'ân*, Karaman Yayınları, İstanbul, 1986, s. 420–421; İbn Manzûr, *Lisânü'l-Arab*, C. 14, s. 474-475

eder.[2] Ayrıca Arap dilinde Allah için salât "rahmeti"; yaratılmışların salâtı "kıyâm, rükû, sucûd, dua, istiğfâr ve tesbîhi" ifade ederken, böcekler, kuşlar gibi şuursuz yaratılmışların salâtı, "tesbîhi" ifade etmektedir.[3]

Namaz kılan birey, namaz ibâdeti esnasında salât kavramının bütün anlamlarını tecrübe etmektedir. Namaz kılan kişi namaz esnasında, "Bizi doğru yola hidayet et.[4] Bize dünyada iyilik ver, ahirette de iyilik ver ve bizi ateş azabından koru.[5] Bizi, annemizi-babamızı ve bütün inananları hesap gününde bağışla.[6] Rabbimiz, Hz. İbrahim'i, ailesini, dostlarını, sevenlerini salât u selâm ettiğin gibi, mübarek kıldığın gibi Efendimiz Hz. Muhammed (s.a.v.)'e ve O'nun ailesine, dostlarına, sevenlerine salât u selâm et; onları mübarek kıl."[7] diye duada bulunmaktadır. Yine namaz kılan kişi, "En yüce olan Rabbimi, aklı ve hayali aşan bir yüceliğe sahip Allah'ı her türlü noksan sıfatlardan, eksikliklerden ve hatalardan tenzîh ederim ve O'nu tesbîh ederim.[8] Rabbimi övgü, nimet, şükran ve takdir ifadeleri ile tenzîh ederim ve O'nu tesbîh ederim."[9] diye ifadelerde bulunur. Allah'ın yüceliğini, kutsiyetini, şerefini, ululuğunu bütün samimiyetiyle söyler; ancak böyle, büyük bir şuurla yüce yaratıcısını eksik ve kusurlardan tenzîh etmeyi hissetmesi mümkündür. Rabbimiz beni, annemi-babamı ve bütün inananları bağışla mağfiret et ve bağışla,[10] diye duada bulunurken istiğfâr ve af dilemenin şuuruna varması mümkün olabilir. Namaz kılan kişinin okuduğu duaların manasını bilmesi ve hissetmesi önemlidir. Gelin bu dualar hakkında biraz düşünelim: Rabbimi övgü, minnet, şükran, takdir ve saygı duyguları içerisinde yaratılmışlara ait bü-

---

2. İbn Manzûr, *a.g.e.*, C. 14, s. 474-475; Soysaldı, Mehmet H., "Kur'ân Semantiği Açısından Salât Kavramı", *Fırat Ün. İlahiyat Fak. Dergisi*, Elazığ, 1996, sy. 1, s. 13-14; Ünal, Ali, *Kur'ân'da Temel Kavramlar*, Beyan Yayınları, İstanbul, 1996, s. 502-203.
3. el-İsfahânî, *a.g.e.*, s. 420-421.
4. *İhdinâ's-sırâta'l-müstakîm.*
5. *Rabbenâ âtinâ* duası.
6. *Rabbena'ğ-fırlî* duası.
7. *Salli-Bârik* duası.
8. *Sübhâne Rabbiye'l-azîm, Sübhâne Rabbiye'l-a'lâ.*
9. *Sübhâneke Allahümme ve bihamdike.*
10. *Rabbenâ âtinâ* duası.

tün eksik sıfatlardan, noksanlıklardan ve hatalardan tenzîh ederim ve O'nu tesbîh ederim.[11] Allah kendisini minnet, övgü, takdir, şükran ve saygı içerisinde ananları işitir.[12] Övgü, minnet, takdir şükran ve saygı ancak Rabbimiz içindir.[13]

Namaz kılan fert için Allah'ın, meleklerin, inananların ve bütün yaratılmışların salâtı (gerçek manada hayır duası) bulunmaktadır. Allah'ın namaz kılan kişilere salât etmesi, kılınan namaz vesilesiyle onları eksik, kusur, günah gibi olumsuz karakter özelliklerinden temizleyip kurtarmasıyla ortaya çıkar. Meleklerin insanlara salâtı ise kılınan namaz vesilesiyle onlara duada bulunmaları, bağışlanmalarını dilemeleri ile mümkün olur. İnananların salâtı ise namaz vesilesiyle birbirlerine duada bulunmaları ve bağışlanma dilemeleriyledir.

İnanan bir kimsenin hayatında namaz, imanın dua, yakarış ve saygıya dönüşmüş şeklidir. Namaz, aslı dua olan özel bir ibâdetin adıdır.[14] Namaz ibâdeti, namaz kılan mü'minin, Allah'a, peygamberlere ve bütün insanlara yakınlaşmasını sağlayan, kulluğun belli bir şekil almış anlatımıdır. Bu yönüyle namaz, en güçlü şekilde İslâm dünyasında şekillenmiş, Müslümanların günlük hayat içerisindeki en önemli görevi olarak kabul edilen dinî içerikli belli kurallar ve ifadelerle şekillendirilmiş, disiplin içerisinde yerine getirilen âdet edinilmiş özel bir dua şeklidir (ritual prayer).[15]

Namaz ibâdeti, sadece tekbîr, hamd, dua, ayet ve salavât gibi dil ile yerine getirilen sözlü unsurlar eşliğinde icra edilen birtakım bedenî hareketlerden ibaret, ruhsuz bir ibâdet değildir. Ebû Tâlib Mekkî'ye göre namaz ibâdeti, kalbin, bedenin, dilin ve aklın iştirâki (katılımı) ile yerine getirilmesi gereken bir ibâdettir.[16] Namaz ibâdetinde

---

11. Sübhâneke Allahümme ve bihamdike.

12. Semi'allâhu limen hamideh.

13. Rabbenâ leke'l-hamd.

14. Ece, Hüseyin K., İslâm'ın Temel Kavramları, Beyan Yayınları, İstanbul. 2000, s. 569-570.

15. Schimmel, Annemarie, Islam, An Introduction, State Universtiy of New York Press, New York 1992, s. 39.

16. el-Mekkî, Ebû Tâlib, Kutü'l-Kulûb, (çev. Muharrem Tan), İz Yayıncılık, İstanbul, 1999, C. 3, s. 318-319.

kalp, beden, dil ve aklın katılacağı unsurlar vardır: Beden için kıyâm, rükû, secde, oturuş; dil için tekbîr,[17] hamd,[18] isti'âze,[19] isti'âne,[20] tesbîh,[21] istiğfâr[22] ve dua[23] anlamları taşıyan çeşitli lâfızlarla salavât[24] ve Kur'ân ayetlerini telâffuz etmek; akıl için düşünme, anlama ve Allah'ı, isim ve sıfatlarının mükemmelliğiyle, kendi eksik ve hatalarını kıyas etmek; kalp için huşu, manevî lezzet ve tatmin bulma vardır.[25]

Namazın özünü bir bakış açısına göre üç maddede ifade edebiliriz:

– Allah'ın huzurunda kalbin huşuyla yani saygı, sevgi ve korkuyla dolması.

– Dil ile Allah'ın anılması.

– Bedenle O'na en üst noktada saygı tavrı sergilenmesi.

Bu üç unsur öteki dinlerin ibâdetlerinin de özü sayılır. Bu üçü arasında en önemli olan ise birincisidir. Dilsiz kimse ikincisini, kötürüm kimse de üçüncüsünü yerine getiremeyebilir. O hâlde namaz Allah'a yöneliş, O'na olan sonsuz saygı ve sevgi duygusunu canlı tutuştur.[26]

Namaz ibâdeti, dinî içerikli belli kurallar ve ifadelerle şekillendirilmiş, disiplin içerisinde yerine getirilen, âdet edinilmiş özel bir dua

17. *Allâh-u ekber.*
18. *Elhamdülillâhi Rabbi'l-âlemin, Semi'allâhu limen hamideh, Rabbenâ leke'l-hamd.*
19. *Eûzü billâhi mineş'ş-şeytâni'r-racîm* (Kovulmuş kötü şeytanın şerrinden kâinatın hâkimi Allah'a sığınırım).
20. *İyyâke na'budu ve iyyâke neste'în* (Yalnız sana ibâdet ederiz, yalnız senden yardım dileriz).
21. *Sübhâneke Allâhumme ve bihamdike, Sübhâne Rabbiye'l-azîm, Sübhâne Rabbiye'l-a'lâ.*
22. *Rabbena'ğ-firlî ve livâlideyye ve li'l-mü'minîne yevme yeqûmu'l-hısâb.*
23. *İhdinâ's-sırâta'l-müstakîm, Rabbenâ* duaları.
24. *Salli-Bârik* duaları.
25. en-Nedvî, Ebu'l-Hasen, *Dört Rükûn, Namaz, Oruç, Zekât, Hac* (çev. İsmez Ersöz), İslâmî Neşriyat, Konya, 1969, s. 31; Hasan Turabî, *Namaz*, (çev. Saim Eminoğlu), Risale Yayınları, İstanbul, 1987, s. 84.
26. ed-Dihlevî, Şah Veliyyullah, *Huccetullâhi'l-Bâliğa*, (çev. Mehmet Erdoğan), I-II, İz Yay., İstanbul,1994, C. 1, s. 286; Uludağ, Süleyman, *İslâm'da Emir ve Yasakların Hikmeti*, T.D.V. Yayınları, Ankara, s. 82.

şekli (*ritual prayer*) olsa da daha önce de ifade edildiği üzere duadan daha kapsamlı bir ibâdettir. Nitekim dua, "Sesleniş, yardım dileme, ibâdet etme, istekte bulunma, O'nun birliğini ve tekliğini ifade etme, Allah'tan af, mağfiret ve O'na yaklaştıracak şeyleri istemek, dünya ve ahiret zevklerini istemek, Allah'ı yüce sıfatlarıyla anmak ve O'nu isim ve sıfatlarıyla anarak tenzîh etmek gibi anlamlara gelmektedir. Dua kelimesiyle aynı kökten gelen davet kelimesi, çağrılan yer veya çağırma ve temenni edilen şeyin gerçekleşmesi"[27] anlamlarına gelmektedir.

Bu bağlamda namaz ibâdeti, düzenli, disiplinli, günlük hayata yayılmış dinî içerikli kurallar ve ifadelerle şekillendirilmiş özel bir dua şekli olmakla kalmayıp dua kavramının içine giren bütün anlamları da kapsayan bir ibâdet şekli olma özelliğini taşımaktadır. Daha önce ifade ettiğimiz namaz ibâdetiyle ilgili manaları tekrar hatırlayalım: Namaz sadece dua unsurundan ibaret olmayıp rükû, secde ve kıyâm duruşlarıyla Allah'ı anma ve hatırlamadır;[28] O'nu noksan sıfatlarından uzak bilme,[29] O'nu yüceltme ve büyük tanıma ve bunu beden, dil, kalp ve ruhsal her unsur ile ifade etme,[30] O'nu övgü, şükür, minnet, takdir, saygı ve sevgi ifadeleriyle anma,[31] Allah'ın yüce makamı huzurunda saygıyla divan durma,[32] Allah ile bir nevi konuşma anlamı taşıyan Kur'ân'ı sevgi ve boyun eğişle okuma,[33] O'nun birlik ve yüceliğini lâfzî, duygusal ve zihinsel anlamda ifade etmekdir.[34]

Namaz kılan birey, Allah'a yönelerek, O'nunla bir nevi konuşma anlamı taşıyan Kur'ân'ı sevgi ve boyun eğişle okur ve O'na şöyle seslenir: Senden başka ibâdet edilecek yoktur.[35] Yalnız sana ibâdet eder yalnız senden yardım dileriz.[36] Namaz âşığı sadece O'nun dostluğuna ve yardımına güvenerek O'ndan yardım diler; namaz esnasında da

---

27. el-İsfahânî, *a.g.e.*, s. 244-245; İbn Manzûr, *a.g.e.*, C.14, s. 244-245.
28. Zikir.
29. Tenzîh ve tesbîh.
30. Ta'zîm.
31. Hamd, övgü.
32. Kunut ve kıyâm.
33. Kırâat, tilâvet.
34. Tevhîd ve tenzîh.
35. *Ve lâ ilâhe gayruk.*
36. *İyyâke na'budu ve iyyâke neste'în.*

dünya ve ahiret güzelliği,[37] bağışlanma,[38] doğru yola iletilme[39] duaları içerisinde istekte bulunur; senden başka ibâdet edilecek yoktur,[40] sadece sana ibâdet eder sadece senden yardım dileriz[41] ifadeleriyle O'nun birliğini ve tekliğini ifade eder; Allah'tan af, mağfiret ve O'na yaklaştıracak şeyleri ister; dünyada ve ahirette iyilik dileyerek[42] dünya ve ahiret zevklerini diler; en yüce olan Rabbimi yaratılmışlara ait bütün eksikliklerden ve noksan sıfatlardan tenzîh eder;[43] O'nu övgü, minnet, takdir, şükran duyguları içerisinde tenzîh ederim[44] diye ifadede bulunurken, Allah'ı yüce isim ve sıfatlarıyla anıp tenzîh etmektedir; Allah'ın davetine cevap vererek çağrısına uymaktadır.

Sonuç olarak bazı yönleri itibarıyla namazın bir çeşit dua olduğu söylenebilir. Ancak namaz ibâdeti mü'minin istediği zaman yaptığı bir dua çeşidi değildir. "Namaz eşittir dua" şeklinde düşünmek ve insanın kendi düşüncesine göre yaptığı duaların namazın yerini tutacağını zannetmek bir yanılgıdır. O, ilâhî vahyin talebine göre belirlenmiş, belli şartlar çerçevesinde yapılması gereken bir ibâdettir. Nitekim İslâm dini, namazın ne zaman, nerede ve nasıl kılınacağını belirlemiştir. Meselâ Kur'ân, "Gündüzün iki tarafında (sabah, akşam) ve gecenin gündüze yakın saatlerinde namaz kıl."[45] demektedir.

B. NAMAZ İBÂDETİNİN ÖNEMİ VE MAHİYETİ

Ruh sağlığı ahlâkın sorunları ile ayrılmaz bir şekilde bağlantılıdır. Her nevrozun (ruh hastasının) bir ahlâkî sorunu temsil ettiği söylene-

---

37. *Rabbenâ âtinâ fi'd-dünyâ haseneten ve fi'l-âhireti haseneten ve gınâ azâbe'n-nâr.*
38. *Rabbena'ğ-firlî ve li vâlideyye ve li'l-mü'minîne yevme yeqûmu'l-hısâb.*
39. *İhdinâ's-sırâta'l-müstaqîm.*
40. *Ve lâ ilâhe gayruk.*
41. *İyyâke na'budu ve iyyâke neste'în.*
42. *Rabbenâ âtinâ fi'd-dünya haseneten ve fi'l-âhireti haseneten ve gınâ azâbe'n-nâr.*
43. *Sübhâne Rabbiye'l-azîm, Sübhâne Rabbiye'l-a'lâ.*
44. *Sübhâneke Allâhümme ve bihamdike.*
45. *İsrâ Sûresi, 17/78.*

NAMAZ İBÂDETİ • 31

bilir. Kişiliğin tümünün olgunluğunu ve bütünlüğünü gerçekleştirmedeki başarısızlık, insan merkezci etik açısından ahlâkî bir başarısızlıktır. Daha özgür bir anlamda ruh hastalıklarının çoğu, ahlâkî sorunların dile getirilişleri olup nevrotik belirtiler de çözümlenmemiş ahlâkî çatışmaların bir sonucudur. Örneğin insan hiçbir organik neden yokken zaman zaman baş dönmelerinden yakınabilir.[46]

Namaz ibâdeti, Fromm'un işaret ettiği nevroz sorununa duygusal, ruhsal ve zihinsel çözümler sunmaktadır. Mearic Sûresinde[47] insanın tatminsiz (helû'an) yaratılmış olduğu vurgulanmıştır. Yani insanın kendini hem verimli başarılara hem de kronik memnuniyetsizlik ve hayal kırıklıklarına sürükleyen bir iç tatminsizlik ile donatıldığı ifade edilmiştir. Ancak bu sûrede de işaret edildiği gibi namaz ibâdetini hakkıyla yerine getiren bireyler söz edilen bu fıtrî tatminsizliği pozitif bir güç olan hayat enerjisine dönüştürebilir ve böylece gönül huzuru ve tatmini sağlamayı başarabilirler. Nitekim namaz konusunda yaptığımız anketimize katılan öğrencilerin %40'ı namaz kılma esnasında manevî huzur ve mutluluk hissettiklerini ifade ederlerken, % 35,6'sı namaz kılma sonrasında manevî huzur ve mutluluk hissettiklerini ifade etmişleridir. Ayrıca ifade edilen bu tatminsizlik hâlini, pozitif yahut negatif bir karakter yapısını belirleyecek unsur, insanın bu Allah vergisi donanımını kullanma tarzıdır. Bu tatminsizlik hâli, namaz ibâdeti ile pozitif karakter yapısına dönüştürülebilirse, insanı hem bilinçli bir ruhî gelişmeye, hem de bütün bencillik ve düşkünlüklerden uzaklaşmaya götürebilir.[48]

Kur'ân'da, "Muhakkak namaz hayasızlıktan ve fenalıktan vazgeçirir."[49] buyurulmaktadır. Yani namaz ibâdetinin en önemli yönlerinden biri insanı açık çirkinlikten, edepsizlikten, kötülüklerden, ahlâksızlıktan, aklın ve dinin beğenmeyeceği uygunsuzluktan, kötü ve çirkin işlerden kurtarması ve uzaklaştırmasıdır. Kurallarına uygun olarak

---

46.   Fromm, Eric, *Kendini Savunan İnsan*, (çev. Necla Arat), Say Yayınları, İstanbul, 1982, s. 216.
47.   Me'âric, 70/19.
48.   Esed, Muhammed, *Kur'ân Mesajı, Meal-Tefsir*, (çev. Cahit Koytak, Ahmet Ertürk), İşaret Yayınları, İstanbul, 1997, s. 1187, 1188.
49.   Ankebût, 29/45.

namaza devam edildikçe güzel davranışlar artar ve gelişir.[50] İnsandaki olumsuz yön engellenir ve gelişemez. Burada namazın çok önemli iki yönü belirtilmektedir. Birincisi, onun ayrılmaz özelliği olan kişiyi kötü ve iğrenç işlerden alıkoyması, ikincisi, namaz kılan kişinin yaşam tarzıyla kötü ve iğrenç çirkinliklerden kaçınması[51] olarak anlayabiliriz. Bunların gerçekleşmesi kılınan namazın şartlarına ve adabına uyularak, Yaratıcını'nın yüceliği hatırlanarak, okunan ayetler düşünülerek yerine getirilmesi sonucunda olabilir.[52]

Fert namaz ibâdeti esnasında kıbleye yöneldiğinde ve "salli-bârik duaları" ile bütün ümmetlere (toplumlara) ve peygamberlere, "Rabbenâ" dualarında bütün inananlara dua etme tecrübesini yaşar. Toplu kulluk yaptığı anda bütün insanlık ailesine ve inananlara karşı sevgi, saygı, minnet ve kardeşlik duygularını hisseder.

Böylesine irtibat ve kardeşlik ise, sağlam bir muhabbet ve kardeşliğin doğmasına sebep olur. Zaten toplum hayatının gelişip olgunlaşması için atılan ilk adım, kardeşlik, sevgi, minnet ve dualaşma hislerini canlandırmaktır.[53]

İbâdetlerin en temel amacı, insanı rûhen ve bedenen sağlam tutmak, rûhî ve bedenî hastalıklara karşı korumaktır; hatta malının "sağlığını" da korumaktır. Namaz ibâdeti, abdest ve yıkanmayı ön şart kabul etmekle beden temizliğine; namaz, oruç, hac özellikle insanın rûhî temizliğine; zekât özellikle insanın malının temizliğine birer vasıtadır. Bu bakımdan özellikle namaz ibâdeti başta gelmek üzere bütün ibâdetleri birer terapi olarak tarif etmek mümkündür.[54]

Bununla beraber dünyaya gelen insan Allah'a inanmakla tabiat ve yaratılış gayesine uygun hareket etmekte, ezelde Allah'a verdiği söze

---

50. Yazır, Elmalılı Hamdi, *Hak Dini Kur'ân Dili*, (sad. İsmail Karaçam, Emin Işık, Nusrettin Boleli, Abdullah Yücel), Azim Yayınları, İstanbul, trs., C. 5, s. 378.
51. Yazır, *a.g.e.*, C. 4, s. 228.
52. es-Sâbûnî, M. Ali, *Safvetü't-Tefâsir, Tefsirlerin Özü*, (çev. S. Gümüş, N. Yılmaz), Ensar Neşriyat, İstanbul, 1990, C. 4, s. 485.
53. Senîh, Saffet, *İbâdetin Getirdikleri*, Nil Yayınları, İzmir, 2000, s. 11.
54. Necati, Muhammed, *Hadis ve Psikoloji*, (çev. Mustafa Işık), Fecr Yayınevi, Ankara, 2000, s. 325.

sadık kalmakta, ruhen kendisiyle bir çelişki içine düşmemekte ve şahsiyet bütünlüğüne sahip olmaktadır. Dolayısıyla huzurlu ve sağlıklı bir ruh ve beden yaşantısını sürdürebilmektedir.[55] Bu noktada namaz ibâdeti, bireye Allah'a verdiği doğru bir kişi olma sözünü hatırlatma imkânı verir. Bunun için bizi doğru yola ilet duası ile O'nun huzurunda bulunma fırsatını sunar. Böylece insan kendi yaratılış amacını kavrayarak ruhsal bir bütünlük ve huzur enerjisini yakalar.

Bu noktada her ibâdetin amacı insanı Allah huzurunda, O'nun karşısında olma hâline götürmektir. Bu durum insanın Allah'ı içinde duyması, O'nu şuuruna yerleştirmesi ve içselleştirmesiyle (O'nun sevgisini yüreğine koymasıyla) sonuçlanır.[56] Sonuç itibarıyla namaz ibâdeti, bireye Allah huzurunda bulunma tecrübesini en canlı hâliyle yaşatır. Disiplinli ve canlı bir tecrübeyle kendini Allah'ın huzurunda hisseden bir insan kalbiyle Allah'ı içinde duyar. Bireyin böylece gündelik şuurun ötesine geçmesi, ilâhî birlik ve bütünleşme hissinin sonucunda ruhsal tatmin ve huzuru yakalaması mümkün olabilecektir.

Namaz ibâdeti Allah ve kul arasında gerçekleşen bir kavuşma olduğu için namaza vuslat kelimesiyle aynı kökten olan salât adı konmuştur.[57] Bu duruma göre namaz, Allah'ın kullarına, kendisinin huzuruna çıkıp O'na kavuşabilmeleri ve bu vuslat hâlini devam ettirebilmeleri için bahşettiği bir imkândır. Namazın bu şekilde anlaşılıp algılanması, onun bir külfet olarak değil bir lütuf ve nimet olarak değerlendirilmesidir.[58]

En önemlisi namaz ibâdeti ilk bakışta tek bir ibâdet gibi görünmekle birlikte aslında o, bir ibâdetler bütünüdür. Ebû Tâlib el-Mekkî, bu hususa da dikkat çekerek namazın kıyâm, rükû, secde, tekbîr, hamd, kırâat, tesbîh, dua, istiğfâr ve salavât gibi unsurlarından her birinin müstakilen yapılması hâlinde de ayrı birer ibâdet ve zikir olduğunu söyler.[59] Namaz, en kapsamlı ibâdettir. Namaz, aynı zamanda

55. Bayrakdar, Mehmet, *İslâm İbâdet Fenomenolojisi*, Doğuş Matbaacılık, Ankara, 1987,s. 26-27.
56. Hökelekli, *a.g.e.*, s. 26-27; bkz. Hayta, *a.g.m.*, s. 242.
57. el-Mekkî, *a.g.e.*, s. 318.
58. Certel, Hüseyin, "Ebû Tâlib el-Mekkî'de Namazın Psikolojisi", *S.D.Ü.İ.F. Dergisi*, sy. 6, yıl 1990, s. 127-129, S.D.Ü.İ.F. Basımevi, Isparta, 1990.
59. el-Mekkî, *a.g.e.*, s. 319-320.

diğer farz ibâdetlere değer ve anlam kazandırır. Oruç, hac ve zekât ibâdetleri, ancak namazla bir anlam kazanır. Yani kişinin namaz kılmaksızın haccetmesi, oruç tutması veya zekât vermesi sağlıklı bir dinî yaşayış değildir.[60]

Kur'ân-ı Kerim'in ifadesiyle, yerdeki ve gökteki bütün varlıkların Allah'ı tesbîh ettikleri[61] yani kendi dilleri ve hâlleriyle O'na ibâdet hâlinde oldukları belirtilmiştir. İşte namaz ibâdeti, onların hepsinin ibâdet şekillerini içinde toplamaktadır. Metafizik bir bakışla dağların dikey, hayvanların yatay vaziyette; bitkiler kökleriyle besinlerini aldıkları için onların da başları aşağıda olarak hâl diliyle Allah'a ibâdet ve taatlerini, namaz ibâdeti, kıyâm, rükû ve secde hareketleri ile içinde barındırmaktadır.[62]

Namaz ibâdeti, gerek kâinatın ibâdet modeli olması, gerekse dua, istiğfâr, tesbîh, tenzîh, tekbîr, isti'âne ve isti'âze vb. çeşitli ibâdetlerle iç içe olması; itikaf, oruç ve haccın bir yanını içermesi ve bütün ibâdetlerle iç içe olması yönünden diğer ibâdetlere göre daha kapsamlı bir görünüm arz eder.[63]

Özellikle namazda kulun yapabileceği birçok ibâdet iç içe bulunmaktadır. Namaz, günde beş vakit Allah'ı birlemenin, yani tevhîdin eyleme dönüşmesinin adıdır. Namaz Allah'ı anma, O'nu yüceltme, Allah'ı O'na lâyık olmayan sıfatlardan tenzîh, O'na gösterilen koşulsuz sevgi ve saygı, O'na övgü, minnet, şükür ve senâda bulunmak; O'ndan yardım dilemek ve dualarımızın kabulünü istemek; günahlarımız için tevbe ve bağışlanmada bulunmak; dua, niyaz, yalvarma, tevazu, huşu, tefekkür, teslimiyet, Kur'ân okuma, kıyâm, rükû, secde, peygamberler ve peygamber ailelerine rahmet istenmesi ve onların mübarek kılınması için duada bulunulması gibi bütün ibâdetlerin toplamıdır.[64]

---

60. ed-Dihlevî, a.g.e., C.1, 268.
61. ed-Dihlevî, a.g.e., s. 270.
62. Demirci Mehmet, "İbâdetlerin İç Anlamı", Tasavvuf İlmi ve Akademik Araştırma Dergisi, Ankara, 2000, sy.3, Yıl.1, s. 15-16.
63. Akyüz, a.g.e., s. 14.
64. Yıldız, Abdullah, Namaz, Bir Tevhîd Eylemi, Pınar Yayınları, İstanbul 2001, s. 19.

Namaz, Allah'ın varlığı ve birliğine inancın duygusal, zihinsel ve ruhsal tasdiki olması sebebiyle tevhîd ibâdetini, yemeden-içmeden ve cinsel isteklerden vb. uzak kalınması, olumsuz duygu, düşünce ve davranışların kaynağı nefsi kontrol altına alma gücünü sağlaması sebebiyle oruç ibâdetini; zamanı, canı, malı Allah'ın sevgi ve yakınlığını kazanma yolunda feda etme ve vaktin, canın, malın ölçüsünü bilerek ömrün hesabına hazırlanma olması sebebiyle zekât ibâdetini; insanlar arasındaki kardeşlik, birlik ve bütünleşme duygularını kuvvetlendirerek insanlar arasında sevgi, vefa, minnet, saygı, takdir, şükran ve güven duygularını yaygınlaştırması sebebiyle hac ibâdetini içine almaktadır.

Namaz kılan mü'minin en azından dört kazancı bulunmaktadır: Birincisi maddî temizlik, ikincisi kalp, beden, ruh sağlamlığı ve sağlığı, üçüncüsü vaktin düzenlenmesi, dördüncüsü ise toplumsal bütünleşmedir.[65]

---

65. Ece, a.g.e., s. 571.

IV. TASAVVUFÎ AÇIDAN NAMAZ

A. TASAVVUF KLASİKLERİ AÇISINDAN NAMAZ

*N*amaz iki manada kullanılır: İlki nefsin kendi özelliklerini görmeyi arzu etmesi, ikincisi namazda organların sükûn bulması, arzulara ket vurulması, idrâkin açılmasıdır.[1]

Namaz dinin direği, ariflerin gözünün nuru, sıddıkların ziyneti, mukarrebînin baştacıdır. Namazın makamı, Allah'a vuslat makamıdır. Aynı zamanda namaz, yakınlık, heybet, huşu ve haşyet, ta'zîm, vakar, müşâhade, murâkabe, esrâr, Allah'a yalvarış, Allah huzurunda duruş, Allah'a yöneliş, Allah dışındakilerden yüz çeviriş makamlarını ifade eder.[2]

Namazın dört unsuru vardır: Mihrapta, kalp huzuru, karşılıksız ve sınırsız ikramda bulunan Allah'ın huzurunda aklın müşahedesi, şüphesiz bir şekilde kalbin huşusu, insanı oluşturan bütün organların

1. Muhâsibî, Hâris, *er-Riâye li-Hukukillah*, Beyrut, 1986, s. 376-377. (çev. Ş. Filiz, H. Küçük), *Er-Riâye, Nefs Muhasebesinin Temelleri*, İnsan Yayınları, İstanbul 1998.
2. Tûsî, Ebû Nasr Serrâc, *el-Lüma fi't-Tasavvuf, İslâm Tasavvufu*, (çev. Hasan Kamil Yılmaz), Altınoluk Yay., İstanbul, 1996, s. 158-159.

kusursuz bir şekilde Allah'a boyun eğmesidir. Çünkü kalbin huzuru perdelerin kalkmasıyla olur. Kalbin huşusu ise kapıların açılmasıyla olur. İnsanı oluşturan bütün ögelerin boyun eğmesi sevabı gerektirir. Kalp huzuru olmaksızın namaz kılan, nefsine uyarak şeklî bir namaz kılmış olmaktadır. Aklın müşahedesi olmaksızın namaz kılan kimse, hatalı bir namaz kılmış kişidir. Kalp huşusu olmaksızın namaz kılan kimse namazını yanlış kılmış kişidir. İnsanı oluşturan bütün ögelerin boyun eğişi olmaksızın namaz kılan kimse, katı bir kalple namaza yakınlaşan, namaza haksızlık eden bir kişidir. Namazın dört unsura riayet ederek onları yerine getiren kimse, namaz ibâdetine tam bir vefa ile namazını ikame eden kişidir.[3]

Namazın gerçek anlamı, dünya ve ahiretle ilgili bütün bağlardan soyutlanma ve hakikatlerin tek bir gerçekte birleşmesidir. Bu noktada bağlardan kastımız, Allah dışındaki her şeyi kapsar. Hakikatlerden kastımız ise Allah için olan ve Allah'tan gelen her şeyi içine alır.

Namaz vuslattır. Arap dilinde namaz, Allah'ı hatırlama ve O'na boyun eğmedir. Fakihlerin kullanımlarına göre namaz belli biçimlerde sınırları çizilmiş olarak icra edilen amellerin ortak ismidir.[4]

Namaz Allah emridir. Bu manada namaz sadece bir huzur bulma vasıtası değildir. Zira emredilen bir ibâdet hiçbir dünyevî ve uhrevî fayda için vasıta olamaz. Zira huzur için yapılan bir fiil sadece huzura ulaşma anlamı taşır. Vecd hâlinde kendini kaybetme fiili, sadece kendini kaybediş anlamı taşır. Yani tecrübe edilen bu hâller, Allah'ın emrini yerine getirme anlamı taşımaz.[5]

Namaz "sılî" kökünden gelir. O da ateş demektir. Yamuk bir tahta düzeltilmek istendiği zaman ateşle düzeltilir. Kulda da kötülüğü emreden nefsinin varlığından dolayı bozukluklar ve kusurlar bulunmaktadır. Kerim olan Allah'ın nuranî ateşleri vardır ki O'nunla bizim aramızdaki perdeler kalksa, isabet ettikleri herkesi yakar. Ancak namaz kılan kimseye Hz. Allah'ın saf ve yakıcı nurlarından bir kısmı isa-

---

3. Tûsî, a.g.e., s. 158.
4. Hucvîrî, Keşfu'l-Mahcûb, Hakikat Bilgisi, (haz. Süleyman Uludağ), Dergah Yayınları, İstanbul, 1996, s. 437.
5. Hucvîrî, a.g.e., s. 438.

bet eder ve o ateş kişinin kusurlarını ortadan kaldırır. Belki o ateşle o kulun mi'râcı gerçekleşir.[6]

Altın, ateşle artık maddelerden kurtulur ve saflığı elde eder. Bitki ateşe tâbi tutularak o bitkinin özü, katışıksız bitkinin içeriği elde edilir. Demir ateşle çelikleşir. Kişi de Allah'ın nûrânî ateşlerine maruz kalır ve O'nun isimleri ile bütünleşirse kendi kusurları yok olur ve özbenliği ilâhî özünü keşfeder. Çay bile ateşle demlenir ve lezzet bulur.

Namaz kılan kimse, kalbiyle Allah'a yolculuk yaparak hevasına, dünyasına ve Allah dışındaki her şeye veda etmektedir.

Salât, sözlükte, dua manasına da gelir. bu manaya göre namaz kılan sanki bütün organlarıyla Allah Teâlâ'ya dua edip yalvarmaktır. Bütün azaları âdeta birer dil olmuş, zâhiren ve bâtınen O'na tazarru etmektedir. Kulun zahiri, muhtaç bir dilencinin yalvarma ve yakarma hâli içinde niyaz ederek, eğilip bükülerek, çeşitli şekillerde bâtınına ortak olarak, ondaki huşua katılmaktadır. Kul, bu şekilde bütün varlığı ile dua edince, Kerim Mevlâsı da duasını kabul etmektedir. Çünkü Allah Teâlâ, "Bana dua ediniz, duanıza icabet edeyim."[7] buyurarak vaadde bulunmuştur.[8]

Namaz en geniş manasıyla Hakk'a izafe edilir. En geniş manada ise rahmettir. Allah kendisini "Rahîm" ismiyle vasıflandırmıştır. O'nun kulları da Allah'ı "Rahîm" ismiyle vasıflandırmaktadırlar.[9]

Yine namaz rahmet, dua ve şer'an sınırları çizilmiş fiiller anlamıyla bütün insanlığa izafe edilir.[10]

Namaz, mukaddes ve münezzeh Allah'ın katından gönderilmiştir. Namazda Allah ile bütünleşilecek o kısacık anı değerlendirmek, nuranî olan o anı her an beklemek, O'nun sırlarını ve hakkını vermek gerekir. Hazret-i Nûriyye namazın sırlarını ortaya koyar. Hazret-i Kayyûmiyye ise namazın nurlarını kul üzerindeki tecellilerini meydana çı-

6. Sühreverdî, Şihâbüddîn Ebû Hafs, Avârifü'l-Ma'ârif, Gerçek Tasavvuf, (ter. Dilaver Selvi), Semerkand Yay., İstanbul, 1999, s. 385.
7. Mü'minûn, 40/60.
8. Sühreverdî, a.g.e., s. 388-389.
9. İbn Arabî, Muhyiddîn, Futuhatu'l-Mekkiyye, Kahire, 1293, C.1, s. 386.
10. İbn Arabî, a.g.e., C.1, s. 388.

karır. Çünkü bu salavâtlar Rabbânî münacâta mahsus kılınmıştır. Eğer sen ilâhî bir münacâtla Allah'a hitâb edersen, muhakkak O sana cevap verir. Bu salavâtlar gökyüzünde olan rûhânîlere mahsus olan bütün makamları kapsar. Bu salavâtlar istikamet üzere bulunan her hareket tarzında mevcuttur. Salavât duaları, insanlık âleminde kırâat esnasında, hayvanlarda bütün büyük zikirlerin yapıldığı rükû esnasındaki duruşlarda, bitkilerde yakınlığı elde etmek için secde esnasındaki yalvarışlarda can bulur.

Ey namazda dirilen ve namazı dirilten kişi
Zahirin kendisine perde olduğu zata yalvarmaktasın
Namaz benim için perdeleri kaldırmaktır.
Namazın kıvamını bulması Hakim olan Allah katında olmasıdır.
Benim delilim şu sözdür ki: Kalk ey Bilâl!
Bizi namazda ferahlat. İşte o an zaman sevindi.
Namaz kıldı ve böylece kalp mutmain
Bazen namazda kalbine korku, bazen de emniyet duygusu geldi.[11]

Tahâret, Allah dışındaki her şeyden kalbi temizlemektir. Abdest ise, kötü ahlâk ve yasaklanmış şehvet duygularından kalbi arındırmaktır. Namazda doğru bir yöneliş ve tevhîd kıblesinde dikilme sırrı vardır. Zekâtta alışkanlıkların tutsaklığından kurtulma sırrı mevcuttur. Oruçta, Allah dışındaki her şeye karşı oruçlu olma ve kendini oruçlu görmeye karşı da oruçlu olma sırrı vardır. Cümlelerin özü şudur ki Allah dışındaki her şeyden sırrı temizlemek, gayretini sadece Hakk'a yöneltmek, O'nun dışındaki bütün sevgileri yok etmek, kendini oruçlu görmeye karşı oruçlu olmak, müşâhedenin zirvesine haccetmek gibi bütün bu fiiller ihsan nazarıyla ibâdetlere bakan kişinin anlayışıyla mümkün olmaktadır.

Namaz müşâhededir; çünkü Allah ile kulu arasındaki münacât, "Siz beni zikredin ben de sizi zikredeyim." hitâbındaki gibidir. Yani namaz, kul ile Allah arasında taksim edilmiş bir ibâdettir. Bu taksimin yarısı Allah, yarısı kul içindir. Nitekim bu hadiste bu manada bir rivayet vardır.

---

11. İbn Arabî, *Letâifu'l-Esrâr, Kahire*, 1287, s. 87.

Namazın özü ve ruhu Hak Tebâreke ve Teâlâ Hazretlerine münacâttır. Münacâtın zikri kulun onu söylemesiyle mümkündür. Bu konuda Allah şöyle buyurmuştur: Hangi zaman, koşul ve hâlde olursa olsun bir kul Rabbine yalvarmayı dilerse, O'nun dışındaki her şeyden kalbi temizlenmiş olur. Yani o kulun kalbi, onu Rabbine münacâttan uzaklaştıran her mâniden de arınmış olur. Bir kimse Allah'a yalvarma esnasında kalbini temizleme fiiliyle muttasıf değilse, gerçekte Rabbine münacâtta bulunan bu kimse, Allah'a yakınlıktan ziyade kovulmaya daha lâyıktır.[12]

"Özel bir namaz" türü, kalbi uyanık olanların, Allah'a karşı huşu duyanların, murâkabe hâlinde olanların, kalplerini muhafaza edenlerin, Rahmân'ın dostlarının namazıdır. Rivayet edilen şu olay ifade edilen bu özel namaz türünü bize anlatmaktadır: Yûsuf İbn Hişâm, Horasan camilerinden birine uğradı. Orada bir ders halkası gördü ve o halkanın kime ait olduğunu sordu. Ona, Hâtem'e ait olduğu söylendi. Hâtem zühd, verâ, havf ve recâ konularında konuşuyordu. Yûsuf arkadaşlarına şöyle dedi: 'Haydi gidelim ona namazla alâkalı bazı şeyler soralım. Eğer bizi tatmin edebilirse onun ders halkasına katılalım.' Yûsuf ve beraberindekiler gidip selâm verdiler. Yûsuf şöyle dedi: 'Benim aklımda bir problem var.' Hatem 'buyur sor' dedi: Yûsuf 'ben namazın hükmüyle alakalı soracağım' dedi. Bunun üzerine Hâtem: "Namazın marifeti hakkında mı yoksa adabı hakkında mı soruyorsun? İki problem var. Onlara iki cevap gereklidir." dedi. Yûsuf, 'Ben namazın âdâbı hakkında soruyorum' dedi. Hâtem şöyle cevap verdi: 'Namazın âdâbı emr-i ilâhîyi yerine getirmek için kalkman; kendini hesaba çekerek yürümen; doğru ve güzel bir niyetle namaza girmen; Allah'a karşı sonsuz bir saygı ile tekbîr getirmen; tertil üzere Kur'ân okuman; huşu içinde rükûa varman; tevazuyla secde etmen; ihlâs içerisinde şehadet etmen ve rahmet dualarıyla selâm vermendir.' Yûsuf'un arkadaşları, 'Hâtem'e, namazın marifeti hakkında da soru sor' dediler. Yûsuf'un soru sormasına karşılık Hâtem, şöyle cevap verdi: 'Namazın marifeti cenneti sağına, cehennemi soluna, sırat köprüsünü ayakların altına, mizan terazisini gözlerinin önüne koyman; Rab Azze ve Cel-

---

12. İbn Arabî, *Futûhâtu'l-Mekkiyye*, C. 5, s. 16.

le'yi görüyormuşçasına namaz kılmandır. Zira sen O'nu görmesen de O seni görmektedir.'[13]

'Üzerine, özel bir namaz kılmadan önce düşen farzlar nelerdir?' Ben dedim ki: 'Bu farzlar altıdır.' 'Onlar nedir?' diye sordu. Dedim ki: 'Taharet, örtünme, namaz yerinin seçimi, namaz kılmak için doğrulma, niyet, kıbleye yönelmedir.' Bana dedi ki: 'Ey Ebâ Hazm? Hangi niyetle evinden mescide çıkarsın?' 'Ziyaret niyetiyle çıkarım.' dedi. 'Hangi niyetle mescide girersin?' deyince, 'İbâdet niyetiyle mescide girerim.' dedi. 'Hangi niyetle ibâdeti yaparsın?' 'O'nu ibâdete lâyık tek varlık olduğunu tasdik ederek ubudiyet niyetiyle ibâdet ederim.' Bana yöneldi ve 'Ey Ebâ Hazm! Niçin kıbleye yönelirsin?' dedi. 'Üç farz ve bir sünnetle, kıbleye yönelirim.' diye cevap verdim. 'Onlar nedir?' diye sorulunca, şöyle cevap verdim: 'Kıbleye dönmek farzdır; niyet farzdır; ilk tekbîr farzdır; elleri kaldırmak sünnettir.' 'Tekbirlerden hangileri üzerine farz, hangileri sünnettir?' diye sorunca: 'Tekbîrin aslı doksan dört tanedir. Onlardan beşi farzdır, geriye kalanı sünnettir.' dedim.[14]

Namaz öyle bir ibâdettir ki müridler ve tâlibler, baştan sona kadar Hakk'ın yolunu onda bulurlar, makamları orada keşf olunur. Şöyle ki: Abdest müridler için tevbe yerindedir. Bir pîre taallûk ve onun eteğine sarılmak, isabetle kıbleye yönelme yerindedir. Nefs mücahedesi ile uğraşmak, namazdaki kıyâm yerindedir. Daimi zikir, namazdaki kırâat yerindedir. Tevazu rükû yerindedir. Teşehhüd, üns makamı yerindedir. Selâm dünyadan tefrîd ve ayrılma, makamların kaydından çıkma yerindedir.[15]

Hucvirî'ye göre namazda ictimâ (ve cem) hâlinde olanlar gece-gündüz her an namazda bulunurlar. Buna daimî namaz, sürekli olarak Huzur-i Hak'ta bulunma adı verilir. İftirak (ve tefrika) hâlinde olanlar, farzlara ve sünnetlere az miktarda ilâve yaparlar. Bu bağlamda Rasûlullah (s.a.v.), "Göz aydınlığım namazda kılınmıştır." buyurarak

---

13. el-Cîlânî, Abdü'l-Kadir, el-Gunyetü Litalibe'l-Hak, Beyrut, 1297, C.2, s. 109.
14. Al-Ajam, Rafic, Encyclopedia of Sufi Terminology, Mektebetü'l-Lübnan, Lübnan, 1999, s.546-549.
15. Hucvirî, Keşfu'l-Mahcûb, Hakikat Bilgisi , (çev. Süleyman Uludağ), Dergah Yay., İstanbul, 1982, s. 437.

"Benim bütün rahat ve huzurum namazdadır." demek istemiştir. Çünkü istikamet ehlinin meşrebi ve manevî haz membaı namazda olur. Bu nedenle Rasûlullah'ın ruhu namazda, gönlü niyazda, sırrı pervazda ve uçuşta, nefsi güdazda yani erime hâlindeydi. O derecede ki, namaz onun göz aydınlığı hâline gelmişti. O namazda iken bedeni mülk âleminde, ruhu ise melekût âleminde bulunurdu. Bedeni beşerî idi, ama ruhu "üns" hâlinde idi. Yani Hz. Peygamber her namaz kılışında ruhen miraç ederdi, bu esnada ruhu dergâh-ı izzete yükselirdi.[16]

Serrâc et-Tusî'ye göre, sûfîlerin namaz rükûnlarını ikame ederken uydukları birtakım edeb kaideleri bulunmaktadır. Niyet ve iftitah tekbiri arasındaki bağ sağlam olursa, bundan sonra namaza, onu bozacak, faziletini eksiltecek bâtınî afetler giremez. Kıyâm esnasında ise namaz kılan kişi tekbir için ellerini kaldırdığında, gönlünde zât-ı kibriyânın azametinden başka büyük olmamalıdır. Tekbîr sırasında namaz kılan bireyin nezdinde, Allah'tan daha büyük bir şey kalmamalıdır ki, O'nun büyüklüğüyle gözünden ve gönlünden dünya ve ahiret duyguları silinip gitsin.

Rükûnun edebi, sırtını dümdüz yapıp yere eğilmek, böylece bütün mafsallarını arşa doğru tutmaktır. Sonra da gönlünde Allah'tan daha yüce bir merci kalmayacak şekilde O'nu yüceltmek ve nefsini bir toz zerresinden daha küçük görmektir. Ayrıca başını rükûdan kaldırıp "Semiallahu li-men hamideh" dediğinde Allah'ın kendisini işittiğini bilmektir. Secdenin edebi ise, secde esnasında kulun gönlünde kendisine Allah'tan daha yakın hiçbir şeyin kalmamasıdır. Çünkü secde, kulun Rabbına en yakın olduğu durumdur. Böyle olunca kulun diliyle de Allah'ı tenzîh etmesi gerekir. Kulun kalbinde Allah'tan daha büyük, O'ndan daha izzetli hiçbir şey bulunmamalıdır.[17]

Namaz kılan kimse kalbiyle Allah Teâlâ'ya yolculuk yaparak hevasına, dünyasına ve Allah dışındaki her şeye veda etmektedir.

Salât, sözlükte, dua manasına da gelir. Bu manaya göre namaz kılan sanki bütün azalarıyla Allah Tealâ'ya dua edip yalvarmaktadır. Bütün azaları âdeta birer dil olmuş; zâhiren ve bâtınen O'na tazarru et-

---

16. Hucvîrî, *a.g.e.*, s. 438.
17. Tûsî, *a.g.e.*, s. 159-160.

mektedir. Kulun zahiri, muhtaç bir dilencinin yalvarma ve yakarma hâli içinde tazarru ederek, eğilip bükülerek çeşitli şekillerde bâtınına ortak olmakta, ondaki huşua katılmaktadır. Kul, bu şekilde bütün varlığı ile dua edince Kerim Mevlâsı da kabul etmektedir.[18]

Namaz üç temel esastan oluşmaktadır: Bu esaslar kalbin Allah'a huşu ile yönelmesi, dilin Allah'ı anması, beden ile en üst düzeyde saygı gösterilmesidir. Bu üç esasın namazın vazgeçilmez unsurları olduğunda, diğer hususlarda ayrılıklar olmakla beraber, bütün dinler müttefiktir. Daha dikkat çekici bir husus ise kıbleye yönelmek, namaz vakti Allah'ın kutsal evini tazim için vacibdir ve hanif İslâm dininin en belirgin özelliklerinden biridir. Ve Müslümanlar bununla diğer din mensuplarından ayrılırlar.[19]

Burada ifade edilmesi gereken bir husus da şudur: Namazın azı, dikkate değer bir fayda sağlamaz, aşırı derecede çoğu ise kılınamaz. Bu durumda hikmet-i ilâhî, iki rekattan daha az miktarda namaz konulmamasını gerektirmiştir. Namazın en az iki rekat kılınmasında ince bir sır vardır, o da şudur: Allah Teâlâ'nın, canlıları ve bitkileri yaratışında geçerli olan âdeti, bireyleri birbirine kenetlenmiş iki yarıdan meydana getirmesi şeklindedir. Bütün, bu iki yarıdan meydana gelir. "Çift olana ve teke yemin olsun ki"[20] ayetinde atıfta bulunan mana budur.[21]

Namazda devamlılığın şartı ise, onda sükûneti muhafaza edip başka bir şeyle ilgilenmemektir. Allah Teâlâ'nın, "Onlar namazları üzerinde devamlıdırlar,"[22] buyruğu da bu yönde tefsir edilmiştir. Bu bağlamda "Ne söylediğinizi bilinceye kadar sarhoş iken namaza yaklaşmayın"[23] ayetinde geçen "sükarâ=sarhoşlar" ifadesiyle, dünya sevgisinden ve onunla ilgilenmekten sarhoş olanların kastedildiği söylenmiştir. Nitekim namazı hakkıyla kılan bir birey, Rabbini övme, hamdetme, nimetlerine şükran ve duada bulunma, O'nu tesbîh ve tenzîh

---

18. Sühreverdî, *Avârifü'l-Ma'ârif, Dâru'l-Kitabu'l-Arabiyyi*, Beyrut, 1966, s. 303.
19. ed-Dihlevî, *a.g.e.*, C.2, s. 30-33.
20. Fecr, 89/3.
21. ed-Dihlevî, *a.g.e.*, C.2, s. 37.
22. Me'âric, 70/23.
23. Nisâ, 4/43.

etmeye o kadar dalar ki kendi dünyevî ihtiyaçlarını unutur. Mevlâsı ile meşguliyeti ve sevgisinden dolayı, Rabbinden sadece kendisini merkeze alarak isteklerde bulunmayı değil bütün insanlık için dua etmeyi amaç edinir.[24]

Namaz esnasında namaz kılan birey, "Bizleri kendilerine nimet verdiklerinin yoluna hidayet et, öfkene uğramışların ve sapmışların yoluna değil."[25] diye duada bulunduğunda Allah Teâlâ, "Bu dua kulum içindir, kuluma istediği verilecektir." buyurur.[26]

Allah Teâlâ'dan en doğru yola hidayet olunmayı istemek amaçların en yücesi ve ona ulaşmak en şerefli bağış ve lütuf olunca, Allah, kullarına hidayetin nasıl isteneceğini öğretmiş; onlara kendisine öncelikle övgü ve senada bulunmalarını, Allah'ı nasıl birleyeceklerini hatırlatmıştır. Kulluk ve tevhîd amaca ulaştıran birer vesiledir. Bunlardan biri, Allah'a isimleri ve sıfatları ile yönelmek, diğeri O'na kullukla yönelmektir.[27]

Namaza salât denmesinin sebebinin kul ile Allah arasında bir sıla (bağ) olduğunu söylemiştik. Nitekim namaza girmek, niyazda bulunmak üzere Yüce Allah'ın huzuruna çıkmaktır. Zira namaz kılan kişi okuması, duası, zikri ve benzeri hâl ve hareketleriyle Allah'a münacât ediyor demektir.[28]

Tasavvufî anlayışa göre sûfîler, fıkıh ilmindeki ölçüler açısından eksik ve yanlış sayılan fakat bir ihlâs, kalp huzuru ve huşu ile kılınan namazlara büyük değer verir, âdeta ona imrenirler. Kelebâzî, sûfîlerin ister takva sahibi olsun ister günahkâr olsun, herkesin ardında cemaat olup namaz kıldıklarını; mezhebine ve günahına bakmadan ehl-i kıble olan herkesin cenaze namazını kıldıklarını ifade eder. İyi veya kötü her imamla cuma, bayram ve cenaze namazını kıldıklarını vurgular.[29]

24. el-Mekkî, a.g.e., C. 3, s. 317-318, 325.
25. Fâtiha, 1/7.
26. Suhreverdî, a.g.e., s. 302.
27. İbn Kayyım el-Cevziyye, Medâricu's-Sâlikîn, Kur'ânî Tasavvufun Esasları, İnsan Yay., İstanbul, 1990, s. 30.
28. Uludağ, Süleyman, İnsan ve Tasavvuf, Mavi Yayıncılık, İstanbul, 2001, s. 28-29.
29. Kelabâzî, et-Ta'arruf li-Mezhebi Ehli Tasavvuf, Mektebetü'l-Kahire, s. 56.

Aynı zamanda namaz esnasında imama uyarak hep birlikte aynı hareketlerin icra edilmesi, her şeyden önce birliği ve beraberliği sembolize eder. Müslümanların bedenen bir arada toplanmaları rûhen, kalben, fikren, hissen ve itikaden kaynaşmış ve yekpare bir kitle hâline gelmiş olmalarının da remzi sayılır. Saflardaki doğruluk ve hareketlerdeki ahenk, kalplerdeki doğruluğu ve ruhlardaki ahengi temsil eder. İmamın tekbîrleri ile hareket edilmesi ferdî irade ve şuurun fâni olup, yerine ma'şerî irade ve şuurun geçmesine işaret eder. Diğer taraftan imam önderliğinde düzgün saflar teşkil edilerek bir uyum içinde birlikte yerine getirilen davranış biçimleri, cami dışındaki sosyal hayatta ve müşterek faaliyetlerde de Müslümanların birlikte ve nizam dahilinde hareket etmeleri gerektiğine dikkati çeker.[30]

Namaz, insanın günlük varoluşunu belirler, ritmini düzenler, yaşam fırtınalarında sığınacak bir yer sağlar ve günahtan korur. Bununla beraber namaz, Hz. Peygamber'in iç durumlarının yansımaları olan söz ve hareketlerin yardımıyla tekrar tam bir kulluk ve insan-ı kâmil olarak Hz.Peygamber'in, namazların iç gerçekliği ve İslâm'da rûhî gerçekleşmenin prototipi olan miraçla Allah'ın huzuruna yaptığı iç yolculuğu karakterize eden ilâhî yakınlık durumuna dönebilir.

Farz namazla insan yalnızca derin bir iç boyuta sahip olmakla kalmaz, sonunda "kalbin namazına", zikreden, zikir ve zikredilenin birleştiği ve kendisiyle insanın merkeze, kaynağa döndüğü manevî yolda ilerledikçe daha da içselleşen diğer ibâdet biçimlerinin de temelini oluşturan namaza ulaşır.[31]

NAMAZ ALLAH'LA KARŞILIKLI KONUŞMADIR, TADINA DOYULMAZ BİR SOHBETTİR

Namazdaki sûre ve dualar, Allah ile kul arasında sonsuz ve sınırsız bir muhabbettir; huzurla dolu bir sohbettir. Namaz kılan kişi, sûre

---

30. Uludağ, Süleyman, *İslâm'da Emir ve Yasakların Hikmeti*, Türkiye Diyanet Vakfı Yay., Ankara, 2001, s. 84.

31. Nasr, Seyyid Hüseyin, *İslâm'da Düşünce ve Hayat*, (çev. Fatih Tatlıoğlu), İnsan Yayınları, İstanbul, 1988, s. 279.

ve duaları okurken Allah'a kavuşma ve O'nunla bütünleşme duygusunu yaşar.

a) Sübhâneke Duası

Sübhâneke duasında namaz kılan kişi, "Allah'ı hamd ve övgü, şükür ve takdir içerisinde tesbîh ediyorum" dediğinde Rabbi, ona, "Ey kulum! Ben de seni hamd ve övgü, takdir ve şükür içerisinde anıyorum, seni övülmüş kullarımın içerisine katıyorum. Bana dost ve övülmüş kullarımla beraber senin, iki cihanda dereceni yükseltiyorum." müjdesini verir.

"Senin adın ne yücedir, senin şanın ne büyüktür" (ve tebareke'smük ve teâlâ ceddük) dediğinde Rabbi ona, senin adını ve şanını iki cihanda maddî ve manevî alanda yücelteceğim, müjdesini sunar. Bu niyaz bize Kevser Sûresi'ni hatırlatır. Müşrikler peygamber efendimize, sen öleceksin senin adın, şanın şöhretin seninle beraber yok olacak, soyu kesik Muhammed diye sataşırken Rabbi, Rasûlü'ne, "Asıl şanı yok olacak sana kin tutandır." (Kevser 108/3) diyerek ona destek oluyordu. İşte biz de Rabbimizi, "Senin adın ne yücedir, senin şanın ne büyüktür" diye yücelttiğimizde Kevser Sûresi'nde Rabbimizin Rasûlü'ne verdiği müjde bizim için de geçerli olabilecektir. Rabbimizin adını ve şânını yüceltirken, bizler de iki cihanda adımızın şanımızın hiç unutulmayıp dostlar ve övülmüşler kervanında ölümsüz bir kul olma şerefine nail oluyoruz. Bir insanın namazı iki cihanda amel defterini kapatmayacak en büyük mucizedir.

Namaz kılan insan, "senden başka ibâdet edecek yoktur" (velâ ilâhe gayruk) dediğinde kul Rabbine, "Rabbim ibâdet ve itaat edeceğim, sonsuz sevgi, şefkat ve huzurun hazzını yaşayacağım tek dostum ve sevgilim sensin." diye niyazda bulunmaktadır. Rabbi kulunun bu niyazına karşılık, "Seni razı olmuş ve razı olunmuş hayırlı kullarım arasında dostluk ve rıza makamına erdireceğim", "Ey huzura ermiş nefs Rabbinden razı olmuş ve razı olunmuş olarak Rabbine dön, iyi kullarımın arasında gir cennetime." (Fecr, 27-30) müjdesini vermektedir

b) Fâtiha Sûresi

Fâtiha Sûresi'nde namaz kılan kişi, "Hamd ve övgü âlemlerin Rabbi Allah'a mahsustur." (*Elhamdülillâhi Rabbi'l-âlemîn*) dediğinde Rabbi ona seni övülmüş ve en takdir ettiğim kullarımın seviyesine hem dünyada hem ahirette çıkartacağım, müjdesini sunar. Allah kulunun kendisine sunduğu hamda karşılık kuluna övgü, minnet ve takdirini sunar. Kul hamdettikçe bütün kâinatın hamdına, teşekkürüne, yaratılmışların hepsinin Allah'a olan aşklarına ortak olur. O aşkın, muhabbetin, şükür ve zikrin en değerli parçası olur.

Namaz kılan kişi, "O Rahmân ve Rahîm'dir" (*er-Rahmâni'r-Rahîm*) dediğinde Rabbi ona, sana bütün insanlığı sevgi ve şefkat duyguları içerisinde kuşatmayı, inanan ve inanmayan ayrımı yapmadan ilâhî güzellikleri gönüllere taşımayı, sayısız nimetleri insanlara ulaştırmayı nasip eyleyeceğim; benim rahmetim, sevgi ve şefkatim bütün ruhunu saracak, iki cihan saadetine ve rahmetine mazhar olacaksın, müjdesini sunar.

Namaz kılan namaz dostu, "O, hesap günün sahibidir." (*mâliki yevmi'd-dîn*) dediğinde Rabbi onu hesap gününde hesaba çekmeden önce kendi nefsini hesaba çektiği için ona cennet, cemâlullah ve aşkullahın kapılarını açacaktır. Namaz kılan kişi, bu ayette kendisine ikram edilen nimetlerin gerçek sahibinin Allah olduğunu öğrenince, kendisine Allah tarafından verilen nimetlerden dolayı kibir ve gurura kapılmamayı, başkasına ikram edilen nimetlerden dolayı haset ve kıskançlığa düşmemesi gerektiğini öğrenecektir.

Namaz kılan namaz âşığı, "Biz yalnız sana ibâdet ederiz ve yalnız senden yardım dileriz." (*iyyâke na'budu ve iyyâke neste'în*) dediğinde Rabbi ona, "Ey gönül huzuruna ermiş, tatmin olmuş nefs, sen Rabbinden razı, O senden razı olarak dön Rabbine! Sen de katıl has kullarımın içine, gir cennetime!" (Fecr, 89/27-30) ayetindeki müjdeyi kuluna sunar. Rabbi o kulun gerçek dostu olur, o kul da Rabbinin gerçek dostu olma şerefine nail olur. Dost dostun divanında gözyaşı dökerken hakîkî dost, dostluk makamında aşkıyla onu tatmin edecek, selâmıyla onu huzura erdirecektir.

Namaz dostu kişi "Bizleri doğru yola hidayet et. Kendilerine nimet verdiklerinin yoluna ilet. Öfkene uğramışların ve sapmışların yoluna iletme." *(ihdinâ's-sırâta'l-müstakîm sırâtellezîne en'amte aleyhim gayri'l-mağdûbi aleyhim vela'd-dâllîn)* dediğinde, Rabbi kulunu Müslümanların teslimiyetleriyle, mü'minlerin imanlarıyla, muttakîlerin takvâlarıyla, ebrârların iyilikleriyle, muhsinlerin Allah'ı görüyormuşçasına ibâdet etme coşkusuyla girdikleri cennetlere girme müjdesine nail kılar. "Rabbimiz! Kalplerimizi doğru yola hidâyet ettikten sonra eğriltme, bize katından bir rahmet ver. Çünkü sen ikram edenlerin en hayırlısısın." (Âl-i İmran 3/8).

c) Tahiyyât Duası

Namaz kılan kişi, Tahiyyat duasında "Bütün dualar, selâmlar, şükür ve senalar, bedenî ve malî ibâdetler, selâmlamaların en güzeli ve her çeşidi, salâtın her çeşidi, sözlerin en temizi Allah içindir." *(et-tehıyyâtü lillâhi ve's-salavâtü ve't-tayyibât)* dediğinde Allah, kendisine sevgisini böylesine güzel ifadelerle sunan kuluna "Rahîm olan Allah katından müminlere çok özel bir selâm vardır." (Yasin, 36/58) ayetindeki müjdeyle kullarına cennette vereceği selâmı dünyada Tahiyyat duasında verir. Selâmla Allah kuluna sonsuz yakınlık ve aşkla cennet nimetlerini müjdeler. Selâmla Allah, cennet nimetlerinin sonsuz huzur, mutluluk, güven, saadet ve bereketini namaz kılan kişinin diz kapaklarının ucuna sunar. Ayrıca namaz kılan kişi bu selâmla bütün kâinatın selâmına ortak olur. Kâinatın selâmı ve zikriyle onların duasına nail olma müjdesini Allah o kuluna sunar.

Namaz âşığı, "Ey nebî! Allah'ın selâmı, bereketi, rahmeti senin üzerine olsun. Selâm bize ve Allah'ın salih kullarının üzerine olsun." *(es-selâmu aleyke eyyühen'n-nebiyyü ve rahmetullâhi ve berekâtühü, es-selâmu aleynâ ve 'alâ ibâdillâhi's-sâlihîn)* dediğinde âlemlerin efendisi Rasûlullah efendimiz, kendisine böyle dua eden bir kul için, Allah'ın selâmı, rahmeti, bereketi senin üzerine de olsun diyecektir. Rasûlullah'ın selâmını alan kulu, "Allah, selâm yurduna çağırır" (Yûnus, 10/25). Rasûlullah'ın selâmını alan kul huzur, mutluluk, selâmet ve şefaate erer. Allah ve Rasûlü'nün selâmını alarak kendimize dua edersek selâm yurdu, huzur ve mutluluk yurdu cennetlere nail oluruz. Allah'ın bütün iyi kullarına Allah'ın selâmını, rahmetini ve bereketini sunarak Allah'ın sevgili kullarının da dualarına mazhar olma şerefine nail oluruz. Allah'ın bizim üzerimizdeki nimetleri bu mübarek insanlar hürmetine arttırılır. "Eğer şükrederseniz sizin üzerinizdeki nimetlerimi arttırırım." (İbrahim, 14/7) müjdesine bütün inanan kullarla beraber nail oluruz.

d) Salli–Bârik Duaları

Namaz kılan namaz sevgilisi, "Allahım Hz. İbrahim'e, ailesine, yakınlarına, ona itaat eden ümmetine, ona tebliğ ve mücadelesinde yardım eden dostlarına salât u selâm eylediğin ve rahmet ettiğin gibi Hz. Muhammed'e, ailesine, dostlarına, ona itaat eden ümmetine de salât u selâm eyle ve onlara merhamet et." (*Allâhümme salli alâ Muhammedin ve 'alâ âli Muhammed kemâ salleyte 'alâ İbrâhime ve 'alâ âli İbrâhim inneke hamîdün mecîd*) dediğinde, Rabbi o kula; namaza vefalı, onu kendisine dost kıldığı Hz. İbrahim'i kendime dost kılıp ona merhamet ettiğim gibi, ey kulum, Hz. İbrahim'in şahsında Hz. Peygamberden önce ve Hz. İbrahim'den sonra gelen bütün peygamberleri, peygamber ailelerini, peygamber dostlarını, peygamber ümmetlerini ve ey namaz dostu kulum seni de dua ve övgüyle anıyorum; sonsuz merhametimle müjdeliyorum, diyecektir.

Namaz dostu, "Allahım! Hz. İbrahim'i, ailesini, dostlarını, yakınlarını, O'na itaat eden ümmetini, O'na tebliğ ve mücadelesinde yardım eden dostlarını mübarek kılıp, onları manevî derece itibarıyla iki cihanda da yüce kıldığın gibi Hz. Muhammed'i, ailesini, dostlarını, O'na itaat eden ümmetini ve yakınlarını da mübarek kılıp manevî dereceler itibarıyla iki cihanda da yücelt." (*Allâhümme bârik 'alâ Muhammedin ve 'alâ âli Muhammed kemâ bârekte 'alâ İbrâhime ve 'alâ âli İbrâhim inneke hamîdün mecîd*) dediğinde Rabbi, namaz kılan insana, Hz. İbrahim'in şahsında Hz. Peygamber'den önce ve Hz. İbrahim'den sonra gelen bütün peygamberleri, peygamber ailelerini, peygamber dostlarını, peygamber ümmetlerini ve ey namaz dostu kulum; seni de mübarek kılıyorum ve manevî derece itibarıyla iki cihanda da yüce kılınacağınızı müjdeliyorum, der.

e) Rabbenâ Duaları: Rabbenâ Âtinâ

Namaz kılan kişi, "Rabbimiz bize dünyada iyilik ve güzellik ver. Ahirette de iyilik ve güzellik ver ve bizi ateş azabından koru. Çünkü sen merhametlilerin en merhametlisisin" (*Rabbenâ âtinâ fi'd-dünya haseneten ve fi'l-âhireti haseneten ve qınâ azâbe'n-nâr, birahmetike yâ erhâme'r-râhimîn*) dediğinde Rabbi, o kula iki cihanda cennet, nimet, ganimet, samimiyet, mutluluk, afiyet, galibiyet, başarı, nimete erme, görevini hakkıyla yapma, helâlden yeme, nikâhlı yaşama, doğru olma, adaletli iş yapma, başkalarına iyilik etme, güzel ve tatlı söz söyleme, varılacak güzel yer, uyulması gereken şüpheden uzak olan güzel söz, insanı yücelten, Allah'a yaklaştıran güzel imtihan, Allah'ın işleyenlere güzel bir geçimlilik verdiği güzel işlerin müjdesini verecektir.

Namaz kılan namaz âşığı, "Bizi ateş azabından koru. Çünkü sen merhametlilerin en merhametlisisin." dediğinde Rabbi ona cehaletin, gafletin, zulmün ve haksızlıkların karanlıklarından kurtarma müjdesini sunar. Onun iki cihanını güvenlik, esenlik, barış ve saadet esintileriyle doldurur.

Rabbena'ğ-firlî

Namaz kılan namaz dostu "Rabbimiz beni, annemi ve babamı, bütün inananları hesap gününde bağışla." (*Rabbena'ğ-firlî ve livâlideyye ve li'l-mü'minîne yevme yeqûmu'l-hısâb*) dediğinde Rabbi ona, kendisini, anne–babasını, kendisine emek veren insanları ve bütün inananları bağışlayacak; onları rahmetiyle kuşatıp ihya etme müjdesi verecektir. Böyle bir duayla Rabbine yalvaran kişi iki cihanda kendisini sevenler tarafından en güzel dilek ve dualarla hatırlanacak; "Baki" ismiyle ölümsüzlük sırrının müjdesini tadacaktır.

Rabbi'c-alni Duası

Namaz kılan namaz sevgilisi, "Rabbimiz bizi namazı dosdoğru kılanlardan eyle. Bizden gelecek nesilleri de namazı dosdoğru kılanlardan eyle. Dualarımızı kabul buyur." (*Rabbi'c-alnî muqîme's-salâti ve min zürriyyetî Rabbenâ ve tekabbe'l-duâ*) dediğinde, Rabbi o kula namaz aşkı, ibâdet şuuru ve ahlak güzelliğini müjdeler. Bütün dualarını hayra tebdil ederek kabul eder. Onu namazın en yakın dostu; namazı onun en yakın dostu kılar. Namaz aşkı müjdesi cennet huzuru müjdesidir.

B. TASAVVUFÎ AÇIDAN NAMAZIN RÜKÛNLARI

a. Tasavvufî Açıdan Niyet

Namaz kılan kişi için niyet, Allah'ın namazı en güzel şekliyle yerine getirme hususundaki emrine icâbet etme ve bu emri yerine getirme noktasındaki kararlılığı ifade eder. Niyet Allah'ın sevgisini umarak, cezasından korkarak, düşüncesini, kalbini, zihnini namaza odaklama yoluyla kılacağı namazın ciddiyetinin farkında olmak demektir. Namaz kılan mü'min için niyet, namazın bütün unsurlarında, eksikliklerden ve hatalardan uzak olan Allah'ın sevgisiyle, O'nun sevgisine duyduğu ihtiyaç ve içtenlik duyguları içerisinde namaza hazırlanma sürecidir. Niyetten sonra mü'minin ellerini omuzlarına doğru kaldırması ikinci aşamadır. Bu, kişinin düşüncesini ve duygularını dünyadan bütünüyle uzaklaştırmasını ve namaz ibâdetinin manevî iklimine hazırlanma kararlılığını ifade eder.[32]

Niyet önemli bir ibâdeti yerine getirmeye karar veren insanın bütün aklı, kalbi, ruhu ve bedeniyle Allah'ın huzuruna çıkarken yapacağı ibâdete insanın eşsiz ve temiz yaratılışını ortadan kaldırabilecek olumsuz durum, düşünce ve davranışları namaza karıştırmayacağına ve sadece gerçek dost Allah'ın sevgisini kazanmak için namazını kılacağına dair söz verme sürecidir.[33] Namazını olması gerektiği şekilde

---

32. Tabbâra, Afif Abdü'l-Fettâh, *Rûhu's-Salâti fi'l-İslâm*, Daru'l-İlim, Beyrut, 1979, s. 41.
33. Büyür, *Hasan, Namaz Bilinci*, Denge Yayınları, İstanbul, 2001, s. 57.

kılmaya niyet eden bir kişi, namazın kendisinden istediklerini hayatında yerine getirme ve olumlu karakter özelliklerini geliştirme noktasında kararlı olabilir. Bu durum namazla günlük hayatın bütünleşmesini sağlar.

Şu hâlde namaza niyet: Allah'ın sevgi ve rızasını kazanmaya, nimetlerinden ötürü Allah'a övgü, minnet, takdir, teşekkür, sevgi ve saygısını sunmaya (hamdetmeye); günahlarından dolayı pişmanlık duyup günahların duygular ve düşünceler üzerindeki olumsuz etkilerini ortadan kaldırarak kendini, davranışlarını, düşüncelerini yenilemeye bir vesiledir. Böylece olumlu karakter özellikleri geliştirmeye (tevbe), O'ndan bağışlanma dilemeye (istiğfâr), dua ve niyazda bulunmaya, O'nu anmak yoluyla O'nun sevgisini ve yakınlığını kalbine ve zihnine koymaya, yalnız Allah'a itaat edeceğine ve yalnız Allah'tan yardım dileyeceğine dair söz vermeye duygusal, zihinsel ve ruhsal anlamda kararlılık göstermeye sebep olabilir. Bu niyet ve azim öylesine samimi ve derunî olmalıdır ki namaz boyunca her harekette ve her ifadede bu amaç ve niyet güdülmelidir.[34] Böylece niyet, bireyi namaz esnasında yapılan hamde, zikre, tesbîhe, tenzîhe, tevbeye, duaya, kıyâm, kırâat, rükû, secde gibi namazın bütün unsurlarına duygusal, zihinsel ve ruhsal olarak hazırlayacak ve netice itibarıyla namazın bütün unsurlarına bedensel, duygusal, zihinsel ve ruhsal odaklanmaya namaz kılan mü'mini teşvik edecektir.

Gerçekte niyet sayesinde namaz kılan kişi Rabbi ile bağ kurduğunun farkında olmalıdır. Kul namaza ait her bir şartı yerine getirme noktasında kararlılık içerisinde namaza duygusal, ruhsal, zihinsel odaklanma hâlini yakalamalıdır. Böylece kul, Rabbi ile samimi bir sohbetin, gönüllü bir görüşmenin misafiri olabilir.

Namaz, bir itaat davranışıdır. İtaat ve ibâdetin amacı ise, sevaptan ziyade Allah'ın sevgi ve yakınlığını kazanmaktır. Bu bağlamda ibâdetten ve ibâdetlerin özü ve sentezi olan namazdan amaç ihlâstır. Yani kişinin samimiyet, içtenlik, taat, sevgi ve minnet duygularını Allah'a yöneltmesidir. Bu noktada niyetin amacı, niyetin merkezi olan kalbi amelin yapılış amacına yaklaştırmak, bireyi ise yaratıcısına olan sami-

34. Yıldız, a.g.e., s. 75-76.

miyet, içtenlik, sevgi, saygı ve minnet duygularına teşvik etmektir.[35] Netice itibarıyla niyet olmadıkça kalbî ve zihnî amelin yapılış amacına odaklanamayız. Namaz kılma bilincimiz yani namazı niçin kıldığımız ve namazın hayatımızdaki önemini manalandırma seviyemiz ne kadar yüksek ise niyetimiz de o derece samimi ve içten olabilir. İnsanı diğerlerinden ayıran en önemli unsur, onun kendine özgü niyetidir. Bir insanın niyeti, o kişinin içinde bulunduğu ortamı nasıl algılayacağını, o ortamda bilincini nasıl organize edeceğini belirler.

b. Tasavvufî Açıdan Kıyâm

Anlamlı ve huşulu bir namaz kılabilmek İslâm dininde önemlidir. Bu noktada öncelikli olarak dikkat edilmesi gereken, namazın şeklî yönünün haricinde, onun ruhu diyebileceğimiz manevî yönünü keşfetmektir. Nitekim Mevlânâ'ya göre, "Namazın özü, ruhun namazıdır. Sûreta, şeklen kılınan namaz geçicidir, devamlı olmaz. Çünkü ruh, deniz âlemidir, sonsuzdur. Cisim ise deniz kıyısı ve karadır, sınırlı ve ölçülüdür. İşte bu yüzden devamlı namaz ancak ruhun olabilir. Ruhun da eğilmesi ve kapanması (rükû ve secde) vardır; fakat bunları açıkça şekillerle göstermek lâzımdır. Çünkü mananın şekille bağlılığı vardır. İkisi bir olmadan fayda vermezler. Kızgınlık, şehvet ve hırs rüzgârları namazı olmayanlara zarar verir."[36]

Yani gerçek manada namaz kılanlar, bu âlemin maverasında fahr-i âlem Rasûlullah efendimize uyanlardır. Zira Rasûlullah'a uyma namazda perdesizdir. "Haremin sakinleri için kıblenümaya (kıbleyi gösteren alet ve rehber) ihtiyaç yoktur." Haremin dışında olanlar ise, bu mertebede değillerdir. Aynı şekilde vahdet mihrabında imam olan fahr-i âlem Rasûlullah efendimize söz, iş ve hâl bakımından tâbi olup engelsiz olarak uyanların namazları hakikat ve şuhûdları kâmildir. Bunların dışında kalanların ittiba ve iktidaları nefsanî ve mülâhazaları noksandır.

---

35. Gazâlî, *Mîzânü'l-Ahlâk, Ahlâk Ölçüleri*, (çev. H. Ahmed Arslantürkoğlu), Sağlam Kitabevi, İstanbul, 1974, s. 259-260-261.
36. Yeniterzi, Emine, *Mevlânâ Celâleddîn Rûmî*, T.D.V. Yay., Ankara, 2001, s.190.

"Huzur-ı kalb olmadan namaz olmaz." Yani âlem-i sırda kalp Allah ile beraber olmadıkça hakikî namaza ulaşılmaz. Bu hususta Hâfız şöyle der:

Âşık abdesti ciğer kanıyla almazsa
Aşk müftüsünün sözüne göre namazı sahih olmaz.[37]

Rabbimize yakın bir namaz kılmak için ilk basamak kıyâmın manevî anlamlarını düşünerek namaza başlamamızdır.

Kıyâm, Allah'ın huzurunda saygı ve sevgi duyguları içerisinde ayakta duruştur. Rabbinin davetine karşı kulun davete icâbet ederek ayakta O'nun huzurunda duruşudur. Kişi namaza niyetlenerek ayağa kalktığında, kalbi onun âlemlerin Rabbi için ayakta durduğuna şehadet eder. Allah'a saygı ve sevgi duygusu kişinin bütün varlığına hâkim olur, her şeyi gözetimi altında tutan Allah korkusu ve sevgisi insanı içine alır.[38]

Namaz kılan kişinin Allah'ın huzurunda saygı ile durması gereği, "Allah'a itaat ederek ayakta durun"[39] ayetiyle vurgulanır. Hz. Peygamber de normal durumlarda namazın ayakta kılınmasını emretmiştir.[40]

Kıyâm duruşunda insan namaza başlama tekbîri esnasında ellerini kaldırdığında şunları ifade etmek ister: "Ben şu anda bütün dünyevî kaygıları ve maddî düşünceleri, Hakk'ın dışındaki her şeyi elimin tersiyle arkaya atıyor ve Yüce Mevlâ'nın huzuruna çıkıyorum."[41]

İsmail Hakkı Bursevî ise, kıyâm duruşunda iki elin kaldırılmasını şöyle yorumlar: "Sağ el ahiretten, sol el dünyadan ibarettir. Elleri kaldırmak ise, dünya ve ahiret ilgisini gönülden çıkarıp arka tarafa atmak ve her ikisi sebebiyle de büyüklenmeyi yok etmek anlamını ta-

37. Bursevî, İsmail Hakkı, *Ferâhu'r-Rûh Muhammediyye Şerhi*, (haz. Mustafa Utku), Uludağ Yay., Bursa, 2003, C.4, s. 266-267.
38. el-Mekkî, *a.g.e.*, C.3, s. 322.
39. Bakara, 2/238.
40. Akyüz, Vecdi, *a.g.e.*, C.1, s. 145.
41. Demirci, Mehmet, "İbâdetlerin İç Anlamı", *Tasavvuf İlmi ve Akademik Araştırma Dergisi*, Ankara, 2000, Yıl 1, Sayı 3, s. 16.

şır."[42] İnsan kıyamda iki elini kaldırdığında, beden diliyle dünyayı ve âhireti arkaya atarken, gönül diliyle de "Allah en büyüktür" (*Allâhu ekber*) ve "Allah'tan başka ibadet edecek hiçbir ilâh yoktur" (*velâ ilâhe ğayruk*) diyerek Rabbine olan sevgi ve yakınlığını itiraf eder. Bir nevi namazda nefsinin köleliğinden kurtulan kulluk ve teslimiyetle yücelen kul, "Rabbim! Senden başka rab, kapısına gidilecek bir dost, duâma ve dileklerime icâbet eden sonsuz ikram sahibi Mevlâ bulamam ki...Ancak Sen varsın..." nidasıyla, dünyaya ve ahirete dair bütün isteklerini arkaya atar. Yûnus Emre'nin, "Bana Seni gerek Seni" sözünü bir nefes gibi içine çeker.

Yûnus Emre ise kıyâm duruşunda yaşanan bu manevî hâli şöyle anlatır:

Dünyayı bırak elden dünya gelmez bu yoldan
İki aşk bir gönülden asla geçmez bu haber.[43]

Mevlânâ'ya göre "Allah en büyüktür" manasına gelen tekbîrin gerçek anlamı "Ya Rabbi, biz senin huzurunda kurban olduk" demektir.

Ona göre koyun keserken "Allahü Ekber" denildiği gibi kötü duygu, düşünce ve fiillerin kaynağı olan nefsi keserken de "nefsin kurbanını kestim" denilir. Nefs için "Allahü Ekber" keskin bir kılıçtır. Onunla nefsi kestiğin zaman ruh fânilikten kurtulacaktır. Sonuç itibarıyla kurban kesmekle namaza durmak arasında bir benzerlik vardır. Kurban esnasında bir hayvan kurban edilir. Namaza durulunca da nefsin boş arzu ve hevesleri öldürülür. Çünkü namaza duran kimse, namazın erkânından başka bir harekette bulunmaz. Bulunmayınca da serbestliğe ve hürriyete alışmış nefsin isteği yapılmamış ve nefs öldürülmüş olur.[44]

Kıyâm duruşunda, Allah'ın en büyük olduğunu ifade eden kişi, Allah'ın her şeyden yüce olduğunun şuurunda olmalı, Allah'ın zikri olan namaz ibâdeti, kalbinde büyük bir yer kaplamalıdır. Bunu dil ile

42. Bursevî, İsmail Hakkı, *Kitâbü'n-Netice*, (haz. Ali Namlı, İmdat Yavaş), İnsan Yay., İstanbul, 1997, C.2, s. 623.
43. Yûnus Emre, *Dîvân*, Dergâh Yayınları Türk Dili ve Edebiyatı Ansiklopedisi Yayın Kurulu, Dergah Yay., İstanbul, 1982, s. 39.
44. Köroğlu, Nuri, *Hz. Mevlânâ'nın İrşadı*, Adım Yay., Konya, 2002, s. 221.

söylerken kişi kalbinde dünyada yüksek konum ve statü sahibi olan kişilere Allah'tan daha büyük değer veriyorsa o kişi tekbîr cümlesini yaşamamıştır.[45]

"Sağ eli sol el üzerine koyup bağlamak, Hakk'ın huzurunda kulluğunu göstermeye işarettir. Ayrıca sağ eli sol el üzerine koymak, sol eli iş yapmaktan yasaklamaktır. Zira sol el değersiz işleri yapmaya hasredilmiştir. Sol el taharet gibi, necaseti yıkamakla meşguldür. Hakikati şudur ki sağ el ahirete, sol el dünyaya işarettir. O hâlde sağ eli sol üzerine bağlamak dünyadan kesilip Hakk'a yönelmenin sûretidir. Yani namaz kılanın kalbini dünyaya veya ahirete yöneltmesi hakîkî yöne yöneltmesine mânidir. Yani arifin zahirinin ve bâtının Hak'tan başka şeylerden alâkayı kesmiş olması gerekir. Kimin ki bâtını Hakk'a yönelmiş olursa zahirde eli ve ayağı boş işlerle uğraşmaktan kurtulmuş olur."[46] İnsan kıyâmda sağ elini sol el üzerine bağlarken, beden diliyle iyiliği, adâleti, güzelliği; kötülüğe, zulme ve çirkinliğe tercih ediş kararlılığını gösterirken; gönül diliyle "bizleri doğru hidâyet et. Kendilerine nimet verdiklerinin yoluna ilet. Gazabına uğramışların ve sapmışların yoluna değil (*ihdinâ's-sırâta'l-mustaqîm, sırâtallezîne en'amte aleyhim, ğayri'l-mağdûbi aleyhim ve'l-ed-dâllîn*) diyerek Rabbinin ikramlarını nefsin ve insanların zulümlerine üstün tuttuğunu ifade eder. Böylece namazda, beden diliyle, kalbin benimsediği sözsel dil arasında çok belirgin ve kuvvetli bir bağ olduğunu görmekteyiz.

Namaz kılan kişi, kıyâmda iken, Allah'tan başka hiçbir kimsenin önünde bu şekilde durmanın uygun olmadığını idrâk eder. İkincisi namaza kalkan bir kişi bütün dünyevî kaygılardan sıyrıldığını, dünyayı arkaya attığını, beşerî makamlar önünde eğilmeyeceğini, onlara karşı dimdik ayakta duracağını göstermiş olur. Bu duruş, Allah dışındaki bütün ilâh anlayışlarına karşı bir kıyâmdır, bir karşı geliştir.[47]

Bu durumu İsmail Hakkı Bursevî şöyle ifade eder:

Vudu' ki masivadan infisâl, salât ki Hakk'la ittisâldir.[48]

---

45. el-Mekkî, *a.g.e.*, C.3, s. 320-321.
46. Bursevî, *Ferâhu'r-Rûh*, C.5, s. 64.
47. Ece, *a.g.e.*, s. 357-358.
48. Bursevî, *Kitâbü'n-Netîce*, C.2, s.62.

Yani ona göre abdest alış, Allah dışındaki her şeyden, boş ve manasız olan her durum ve olaydan ayrılış; namaz ise yaratıcıya kavuşma, O'nun güzel isim ve sıfatlarıyla vasıflanarak O'nunla bütünleşme anlamını taşır.

Zahirdeki beden temizliğinin sır ve ruh temizliğine uygun olması lâzım gelmektedir. Yani abdest alınırken el yıkandığı zaman, kalbin de dünya sevgisinden yıkanması gerekmektedir. Ağza su konulduğu zaman, o ağzın Allah dışındaki her sözün zikrinden temizlenmesi gerekmektedir. İnşikak yapıldığı zaman, abdest alan kişinin alışık olduğu ve kalbî bağ kurduğu şeylerin tümünden yüz çevirmesi ve Hakk'a yönelmesi icâb eder. Elini yıkadığı zaman, bütün nasib ve hazlardan tasarrufunu kesmesi gerekir. Başını mesh ettiği zaman işlerini Hakk'a teslim etmesi lâzımdır. Ayağını yıkayınca her iki temizliğin de meydana gelmesi için Allah'ın emretmiş olduğu Hakk'ın izni dışında bir yerde ikamet etmemesi icâb eder.[49]

Kıyâm esnasında kişi kimlik şuurunun farkına varır. İnsan, Rabbinin huzurunda Rabbi hesaba çekmeden kendisini hesaba çekebilen bir mü'min ve Müslümandır. Rabbinin huzurunda Rabbinin kendisine değer verdiği, huzuruna davet ettiği bir insandır.

Kıyâm esnasında insan aidiyet duygusunu yeniden kazanır. Anne-babasına ve bir topluma ait olduğunu bilen bir insan bunların da ötesinde Rabbine ait olduğunu, Rabbinden gelip yine O'na gideceğini kıyâm duruşunda hisseder.

Mevlânâ bu hâli şöyle ifade etmektedir:

"Namazdaki bir cemâatin kıyâmı yani Allah'ın huzurunda ayakta duruşu, kıyâmet gününde insanların Allah'ın huzurunda saflar teşkil etmesi, her birinin hesap ve münacâtta gelmesi gibidir."[50]

Mevlânâ ayrıca şunları söyler: "Allah insanlara 'Sana verdiğim mühlet içerisinde ne yaptın ve şimdi bana ne getirdin, ömrünü ne ile tükettin, nimet ve gıdalardan kazandığın güç ve kuvvetini hangi işlerde bitirdin, göz cevherin neye yaradı, beş duyunun nerede rehberi oldun, arşa ait cevherlerini gözünü, kulağını, aklını nerelere harcadın,

---

49. Hucvîrî, a.g.e., s. 427.
50. Can, Şefik, *Konularına Göre Açıklamalı Mesnevî Tercümesi*, Ötüken Yay., İstanbul, 2002, C.3, s.188-189.

kazancın ne oldu; sana bel ve kazma gibi el ve ayak verdim, o ihsan-larımla neler yaptın?' der.

Böyle dertlendirici binlerce sual Allah tarafından sorulur. İnsan onun bir kısmına cevap verir, bir kısmına cevap veremez."[51]

Yûnus Emre kulun kıyâm esnasında Rabbinin huzuruna çıkıp hesap verme ve hatalarından pişman olma tecrübesini şöyle ifade eder:

"Eğer gerçek kul imişsem O'na kulluk kıla idim
Ağlayaydım bu dünyada yarın anda gülem deyu"[52]

Aslında namaz başlı başına bir kıyâm, bir isyan ve başkaldırıdır. Küfrün, şirkin, nefsin ve şeytanın tüm istek ve arzularına karşı yapılan bir isyan ve kıyâmdır. Buna karşılık Yüce Allah'a ve hakikate boyun eğiştir.[53]

Kıyâm duruşu, kişinin Allah'a saygı göstermek maksadıyla Allah'ın huzuruna niyazla durması, yönünü ve gönlünü O'na çevirmesidir.[54]

Ayrıca kıyâm duruşu, bedenin Yüce Allah'ın huzurunda boynu bükük bir durumda bulunmasıdır. Asıl anlamı ise, kalbin bütün iş ve uğraşlardan ayrılıp, saygı ve eziklik içinde hizmete hazır olmasıdır. Bu durumda, insan kıyâmet gününde de aynı şekilde Yüce Allah'ın huzurunda bulunacağını hatırlamalıdır. Bu anlayış içerisinde kalbinde Yüce Allah'ın büyüklüğü ve sevgisi bulunan kimse, Yüce Allah'ın kendisini gördüğünü bilir, bütün organlarıyla derin bir saygı ve sükûnet içerisinde bulunur.[55]

Namaz kılan kişi, başını Allah'ın önünde eğer, sakin ve vakarlı bir şekilde O'nun önünde ibâdete başlar. Bu kıyâm duruşu, Allah dışındaki her şeyin bir tarafa atıldığı, bir ibâdetin başlangıcıdır. Bu hareket Allah'a karşı duyulacak bütün saygı ifadelerini, zikirleri, duaları içerisine alır. Çünkü namaz kılan birey, yalnızca O'na karşı olan saygı ve

51. Can, *a.g.e.*, C. 3, s.188-189.
52. Yûnus Emre, *Dîvân*, s. 39.
53. Yıldız, *a.g.e.*, s. 112.
54. ed-Dihlevî, *a.g.e.*, C.1, s. 268.
55. Gazâlî, *Kimyâ-ı Saâdet*, (çev. Abdullah Aydın, Abdurahman Aydın), Aydın Yay., İstanbul, 1992, s. 158-159.

sevgisinden dolayı ayağa kalkmıştır. Kıyâm duruşu, namaz kılan bireyin ne kimsenin karşısında ölçüsüz ve haddi aşan bir saygı ile el-pençe divan durmasına ne de başkaları kendisine saygıda bulunsunlar diye ayakta bekletecek bir edepsizliğe düşmesine izin verebilir. Dolayısıyla saygı, övgü, takdir ve minnetin Allah'a sunulacağını idrâk eden bir kişi davranışlarında ölçülü olmaya dikkat edebilir.

Namaz ibâdeti, kıyâm duruşuyla beraber bireyin hayatını ve kimliğini anlamlı kılan en temel cevapları verir. Daha sonraki aşamalarda övgü ve takdir, minnet ve şükran içerisinde Allah'ı, kendisine ve bütün yaratılmışlara ait eksik sıfatlardan tenzîh etme[56] yoluyla insan, hayatını ve kimliğini anlamlı kılan isimler ve sıfatların bilgisine ulaşacak ve böylece kendi hatalarını ve eksiklerini ortadan kaldırmaya; Allah'ın isim ve sıfatlarındaki kusursuzluğu idrâk ederek olumlu karakter özelliklerini geliştirmeye motive olacaktır. Meselâ Allah'ın vefasını ve rahmetinin sınırsızlığını Vâfi, Rahmân, Rahîm isimleri vasıtasıyla idrâk eden bir insan, hayatını anlamlı kılan vefa ve sevgi duygularını ona vefasının ve merhametinin sonsuzluğunu gösteren Allah'ın isim ve sıfatları yoluyla tecrübe edebilecektir. Ayrıca hayatını anlamlı kılan bu duyguları Allah'ın isim ve sıfatları vasıtasıyla öğrenen birey, sevme ve vefa göstermeyi öğrenecek; vefalı ve sevgi dolu bir insan olabilecektir.

Namaz esnasında sadece Allah'tan yardım dileyeceğini[57], Allah'tan başka ibâdet edeceği dostu, yardımcısı[58] olmadığını fark eden kişi hayatı anlamlı kılan dostluk, koşulsuz yardımlaşma duygularını da yaşayarak diğerkâm, dostluğa önem veren iyi bir insan olma şahsiyetini edinebilir. Allah'ın aklımıza gelen veya aklı aşan her şeyin sahibi; kulların hesaba çekileceği hesap gününün de sahibi Allah olduğunun farkına varan[59] bir birey, sadece bu hayatı anlamlı kılan sorularına cevap bulmakla kalmaz, aynı zamanda bu hayatın ötesindeki bir hayatı anlamlı kılan sorularına da cevap bulabilir. Bu nedenle hem bu dünyasını hem de ahiret hayatını anlamlı kılan sorularına cevap alan bir insan Allah ve diğer insanlar karşısındaki gerçek kimliğini, bu

---

56. *Sübhâneke Allahümme ve bihamdike.*
57. *İyyâke na'budu ve iyyâke neste'în.*
58. *Velâ ilâhe gayruk.*
59. *Mâliki yevmi'd-dîn.*

hayatı ile birlikte ölüm ötesi hayatının amaç ve anlamını da algılayabilen bir kişiye dönüşür.

Namaz ibâdetine, bu anlattıklarımız çerçevesinde Allah'a ulaşma yolculuğu denilebilir. Namaz bu yolculuk sayesinde bireyin iki dünyasına da anlam ve amaç kazandırmış olmaktadır.

Kıyâm duruşunda, Allah'ın huzuruna davet edilişinin psikolojik rahatlığını yaşayan insan, topluluklar içerisindeki yalnızlığından kurtulacaktır. Davet hatırlamakla gerçekleşir. Bu yüzden Yüce Allah, "Beni hatırlamak için namaz kılın."[60] buyurmaktadır. Namaz, periyodik tarzda düzenli olarak Allah'ı anma, hatırlama, minnet duyguları içerisinde O'nu yüceltme, O'nu kullara ait bütün eksik özelliklerden tenzîh etme hususiyetini taşır.

Namaz ibâdeti sayesinde Allah'ın kendisine duyduğu sevgi ve rızası ile karşılaşan, Allah'ın huzuruna davet edilen kişi, sevgi ve ait olma ihtiyaçlarının cevaplarını bulur. Böylece toplumun bir parçası olarak ister cemaatle ister bireysel olsun, kişi bir topluma ve bir ferde ait olma duygusunu aşarak yüce yaratıcıya ait olduğunu, ilâhî isim ve sıfatlardan izler taşıdığını idrâk edebilir.

Namaz kılan kişi, kıyâm duruşu esnasında özellikle "Sübhâneke" duasında Allah'ı sıfatlarının ve isimlerinin kusursuzluğu sebebiyle minnet ve övgü, takdir ve şükran içerisinde,[61] "Allah'ı yaratılmışlara ait bütün eksikliklerden, hatalardan, zaaf içeren sıfatlardan, sonlu varlıkların bütün özelliklerinden tenzîh ederim ve Allah'ı O'na lâyık olmayan sıfatlardan, her türlü eksikliklerden ve zaaflardan istisna ederek tesbîh ederim"[62] demektedir. Böylece Allah'ın yaratılmışlara ait bütün eksikliklerden, hatalardan, noksan sıfatlardan, münezzeh olduğunun farkına varan bireyin Allah'ı kusursuz isim ve sıfatları vasıtasıyla tanıması mümkün olacaktır. Namaz kılan mü'min, Allah'ın isim ve sıfatlarındaki kusursuzluğa karşın kendi hatalarını, eksiklerini, olumsuz karakter özelliklerini fark edecek ve hatalarını sorgulamaya başlayacaktır. Kendi hatalarını ve olumsuz karakter özellikleri-

---

60. Taha, 20/132.
61. İbn Manzûr, a.g.e., C.13 , s. 155-156.
62. Sübhâneke Allâhümme ve bihamdike.

ni idrâk eden, onları sorgulamaya başlayan birey, aynı zamanda kendi benliğini oluşturan unsurların yani kendi duygularının, zihin yapısının, dürtülerinin, özlemlerinin, kişilik özelliklerinin de farkına varacaktır (self-perception).[63] Bu noktada namaz kılan birey, kendi hatalarını, eksikliklerini ve olumsuz karakter özelliklerini fark etmekle kalmayacak; aynı zamanda hatalarını, eksiklerini, olumsuz karakter özelliklerini ortadan kaldıracak eşsiz yetenek, kapasite ve özellikler içerisinde yaratıldığını da idrâk edebilecektir. Böylece kendini tanıma süreci (selp-perception) başlamış olmaktadır.

Nefs, genellikle insanın üç ayrı yönü için kullanılır. Bunlar insanın psikolojik, zihinsel, fiziksel ve ahlâkî fiilleridir. Ahlâkî anlamda nefs, bir yönden insanın istek, şehvet ve öfke güçlerini kapsayan yanıdır. Nefs, insanın bedenî arzu ve isteklerini ifade için kullanıldığında genellikle olumsuz bir anlam taşır.[64] Namaz ibâdeti, kıyâm duruşu ile beraber "Allah en büyüktür" ifadesiyle Allah'ın yüceliğini ifade eder. Kişinin hakikate boyun eğmesini teşvik etmesi yönüyle nefse tahakküm ederek, bireyi şehvet ve öfke isteklerine direnç gösterecek bir hâle getirir. Böylece namaz kılan bir insan, kötü duygu, düşünce ve fiillerin kaynağı olan nefsini Allah'a bağlılık duyguları içerisinde kurban ederek ilâhî özünün farkına varır ve her şeyin ötesinde varlığının sebebi olan Allah'a ait olduğunu idrâk eder. Bu noktada namaz kişiyi ilâhî aşka götürür.

Yûnus Emre, namaz kılan kişinin Allah aşkını her şeyin üstünde tutması gereğini şöyle terennüm eder:

Gerçek âşık olan kişi anmayı sar[65] dünya ahiret
Âşık değildir el kişi yürüye izzeti kova
Her kim dostu sever ise dosttan yana gitmek gerek
İşi gücü dost olıcak cümle işten olur âzâd.[66]

---

63. Budak, Selçuk, *Psikoloji Sözlüğü*, Bilim ve Sanat Yayınları, Ankara, 2000, s. 444.
64. Dodurgalı, Abdurrahman, "Nefs ve Eğitimi", *Din Eğitim Araştırmaları Dergisi*, Yıl:1998, sy. 5, s. 76.
65. Anmamalı.
66. Yûnus Emre, *Dîvân*, Dergah Yayınları Türk Dili ve Edebiyatı Ansiklopedisi Yayın Kurulu, Dergah Yayınları, İstanbul, 1981, s. 39-61-96.

Yûnus Emre'nin diliyle, gerçek âşık ne dünyanın, ne ahiretin geçici zevklerine aldanır. Âşığın esas arzusu Rabbine kavuşmaktır. Rabbin aşkı dünyanın ve ahiretin geçici lezzetlerinden çok daha değerlidir. İnsan Rabbine âşık ise Rabbin yolunda gitmeli, ancak O'nu sevmelidir. Eş, çocuk, iş, dünya sevgisi de insanı gerçek dost Allah'a kavuşturmalıdır. Eğer insanın dünya ve ahiret sevgisi, kendisini Allah aşkına götürüyorsa; o zaman insan, geçici lezzetlerin tahakkümünden kulluğun getirmiş olduğu özgürlüğe kavuşur. Böylece Allah'a vuslat sevinci gönlünü kaplar.

c. Kırâat (Kur'ân Okuma)

Namaz kılan birey, Kur'ân okumaya başladığı zaman, kelâmın sahibiyle olan beraberliği onun kaygısını azaltır. Çünkü birey, kelâmın sahibiyle konuşmaktadır. Namaz esnasında Kur'ân ayetlerini okurken tertîl ile yani yavaşça anlaşılır okumalı, ilâhî kelâmın manaları üzerinde düşünmelidir. Bir rahmet ayeti ile karşılığında onu arzulamalı, istemeli; azab ayetiyle karşılığında korkup Allah'a sığınmalı; tesbîh ve ta'zîm ifade eden bir ayet okunduğunda hamd, tesbîh ve ta'zîmde bulunmalıdır.[67]

Ayakta Sübhâneke duasını, Fâtiha Sûresi'ni, Kur'ân'dan bazı ayetleri okumayı ifade eden kırâat Rab ile yapılan özel bir konuşma gibidir. Namaz kılan birey, Rabbinin yüce kelâmını, yani Kur'ân-ı Kerim ve duaları sevgiyle ve boyun bükerek okur. Rabbi de onun ibâdetini, dualarını, övgü ve tesbîhini kabul buyurarak cevap verir.[68]

c.a. Sübhâneke Duası

Namaz kılan kişi, Allah'ı hamd ile tesbîh ve tenzîh ederek başlar.[69]

Allah'ı tesbîh etme, "O'nu yaratılmışlara ait bütün eksikliklerden, hatalardan ve noksan sıfatlardan tenzîh etmek" anlamını taşır.[70] Aynı zamanda her canlı Allah'ı tesbîh eder; yani O'nu hatırlar, anar, hâl

---

67. el-Mekkî, *a.g.e.*, C. 3, s. 324.
68. Ece, *a.g.e.*, s. 574.
69. *Sübhâneke Allahümme ve bihamdike.*
70. el-İsfahânî, *a.g.e.*, s. 324-325.

dilleriyle O'nu yüceltirler. Ayrıca tesbîh etme, yalvarma, "Sabah ve akşam (günün iki ucuna girdiğinizde) O'nu hamd ile tesbîh edin."[71] ayetinde ifade edildiği üzere namaz manasını da ifade etmektedir.[72] Bununla beraber Allah'ı tenzîh etme, tüm varlık yok olma, ölme, sonlu olma sıfatlarını üzerinde taşırken; Hz. Allah'ın onlar gibi olmadığını, onların bu sıfatlarından münezzeh olduğunu ifade ederek Yüce Allah'ı tüm varlık âleminin özelliklerinden istisna etme; Allah'ı O'na yakışmayacak sıfatlardan, eş ve çocuk edinmekten, her türlü kötü şeyden uzak bilmek; Allah'a itaat ve bağlılığa hızla, üşenmeden koşma; Allah'ın mislinin, ortağının, zıddının, benzerinin bulunmasından uzak olması; Allah'ın kendisi için kullanılmasından hoşnut olduğu ve O'nun kendisi için tavsiye ettiği sözler ve sıfatlar" anlamlarını ifade etmektedir. Ayrıca "Sübhân" kavramı, "O'nun lâyık olmayan isim ve sıfatlardan uzak olduğunu ifade etmek için kullanılan ve sadece O'na ait olan özel bir isim" anlamını taşımaktadır.[73]

Namaz kılan birey, Allah'ı yaratılmışlara ait bütün eksikliklerden, hatalardan, noksan sıfatlardan tenzîh etmesi, O'nu yaratılmış sonlu varlıkların bütün özelliklerinden münezzeh kılması, Allah'ı O'na lâyık olmayan sıfatlardan ve her türlü kötü durum ve isimlerden istisna etmesine karşın birey, kendi hatalarının, günahlarının, eksikliklerinin; olumsuz psikolojik yapısının ve karakter özelliklerinin farkına varacaktır. Namaz kılan birey, Allah'ın kusursuzluğuna rağmen kendi eksiklerinin, zaaflarının, olumsuz karakter özelliklerinin farkına varması neticesinde kişinin "kendini tanıma" süreci başlayacaktır.

Netice itibarıyla "Sübhan kavramı, tesbîh ve takdisi"[74] içermektedir. Yüce Allah'ın, eksikliğin kendisine ulaşmasından münezzeh ve uzak olduğu anlamına gelmektedir. Bir başka deyişle kutsiyetine zarar verecek, kendisine kötülüğün ulaşması imkânını varsaydıracak her şeyden mukaddes, yüce ve temiz olan anlamını ifade etmektedir.[75]

---

71. İsrâ, 17/78.
72. İbn Manzûr, a.g.e., s. 472-473.
73. İbn Manzûr, a.g.e., s. 471-473.
74. Yüceltme, mukaddes kılma, kudsiyet atfetme.
75. Konevî, Sadreddîn, *Fusûsü'l-Hikem'in Sırları*, (çev. Ekrem Demirli), İz Yayıncılık, İstanbul, 2002, s. 32.

Kendini Tanımanın Psikolojik Sonuçları:

"Beni bir birey olarak, kalabalıkların içinde erimekten koruyacak dinsel bir yaşamım ve Tanrı ile doğrudan, yakın bir ilişkim var mı?" sorusuna cevap verebilmek için, bireyin büyük bir özenle benliğini sorgulama ve kendini tanıma çabasına gönüllü olması gerekir.[76] Namazda birey hesap gününün sahibinin Allah olduğu bilinciyle Fâtiha Sûresi'nde, hesaba çekilmeden önce her namazda kendisini hesaba çeken bir anlayış içerisine girmektedir. Yine namaz ibâdeti içerisinde birey Sübhâneke duasındaki 'Sübhân' ifadesi ile ilâhî olanın mükemmel sıfatlarını, kendi eksik, kısıtlı niteliklerinden uzak kılarak tenzîh edecek; O'nun yüceliği karşısında kendi sınırlılık ve eksiklerinin farkına varacak ve böylece insan kendi sınırlılıklarını tanıma sürecinde O'nun mükemmel sıfatlarını kavrama yoluyla O'nun isim ve sıfatlarını kendi ahlâkında tatbik etmeye başladığı ölçüde kendini tanıma ve kendini geliştirme sürecinde hız kazandıracaktır.

Birey, benliğini sorgulama ve kendini tanıma niyetinde kararlılık gösterirse, sadece kendi hakkında bazı önemli gerçekleri keşfetmekle kalmayacak, aynı zamanda, psikolojik bir kazanç da elde edecektir. Kendisini ciddi bir ilgiye ve sevecen bir dikkate lâyık hissetmeyi başaracaktır. Kendi insanlık onurunu ilân etme cesaretini üstlenecek ve bilincinin temellerine doğru yani dinsel deneyimin erişebilir tek kaynağı olan bilinçdışına doğru ilk adımlarını atacaktır. Bilinçdışı dinsel deneyimin harekete geçip, aktığı ortamdır.[77]

Dindar insan kişisel (öznel) varlığının temelinin Tanrı ile ilişkisine dayandığını bilmektedir. Birey kendini tanıma bilinci ile bu durumu daha net hissedecektir. Kendimizi tanıdıkça, yani kendi ruhumuzu keşfettikçe, içgüdülerimizle ve eksik yönlerimizle karşılaşırız ve onların imgelerle dolu dünyası ruhun içinde uyuklamakta olan ve her şey yolunda gittiği sürece bizim nadiren fark ettiğimiz güçlere ışık tutar. Bunlar, müthiş bir etkinliğe sahip potansiyel güçlerdir. Bu güçlerin ve bunlarla bağlantılı imgelerin ve düşüncelerin olumlu ve yapıcı bir alana mı, yoksa bir felâkete mi yöneltileceği tamamen bilinçli bir aklın hazırlıklı olmasına

76. Jung, *a.g.e.*, s. 107.
77. Jung, *a.g.e.*, s. 107.

ve yaklaşımına bağlıdır. Çünkü karanlığın ve tehlikenin içinde, doğru yolu tekrar bulabilmesini sağlayan o faydalı güçleri ve düşünceleri kendi içinde aramak zorunda olduğunu anlayan tek varlık insandır.[78]

Önyargılarımızı ve yanılsamalarımızı ancak, kendimizi ve başkalarını daha geniş bir psikoloji bilgisiyle tanıyarak, varsayımlarımızın mutlak doğruluğunu sorgulamaya ve bunları özenle ve elimizi vicdanımıza koyarak nesnel gerçeklerle kıyaslamaya hazır olduğumuz zaman anlayabiliriz.[79]

Birey kendini tam anlamıyla tanıyorsa, yaşamını kendi yönetebilir. Bu bilinç olmadan verimsiz, üzücü, karışık bir zihinle sadece dış etkenler tarafından yönetilebilir. Kendini tanıyan kimse, dış dünyadaki olayların ve iç dünyasında oluşan yaşantıların çoğu kez farkındadır. Bu tür biri çevresindeki kişilerin kendisini nasıl etkilediğinin farkında olduğu kadar, kendisinin çevredekileri nasıl etkilediğini de bilir. Böylece kendi yaşamını yönetebilme olanağına kavuşmuş olur. Kendini tanımayan bireyse, dış dünyadaki olayların kendisini nasıl etkilediğini bilemez. Çünkü kendi iç dünyasında olup bitenleri henüz tam olarak algılayabilmiş değildir.[80]

Kendini tanıma bilinci ile beraber sevgi eksikliği, dünyaya küskün, kendini değersiz bulan, kendini ve insanları sevmeyen kişiler ortaya çıkarır. Benlik bilinci, geçmişte kişiye nasıl davranıldığı, neler söylenildiğiyle oluşur. Benlik bilincini geliştirip kendini tanıma yoluyla yeniden biçimlendirme durumuna geçilmezse, gerçeğe uymayan benlik bilinci, ömür boyu sürer.[81]

Benlik, insanın kendini tanıma ve değerlendirme biçimi, kişiliği ile ilgili kanıların toplamıdır. Bununla beraber benlik, bireyin belirli ve başkalarından ayrı birey olma hâli olup, bir anlamda kimlik yaşantısı olan bir durum, aynı zamanda kendi varlığının farkında olması anlamını taşır.[82] Bu bağlamda namaz ibâdeti bireyi, övgü duyguları

78. Jung, a.g.e., s. 121.
79. Jung, a.g.e., s. 116.
80. Cüceloğlu, Doğan, Yeniden İnsan İnsana, Remzi Kitabevi, İstanbul, 1993, s. 75.
81. Cüceloğlu, a.g.e., s. 87-88.
82. Kula, a.g.e., s. 42-43.

içerisinde Allah'ı insana ait bütün eksik ve hatalardan veya olumsuz karakter özelliklerden tenzîh etmeye motive etmesi nedeniyle bireyin benlik bilinci olan kendini tanıması ve kendi varlığının farkında olması sürecini başlatır.

Nefs hakikati bilme gücüne yaklaştıkça yani birey kendini tanıma sürecini yaşadıkça, yüce prensiplerle irtibatını arttırır. Bu durumdan iyi ahlâk doğar. Buna karşılık nefs olumsuz duygu, düşünce ve karakter özelliklerine yönelerek nedensel ilişkilerle irtibatını güçlendirirse, bu durumun sonucunda kötü ahlâk özellikleri doğacaktır.[83]

Bireyin kendini tanıması, yaratıcısına en yakın hâllerini anlayıp müşâhede etmesini gerektirir. Bu bağlamda "Nefsini tanıyan, bilen, şüphesiz Rabini de tanır." sözünün anlamı da budur. Ayrıca bu durum, "nerede olursanız, o sizinle beraberdir"[84] ayeti ile de açıklanabilir. Nefsini bilmek yani kendini tanımak, âlemlerin Rabbi Allah'ı bilmek ile mümkündür. Bunu mümkün kılan yegâne vasıta, ruhun ilâhî isim ve sıfatlara ayna olmasıdır ki bunun neticesinde birey en yüksek karakter özelliklerini üzerinde barındırabilecek eşsiz yaratılışı[85] (self discovery) idrâk edebilecektir.[86]

Namaz ibâdeti esnasında kişi, Rabbine olan tazim, saygı ve sevgi duygularını "Senin ismin çok mübarek ve şanın pek yücedir."[87] (Ve tebâreke'smüke ve teâlâ ceddüke) cümleleriyle ifade etmektedir.[88]

Böylece namaz ibâdetini yerine getiren birey, yüceler yücesi Rabbinin ismini yücelt[89] ayetindeki emre icabet etmektedir. Böylece namaz kılan kişi bu dua ve ayetin emri ile Rabbinin ismini, bu isimle başkasını isimlendirmekten tenzîh ederek, Allah'ın ismini huşu, ta-

83. Dodurgalı, a.g.m., s. 78.
84. Zariyât, 51/21.
85. Ahsen-i Takvîm.
86. Erdoğan, İsmail, "Seyyid Seyfullah Kasım Efendi-Miftah-ı Vahdet-i Vucud Adlı Risalesi", Tasavvuf Dergisi, Ankara, 2002, s. 83-85.
87. Ve tebâreke'smüke ve teâlâ ceddüke.
88. Dönmez İbrahim Kafî, İslâm'da İnanç, İbâdet ve Günlük Yaşayış Ansiklopedisi, M.Ü.İ.F. Yay., İstanbul, 1997, "Sübhâneke Maddesi", s. 158; Aksekî, A. Hamdî, Namaz Sûrelerinin Türkçe Terceme ve Tefsiri, Diyanet İşleri Başkanlığı Yay., Ankara, 1972, s. 6.
89. A'lâ, 87/1-2.

zim, saygı ve sevgi niyeti ve üslubu olmaksızın gelişigüzel, saygısız bir şekilde söylemekten koruyarak, Allah'ın kendisini bizlere tanıttığı isimleri ve sıfatları vasıtasıyla anarak tesbîh edecektir.[90]

Böylece namaz kılan kişi, yüceler yücesi Allah'ın kendisini vasfedenlerin vasfettiği, zikredenlerin zikrettiği bütün her şeyden daha üstün, daha yüce[91] ve daha büyük olduğunu idrâk edecektir. Bu idrâk edişin neticesinde kişi Allah'a karşı olan saygı, tazim, sevgi, minnet, övgü ve şükran hislerini kuvvetlendirecek, bunun sonucunda kişi, Allah'a karşı duyduğu olumlu duygu ve düşüncelerini olumlu davranış özellikleri ve karakter yapısına dönüştürmeye motive olabilecektir.

"Senden başka hiçbir ilâh yoktur." (Ve lâ ilâhe gayruk) ifadesiyle birey Allah'tan başka ibâdet edilecek, hakîkî anlamda dost olunabilecek, sığınılacak, yardım dilenebilecek hiçbir varlığın olmadığının farkına varır. Böylece Rabbinin, kendisinin güven, yardım, destek, huzur, dostluk, sevgi kaynağı olduğunu daha namazın başında fark eden birey, Allah'a karşı güven ve sevgi duygularını geliştirecektir. Allah'tan başka hiçbir hakikî dostu, yardımcısı olmadığını, kendisine koşulsuz sevgi veren, hata ve günahlarına rağmen nimetini ikram eden tek merciin Allah olduğunu fark eden insanda, Allah'a karşı bir güven ve sevgi duygusu henüz namaza başladığı esnada oluşmaya başlayacaktır. Allah'a karşı güven duygusu hisseden insan kendine karşı da güven duymayı öğrenecektir. Böylece birey kendi yeteneklerine, kapasitesine, aklına, duygularına, gücüne güvenebilecektir. Çünkü kendine sunulan nimetlerin sahibi Allah'tır. Tasarruf yetkisine sahip insan sınırsız bir güç tarafından verilen bu güç ve yetenekleri sınırlı bir varlık olsa da, Allah'a duyduğu güven sayesinde O'na dua edip yönelerek geliştirebilir.

Bireyin yaratıcıya karşı duyduğu güven duygusunun neticesi olarak geliştirdiği özgüven duygusu ile beraber Allah'a güven duymayı öğrenen insan, diğer insanlara karşı da ilk defa Sübhâneke duasında güven, sevgi, saygı ve dayanışma hislerini duymaya başlayacaktır. Nitekim dinin ve dolayısıyla ibâdetlerin en önemlilerinden sayılan namaz

---

90. el-İsfahânî, a.g.e., s. 516; er-Razî, Fahruddin, Tefsîr-i Kebîr Mefâtihu'l-Gayb, (çev. Suat Yıldırım, Lutfullah Çelebi, Sadık Kılıç, Sadık Doğru), Akçağ Yay., Ankara, 1988, C. 23, s. 67, 68.
91. Sübhâne Rabbiye'l-a'lâ.

ibâdetindeki Sübhâneke duası "Senden başka ilâh yoktur."[92], Fâtiha Sûresi "Yalnız sana ibâdet eder ve yalnız senden yardım dileriz."[93] ve en son olarak "Allah kendisine şükredenleri işitir."[94] duası ile birey Allah'a, bunun sonucu kendine ve insanlara güven duymaya başlayacaktır. Nitekim din ve ibâdetler, gencin kendine ve başkalarına güven duygusu kazanmasında, öncelikle birtakım değerlere bağlanmasında ve üstün olan, aşkın olan bir varlığa inanma duygusu etrafında bütünleşmiş fertlerle kaynaşmasında çeşitli imkânlar sağlar. Böylece güven duygusunun oluşmasında birtakım değerlere bağlanma ve Tanrı'ya inanmanın sağladığı ciddiyet fikriyle aynı inancı paylaşan insanların arasında bulunmanın getirdiği huzurun etkisinin olabileceği ileri sürülebilir.[95]

Bireyin kendi zayıflığının farkına varması ile duygusal bir yalnızlık başlar. Bu durum özgüvenin yani bireyin kendi yetenek ve kapasitesine duyduğu güvenin zayıflamasına neden olur. Böylece birey başkalarına duyduğu güvenme isteğinin sona ermesi ile birlikte onlara duyduğu güvensizlik ve düşmanlık nedeniyle kendine güven isteğini de gerçekleştirememe noktasındaki olası çatışmanın izlerini taşır.[96] Ancak namaz ibâdeti esnasında Allah'ı şükür, övgü, minnet, taktir duyguları içerisinde kendisine ait bütün eksik sıfatlardan uzak tutarak münezzeh kılan[97] bir birey, aynı zamanda kendi eksik ve hatalı özelliklerinin farkına vararak kendi acziyetini, Allah'ın isim ve sıfatlarındaki mükemmelliği fark ederek de eksik ve hatalı yönlerini telâfi etmeye ve bu noktada olgunlaşmaya motive olur. Bireyin Allah'ı hamd ile tenzîh etmesi, bireyin acziyetinin veya duygusal yalnızlığın başlangıcı değildir. Bilâkis bireyin kendini tanıması, sorgulaması, araması yani onu insan kılan ve ilâhî kılan özünü algılaması vasıtasıyla Allah'a güven duyması, senden başka hiçbir ilâh, hiçbir dost, hiçbir yardımcı, hiçbir sığınılacak merci yoktur,[98] ifadesine dayanan bir sevgi ve güvenin temellerinin atılmasıdır. Böylece Sübhâneke duasında Allah'tan

92. *Ve lâ ilâhe gayruk.*
93. *İyyâke na'budu ve iyyâke neste'în.*
94. *Semiallâhu limen hamideh.*
95. Kula, *a.g.e.*, s.78.
96. Horney, *a.g.e.*, s. 83.
97. *Sübhâneke Allahümme ve bihamdike.*
98. *Velâ ilâhe gayruk.*

başka hiçbir dost ve yardımcısı olmadığına inanan birey, Allah'a duyduğu güven ve sevgi ile beraber Allah'ın kendisine duyduğu güven ve sevgiyi algılayabilir. Birey kendine duyduğu güven neticesinde ruhsal, zihinsel, duygusal bütün yönlerine güven ve saygı duymayı da tecrübe edecektir. Kendine güven duymayı tecrübe eden bir birey, başka insanlara da güven ve saygı duymayı öğrenecektir.

Ruh sağlığını gerçekleştirememiş nevrotik insanlarda sevgi bir bağımlılık korkusu yaratabilir. Bu bağlamda duygusal bağımlılık başkalarının sevgisi olmaksızın yaşayamayan birisi için gerçek bir tehlikedir ve bağımlılığı çağrıştıran her şeye karşı o umutsuz bir mücadele başlatabilir. Böyle birisi, ne pahasına olursa olsun olumlu bir duygusal tepki göstermekten kaçınmak zorundadır. Her türlü sevgi gösterisini göz ardı etmeyi becerecek, kendi duygularında ısrar edecek, başka insanların kötü, ilgisiz hatta hain olduklarını düşünecektir.[99] Bu noktada Allah'tan başka dostu, yardımcısı olmadığını düşünen bir birey kendini insanlara bağlayan sağlıksız ilişki ve bağımlılık yaratan ruh hâlini geride bırakacak, bunun yerine Allah ile sağlıklı bir bağlılık ilişkisi kuracaktır.

Ayrıca insan kendisini çaresiz ve yalnız hissedebilir ve kendisini bu durumdan kurtarabilecek bir yardımcıya ihtiyaç duyar. Güveneceği, dayanacağı bir yere muhtaç hisseder, işte dinî inancın ve ibâdetlerin stres üzerindeki olumlu etkisi, insandaki varlığını tehdit eden baskı, endişe, yok olma korkusu üzerinde yapacağı etkide aranmalıdır.[100] Namaz kılan birey, Allah'tan başka ibâdet edeceği ve bağlanacağı dostu ve yardımcısı olmadığını ifade etmesi sayesinde kendisine yardım edeceğini düşündüğü, her şeyi bilen ve gücü yeten bir varlık olarak Allah'ı hatırlar, O'na yönelir ve O'na güvenir.

c.b. Fâtiha Sûresi

"Hamd, âlemlerin Rabbi Allah'adır." (Elhamdülillâhi rabbi'l-âlemîn).

---

99. Horney, a.g.e., s. 99.
100. Kula, Naci ,"Deprem ve Dini Başa Çıkma", Gazi Üniversitesi Çorum İlahiyat Fakültesi Dergisi, sy.1, s.236-237, G.Ü.İ.F. yay., Çorum, 2002.

Bu ifadede insan Allah'a karşı, Allah'ın terbiye edici, gözetici ve her şeyin sahibi olduğunu; kendisinin de O'nun bir kulu olduğunun şuuru içinde, "Allah benim Rabbimdir, beni O yarattı, bana her türlü nimeti O verdi, bütün varlığımı O'na borçluyum, beni koruyan, gözeten, sahip çıkan tek dost O'dur. Öyleyse O'na şükrümü, minnetimi, övgümü, takdirimi, sevgi ve saygı hislerimi sunmak durumundayım." diyecektir. Böyle bir inançla namaz kılan kişi, kâinattaki yerini, hayata geliş amacını bir kez daha hisseder, anlam arayışını olumlu yönde tatmin etmenin huzurunu duyar.[101]

Övgü, minnet, takdir, teşekkür ve sevgi duygularının sadece Allah'a lâyık olduğunu ifade eden bir birey,[102] kendisine verdiği nimetlerden dolayı sadece Allah'a şükran ve minnet duygularını sunacaktır. Böylece nimetlerin sahibinin Allah olduğunu[103] fark eden fertler, kendisine verilen nimetlerden dolayı kibre ve gurura kapılmayacaklardır. Allah'ın başka insanlara ikram ettiği nimetlere karşı ise övgü, minnet, takdir ve teşekkürün Allah'a sunulacağının şuurunda olan namaz kılan bir birey, başkasına verilen nimetlerden dolayı kıskançlık, kin ve nefret duygularından uzak durabilecektir. Nitekim kıskançlık duygusu korkunç bir kine neden olabilir. İnsanlar arasındaki sıcaklık-yakınlık eksikliği, rekabetçi ve tatminsiz bir ruhun kıskançlığa neden olacağı açıktır. Bu noktada namaz ibâdeti, bireydeki övgü, minnet, takdir duygularının Allah'a sunulmasını[104] motive etmesi yönüyle kin, nefret, kıskançlık ve kibir duygularını; ruhsal doygunluk ve tatmin, minnet ve takdir edilme, sevgi duyulma duygularına dönüştürür.

Âlemlerin Rabbi olan Allah'a hamdetme üç önemli anlamı kapsar:

– Yüce Allah'ın heybetini, mükemmelliğini, kusursuzluğunu övme, yüceltme.

– Kullarına sunduğu nimetler, iyilikler ve güzellik karşısında yüce yaratıcıyı övme.

– Kullarına bütün iyilik, güzellik ve nimetleri sağlayan yüce yaratıcıya şükran ve minnet duygularını sunma.

---

101. Şentürk, *a.g.m.*, s. 144; Şentürk, *a.g.e.*, s. 24.
102. *Elhamdülillâhi Rabbi'l-âlemîn.*
103. *Mâliki yevmi'd-dîn.*
104. Horney, *a.g.e.*, s. 71, 92.

Allah'ı hamd, yani minnet, övgü, takdir, teşekkür duyguları içerisinde anma, insanlar ile yüce yaratıcı arasında samimi, içten bir ilişkidir. Aynı zamanda Fâtiha Sûresi, temel ilkeler ve gerçeklerin bir bildirisidir. Fâtiha Sûresi, insanın, bütün gücü elinde bulunduran yaratıcısına tevazu ile eğilişinin ve dostluk duyguları içerisinde O'na boyun eğişinin bir ifadesidir.[105]

Namaz kılan birey, övgü, minnet, takdir, şükran, sevgi ve saygının ancak âlemlerin Rabbi olan Allah için[106] olduğunu ifade etmektedir. Bu noktada hem nimetin içinde bulunulduğu zamanda hem de nimetin insan tarafından idrâk edilemediği esnada da övgü, minnet, takdir, şükran ve saygı duygularının sadece Allah için ve Allah'a lâyık[107] olduğu belirtilir. Ayrıca namaz kılan birey, isim ve sıfatlarının kusursuzluğu nedeniyle övgü, minnet, takdir, şükran, saygı duyguları içerisinde hamdin sadece O'na lâyık olduğunu açıklamaktadır.[108] Namaz kılan kişi, yüce yaratıcıyı üstünlükleri ile övmekte olup O'nu övmesi medihten daha özel, şükürden daha kapsamlı ve şükrün zirvesi olmaktadır. Bu bağlamda her şükür, hamddir. Her hamd, şükür değildir. Her hamd, medhtir. Her medh, hamd değildir.[109]

Namaz ibâdeti esnasında, namaz kılan bireyin övgü, minnet, şükür, takdir ifadeleri içerisinde Allah'ı anmasına karşılık yüce yaratıcı da bireyi övgü, minnet ve takdir içerisinde anmaktadır. "Siz beni anın, ben de sizi anayım"[110] ayeti, namaz esnasında Allah ile namaz kılan birey arasındaki canlı bir iletişimin göstergesidir. Nitekim İsmail Hakkı Bursevî, namaz kılan bireyin hamdine Allah'ın da hamd edeceğine, övgüde bulunacağına işaret ederek her durumda hamdin âlemlerin Rabbi Allah'a lâyık ve mahsus olduğunu[111] takdir etme neticesinde namaz kılan kişinin, Allah tarafından övgü, minnet, şükür

105. Shaikh Muhammad al-Ghazali, *A Thematic Commentary on the Qur'an*, (çev. Ashur A. Shalmis), International Institute of Islamic Thought Herndon, Virginia, USA, 1997, s. 11-14
106. *Elhamdülillahi Rabbi'l-âlemin*
107. İbn Manzûr, *a.g.e.*, C. 8, s. 155
108. İbn Manzûr, *a.g.e.*, C. 8, s. 156
109. el-Isfahanî, *a.g.e.*, s. 186
110. Bakara, 2/152
111. *Elhamdülillahi Rabbi'l-Âlemin*

ve takdir duyguları içerisinde hamd edilen bir kul olacağını ifade et-mektedir.[112] Başka bir ifadeyle, Kur'ân nazarında şükür ve hamd tek yanlı olmayıp karşılıklıdır. Allah'ın ikramlarına karşılık şükretmek görevi insana düşüyorsa, Allah'ın bu şükran, minnet ve övgüye; şük-ran, övgü ve minnet ile karşılık vermesi beklenmektedir. İşte bu tür karşılıklı şükür alışverişi, Allah ile insanlar arasındaki ideal ilişki bi-çimidir.[113]

Bireyin övgü, minnet, takdir, şükran, sevgi ve saygı duygularına karşılık Allah'ın kulunu övgü, minnet, takdir, şükran, sevgi ve saygı içerisinde anması; namaz kılan bireyde Allah'a, insanlara ve kendi benliğine karşı güven, sevgi ve saygı duygularının gelişmesine katkı-da bulunacaktır. Yani Allah'ın kendisine duyduğu övgü, minnet, tak-dir ve saygıyı idrâk eden birey, kendi benliğine saygı duymayı öğre-necek; bu durum bireyin öz-saygı bilincini yükseltecektir. Nitekim kendi benliğine, yeteneklerine, kapasitesine ve varoluşuna karşı öz-saygısını yitiren bireylerin en belirgin özellikleri, öz-suçlamalar, öz-küçümseme, aşağılık duygusu, haz alma ve tatmin olma yetisinden yoksunluk, dolaysız öz-yıkıcı eğilimler, mazoşist davranış özellikleri, bireyin kendi özüne yabancılaşmasıdır.[114] Bu bağlamda Allah ile kul arasındaki karşılıklı övgü ve saygı iletişimi, bireyin kendi benliğine ve diğer insanlara duyacağı saygıyı zedeleyen her durumu ortadan kal-dıracaktır.

Aynı zamanda bireyin âlemlerin Rabbi Allah'ı övgü, minnet, tak-dir, şükran, sevgi ve saygı ifadeleri içerisinde anmasına[115] karşılık Al-lah'ın da kulunu övgü, minnet, takdir, şükran, sevgi ve saygı içerisin-de anması, namaz kılan bireyde Allah'a, insanlara ve özellikle de ken-di benliğine, yeteneklerine, kapasitesine ve varoluşuna karşı güven ve sevgi duyularının gelişmesine katkıda bulunacaktır. Yani Allah'ın kendisine duyduğu övgü, minnet, takdir, saygı ve sevgiyi idrâk eden

112. Bursevî, *Kitâbu'n-Netîce*, C. 2, s. 95.
113. Izutsu, Toshihiko, *Kur'ân'da Dinî ve Ahlâkî Kavramlar*, (çev. Selahattin Ayaz), Pınar Yay., İstanbul, 1997, s. 267.
114. Horney, Karen, *Nevrozlar ve İnsan Gelişimi*, (çev. Selçuk Budak), Öteki Yayınevi, Ankara, 1993, s. 125.
115. *Elhamdülillâhi Rabbi'l-âlemîn.*

birey kendi benliğine, yeteneklerine, kapasitesine, eşsiz varoluşuna karşı da güven duymayı öğrenecek; bu durum bireyin özgüven bilincini yükseltecektir. Bu bağlamda namaz kılan bireyler özgüvenleri yüksek bireylerin en önemli dört özelliğini taşıyacaklardır. Bu özellikler şunlardır:

a. Kendini Sevme: Özgüvenli insanlar kendilerini severler ve kendi benliklerine saygı duyarlar. Ancak bu sevgi öz-severlik ya da bencillik değil, insan sevgisine yönlendiren bir sevgidir.

b. Kendini Tanıma: Kendine güveni olan insanlar, aynı zamanda kendilerini iyi tanırlar. Sadece kendilerini gözlemekle kalmaz, başkalarının kendileri hakkındaki düşünceleriyle de ilgilenirler.

c. Kendine Açık Hedefler Koyma: Özgüveni yüksek bireylerin, hemen her zaman belli hedefleri vardır. Bunun nedeni de nasıl davranmaları gerektiğini bilmeleri ve nasıl bir sonuç alacaklarını tahmin etmeleridir.

d. Pozitif Düşünme: Özgüveni yüksek kişiler, kendileri, diğer insanlar ve hayat hakkında olumlu düşünceler beslemektedirler.[116] Bu durumun nedeni Allah'ın sevgisi ile beslenen bir düşünce sistemi ile başta kendilerine olmak üzere insanlara ve bütün canlılara karşı pozitif düşünmeleridir.

Bununla beraber namaz kılan birey, âlemlerin Rabbi Allah'ı övgü, minnet, takdir, şükran, sevgi ve saygı ifadeleri içerisinde anması[117] esnasında başka insanlara sunulan bütün nimetlerin, aslında onlara Allah tarafından verildiğini idrâk edecek ve övgüsünü, minnetini, takdirini, şükrünü sadece Allah'a sunacaktır. Övgü ve şükrünün sonucunda kendisine sunulan nimetlerin Allah tarafından arttırıldığını fark edecek ve böylece kendisini haset ve kıskançlık duygusuna motive edebilecek her durumu ortadan kaldırabilecektir. Nitekim haset ve kıskançlık duygusu içerisindeki birey, başka insanların sahip olduğu can, mal, başarı, sıhhat ve güç vb. nimetlerden dolayı kendisini son derece mutsuz hissedebilecek, başka insanların elinden bu nimetlerin

116. Lidenfield Gael, *Kendine Güvenen Çocuk Yetiştirme*, (çev. Gülder Tümer), Hyb Yayıncılık, Ankara 1997, s. 10-11-12.
117. *Elhamdülillâhi Rabbi'l-âlemîn*.

alınmasını dileyebilecektir.[118] Ayrıca haset ve kıskançlık duygusu insanı ezmekte ve onun genel davranışını ve hayata karşı takındığı tavrı o derece etkilemektedir ki, insan gayesine ulaşmaktan çok uzak olduğunu sanmaktadır. Kendisini olduğundan daha değersiz görmüş olması ve hiçbir zaman hayatından hoşnut olmaması bu duygunun belirgin belirtileridir. Hased ve kıskanç bir insan, zamanını hep başkalarının başarısını ölçmeye çalışmak, başkalarının kendisi hakkında ne düşündüğü ile meşgul olmak ya da başkalarının neler ortaya koymuş olduğunu ve nelere sahip olduklarını düşünmekle geçirir. Bu kişiler her zaman ihmal edilmiş olma duygusuna kapılır ve başkalarından farklı tutulduklarını hissederler. [119] Hâlbuki birey övgüsünü, minnetini, takdirini, şükran hislerini Rabbine sunarak haset etmek yerine kendisini her an mutlu ve tatmin edecek nimetlere sahip olabilecektir.

Rahmân'dır, Rahîm'dir (er-Rahmâni'r-Rahîm).

Namaz esnasında birey, hem Rabbinin bütün canlılar için sonsuz rahmet sahibi, sürekli merhamet eden, merhametinden dolayı nimet veren veya şefkatinin, ikramının ve ihsanlarının çokluğu sebebiyle canlıların ihtiyaçlarını sürekli ve koşulsuz gideren bir yaratıcı[120] hem de Rabbinin sınırsız adaleti gereği dünya hayatını kendisinin sevgi ve yakınlığının kazanmak için değerlendiren ve kendisine isyan etmeyen inanan kullarına ahirette özel bir rahmet, merhamet ve nimetle ikramda bulunacak sonsuz merhamet ve mağfiret sahibi yaratıcı[121] olduğunu ifade etmektedir.

Böylece namaz kılan birey için Allah, sonsuz bir merhamet, şefkat, mağfiret, ikram, sevgi sahibi olan,[122] sadece kendisine ibâdet edilecek ve sadece kendisinden yardım dilenilecek,[123] kendisinin dostlu-

118. Ahmet Rıfat, *Tasvîr-i Ahlâk, Ahlâk Sözlüğü,*(haz. Hüseyin Algül), Tercüman 1001 Temel Eser Dizisi Yay., İstanbul, trz., s.105.
119. Adler, Alfred, *İnsan Tabiatını Tanıma,* (çev. Ayda Yörükan), Türkiye İş Bankası Kültür Yayınları, İstanbul, 1995, s. 367-368.
120. er-Rahmân.
121. er-Rahîm; bkz. Ece, *a.g.e.,* s. 518-520; Dönmez, İbrahim Kafî, *a.g.e.,* "Fatiha Sûresi" maddesi, C. 2, s. 24.
122. *er-Rahmâni'r-rahîm.*
123. *İyyâke na'budu ve iyyâke neste'în.*

ğuna, sevgisine başvurulacak tek merciidir. Yani namaz kılan kişi için Allah, sevgi, şefkat ve güven kaynağıdır. Nitekim insan, kendi dışındaki kâinat ve hayat olayları gibi kendi bedeni ve psikolojisi karşısında da emin ve yeterli olma, ayrıca bunlarla başa çıkma yetisine güvenme eğilimi ve arayışı içerisindedir.[124] Bu durumda dine ve dinin gereği olan sevgi, güven ve şefkat kaynağı olan bir Allah inancına bireyi motive eden namaz ibâdeti, kişiyi maddî ve manevî sıkıntılar, marazî ızdırablar, ölüm korkusu gibi insanı içten ve dıştan tehdit eden, ayrıca temel güven duygusunu zedeleyen her ciddî duruma karşı insanı koruyan bir fonksiyona sahiptir.

Namaz kılan bir kişi için Allah sonsuz bir sevgi, şefkat, mağfiret ve güven kaynağı ve kendisinin dostluğuna, yardımına, sevgisine başvurulacak tek merci olduğu için namaz ibâdetini yerine getiren kişi Allah'a güven, sevgi, saygı ve minnet duyguları besleyebilecektir. Allah'a güven duymaya motive olan bir kişi kendi yeteneklerine, kapasitesine ve eşsiz varlığına da güven duyabilecektir. Nitekim insanın kendine güven duyması için kendi hakkındaki duygu ve düşüncelerinin olumlu olması gerekir. İnsanın olumlu karakter yapısını oluşturmasında ve davranışlarında kendisi hakkındaki düşüncesinin büyük etkisi vardır. Eğer birey kendisinin, insanların ve Allah'ın sevgi, güven ve saygısına lâyık, başarılı, yetenekli ve kapasiteli olduğuna inanırsa, karakter özelikleri ve davranışları da bu düşünceye paralel olur. Buna karşılık birey kendisinin, insanların ve Allah'ın sevgi, güven ve saygısına lâyık olmadığına, başarısız, beceriksiz ve yetersiz olduğuna inanırsa yine karakter özellikleri ve davranışları da bu düşünceye paralel olur. Böylece birey kendine güvenini yitirir; insanların sevgi, saygı ve güvenine lâyık olduğu duygusunu kaybeder; başarısızlık, yetersizlik ve yeteneksizlik korkusuyla birçok önemli işi yapma noktasında kararsızlık gösterir.[125] Bu noktada namaz ibâdeti bireyin Allah'a duyduğu güven, sevgi ve saygı duygularını geliştirerek temel güven duygusunu güçlendirecek, özgüveni zayıflatacak olay, durum ve şartları ortadan kaldıracaktır.

---

124. Hökelekli, *a.g.e.*, s. 112-113.
125. Necati, *a.g.e.*, s. 43.

Ayrıca bireyde özgüven duygusunun geliştirilebilmesi için en önemli unsur sevgi ve güven duygularının yerleşmesidir. Şöyle ki:

a. Sevgi: Bireyin kendi benliğine, yeteneklerine, kapasitesine güven duyabilmesinin ön şartı sürekli ve koşulsuz bir sevgidir.

b. Güven: Bireyin kendi benliğine, yeteneklerine, kapasitesine ve eşsiz varlığına güven duyabilmesinin ikinci ön şartı, temel gereksinimlerinin karşılanması yönünde sürekli bir güven ve inanca sahip olmalarıdır. Buna karşılık temel gereksinimlerinin karşılanmayacağından endişe duyan veya duygusal ve fiziksel dünyalarının her an yıkılabileceğinden korkan bireylerin kendileri, başkaları ve tüm dünya hakkında olumlu bir görüş geliştirmesi zordur.[126]

Namaz kılan birey için Allah sonsuz sevgi, şefkat, mağfiret ve güven kaynağı[127] ve kendisinin dostluğuna, sevgisine, yardımına başvurulacak tek merci olduğu[128] için namaz kılan kişi, Allah'a karşı sevgi, güven ve minnet duyguları besleyebilecektir. Allah'a güven duymaya motive olan birey kendi benliğine, yeteneklerine, kapasitesine güven duymakla kalmayacaktır; aynı zamanda özgüveninin ön şartı olan koşulsuz ve sürekli sevgi ve temel gereksinimlerinin Allah tarafından karşılanacağına yönelik inancı bireyin özgüven bilincini yüksek düzeylere taşıyacaktır.

"Mâliki yevmi'd-dîn" (Allah hesap gününün sahibidir), ayeti ile birey, hesap gününün sahibinin sadece Allah olduğu bilinciyle hesaba çekilmeden önce, her namazda kendisini hesaba çeken bir anlayış içerisine girmektedir. Bu durum, bireye her namazda kendini sorgulama bilinci ile birlikte kendi benliğini, ruhunu, duygu ve düşüncelerini "içgörü" yani gözlemleme imkânı da sunmaktadır. Jung'a göre içgörü eksikliğimiz, kötülük ile başa çıkma kapasitemizi yok eder. Bununla beraber eğer, kötülüğün insanın kendi seçimi olmadığı hâlde, doğasında daima yaşadığı gerçeğini idrâk edersek, psikolojik dünyamızda kötülük iyinin eşit ve zıt partneri olarak yerini alır. Bu farkındalık doğrudan dünyanın politik hizipleşmesinde zaten bilinçsizce gerçekleşmiş

---

126. Lidenfied, *a.g.e.*, s. 19.
127. *er-Rahmâni'r-rahîm.*
128. *İyyâke na'budu ve iyyâke neste'în.*

olan ve çağdaş insanın içindeki daha da bilinçsiz ayrışmada kendini gösteren, psikolojik bir ikiliğe yol açar.[129] Bireyin hesap vereceği bilinci içerisinde, hatalarını, eksiklerini sorgulaması kötülük dengesinin iyilik lehine bozulmasına neden olur. Böylece birey kötülükle başa çıkma ile kalmayıp kendisini ve ruhunu kötülükten koruyacak her durumu ve motivasyonu geliştirecek bir ruhsal mekanizma kuracaktır.

Aynı zamanda Allah'ın hesap gününün sahibi[130] olduğu inancının tekrarı, insan ile Allah arasındaki bütün ilişkilerde insan nazarında Allah'ın gözlemci, yönlendirici, destekleyici veya problem çözücü bir özelliğe sahip olduğu idrâkini verecektir. Bu yönüyle Allah'ın hesap gününün sahibi oluşu bireye, her yerde ve her zaman varolan, her şeyi bilen ve her şeye gücü yeten Allah inancını motive etmesi sonucunda insanın stresli durumunu anlamlı kılmakta ve bilgiye dayalı kontrol biçimiyle insanların olumlu sonuçlar almalarını sağlamaktadır. Nitekim depremzedelerin deprem anında yaşadıkları sıkıntılı durumla baş etmede başvurdukları davranış biçimi de (% 28), o esnada ölümü ve ahiret hayatını düşünerek kendilerini rahatlatmaya çalışmaları olduğu görülmektedir.[131]

Sonuç itibarıyla işlediği her fiilin hesabını vereceğini, yapılan iyiliğin ve kötülüğünün hesap gününün sahibi Allah tarafından karşılığının verileceğini namaz esnasında günde kırk defa idrâk eden bir birey, düşüncelerini, davranışlarını olumlu bir yönelişe motive edebilecek, olumsuz düşünce, duygu ve davranışlarını kontrol etmeye çalışabilecektir. Böylesine canlı bir şekilde yaşanan bireyin kendini sorgulama süreci, olumsuz duygu, düşünce ve davranışlarını kontrol etme anlamını taşıyan kendini kontrol etme süreci ile devam edecektir. Böylece kendini kontrol etme yeteneğini edinen namaz kılan bir birey olumlu karakter özelliklerini geliştirme imkânı bulabilecektir.

Ayrıca hesap gününün sahibinin Allah olduğuna inanan bir birey, kendi davranışlarına hükmedebilme, kendi dürtülerini dizginleyebilme yeteneğini[132] kazanmakla beraber iradesini de, idealleri ve amaç-

---

129. Jung, *a.g.e.*, s. 113
130. *Mâliki yevmi'd-din*
131. Kula, *a.g.m.*, s.246-248
132. Budak, *a.g.e.*,s. 576

ları doğrultusunda kontrol etmesi gereğini fark edecektir. Bu bağlamda iradenin, idealler ve amaçlar doğrultusunda kontrol edilmesinin gerekliliği gerçeği bize şunu fark ettirmektedir: Yaşanan hayatı bütünüyle kucaklayan, vahiyle belirlenmiş doğrulara oturan dinî inanç bağı, bireye, birtakım ölçütler sunar. Bireysel öz, kişiler yerine dinî kaynakları referans edindiğinde, daha evrensel olana ulaşabilecek, özgürlüğünü zedelemeyen bir denetim mekanizması kurabilecektir. İradî fiillerin, sebat, istikrar, tahammül, sabır gibi şekillere dönüşebilmesi için kuvvetli dinî duygusal bir arka plana ihtiyaç duyduğu bir gerçektir.[133] Ancak iradî fiillerin sebat, istikrar, tahammül, sabır gibi olumlu karakter özelliklerine dönüştürülebilmeleri için kuvvetli bir ahiret inancı ile desteklenmesi gerekmektedir. Bu da bireyin, Allah, kendisini hesaba çekmeden önce hatalarını ve olumsuz karakter özelliklerini ortadan kaldırmaya yönelik çaba göstermesi ile mümkündür ki bu gerçek, namazda hesap gününün sahibinin Allah olduğu[134] ayeti idrâk edilmektedir.

"Yalnız sana ibâdet eder ve yalnız senden yardım dileriz." (İyyâke na'budu ve iyyâke neste'în)

Namazda yüce yaratıcısının sürekli kendisinin yardımcısı ve dostu olduğunun farkına varan, Rabbinin kendisinin güven, yardım, destek, huzur kaynağı olduğunu anlayan birey Allah'ın kendisine sunduğu koşulsuz güven, sevgi, destek ve dostluğa karşı Allah'a güven ve sevgi duygularının geliştirecektir. İnsanda oluşan bu güven ve sevgi duyguları Allah ile namazda bu ayet ile paylaşılan dolaysız, aracısız, canlı bir iletişime dayanmaktadır. Allah'ın kendisine hiçbir kayıt ve şart olmaksızın, ibâdetine karşılık koşulsuz sevgisini sunduğuna güvenen insanda, özgüven duygusu gelişecektir. Yani birey, varoluşsal, sonsuz yalnızlık duygusundan kurtulduğu bu durumda kendine, kendi zekâsına, yeteneklerine, duygularına, gücüne ve kapasitesine güvenebilecektir. Çünkü kendisinin sahip olduğunu zannettiği zekâ, yetenek, duygu ve kapasite sonsuz kudretin yetkisi ile kendisine verilmektedir. O'nun gücü sınırsız olduğuna göre insanın yetenekleri, zekâsı, duygu-

133. Mehmedoğlu, Yurdagül, *Erişkin Bireyin Kendilik Bilinci ve Din Eğitimi*, Rağbet Yayınları, İstanbul 2001, s. 106.
134. *Mâliki yevmi'd-din.*

ları ve kapasitesi de sürekli gelişme ve mükemmelleşme eğilimindedir. Bu canlı etkileşim, bireyin özgüven duygusunun sürekli gelişime neden olur.

Yaratıcıya karşı duyduğu güven duygusunun neticesi olarak geliştirdiği özgüven duygusu ile beraber insan, diğer insanlara karşı da güven, sevgi, saygı ve dayanışma hislerini duymaya başlayacaktır. İlk defa Sübhâneke duasında[135] duyduğu bu hisler Fâtiha[136] Sûresi'nde olgunlaşmaya başlayacaktır. Bu durum, özgürlüğünü kaybetmiş, kişisel ilişkileri karşılıklı güvensizlik sonucu zayıflamış olan kitle insanının parçalanmış grup ve zümrelere ayrıldığı günümüzde acil önem taşımaktadır. Nerede adaletsizlik belirmişse, insanların birbirlerine olan güvensizliği had safhaya erişmişse, o toplumda insanlar yalnızlaşmaya başlarlar, güven ve sevgi krizine düşerler. Bu tehlikeyi göğüsleyebilmek için toplumun etkili bir birleştirici bağa ihtiyacı vardır.[137]

Sonuç itibarıyla sadece Allah'tan yardım dileyebileceğine dair inanç ile beraber kişinin Rabbinin kendisi için güven, yardım, destek ve huzur kaynağı olduğu bilinci bireyin psikolojini olumlu yönde etkileyecektir. Allah'a duyduğu güven duygusu, bireyin kendi yetenek kapasitesine dair inancını kuvvetlendiren özgüven duygusu ile beraber insanlara karşı duyacağı güven duygusunu da pekiştirecektir. Nitekim din ve dinin direği olan namaz ibâdeti vasıtasıyla bireyin Allah'a karşı duyduğu güven, kendine ve başkalarına karşı güven duygusunu kazanmasına, öncellikle birtakım değerlere bağlanmasına ve üstün olan, aşkın olan bir varlığa inanma duygusu etrafında bütünleşmiş fertlerle kaynaşmasına imkân sağlar. Böylece fert birtakım değerlere bağlanmakla ve bir Tanrı inancı etrafında bütünleşmiş fertlerin bulunduğu topluluklarla beraber bulunmakla kendine ve başkalarına güven duymaya başlar.[138]

Temel güven duygusunun tatmin edilmemesi; ihanete, saldırıya, aşağılamaya, kıskançlığa, zorbalığa açık bir dünyada insanın kendisini küçük, önemsiz, çaresiz, yalnız ve tehlike içinde hissetmesine ne-

---

135. *Sübhâneke Allahümme ve bihamdike; vela ilâhe gayruk.*
136. *Elhamdülillahi Rabbi'l-âlemin; İyyâke na'budu ve iyyâke nestaîn*
137. Jung, *a.g.e.,* s. 118
138. Kula, *a.g.e.,* s. 78

den olmaktadır.[139] Namaz kılan birey, namaz esnasında yalnızca Allah'a ibâdet edip yalnızca Allah'tan yardım dileyeceğini ifade ederek Allah'ın dostluğunun, yardımının, sevgisinin, koşulsuz desteğinin[140] kendisinin yanında olduğunu fark eder. Böylece birey hayatın bütün zorluklarına, ihanet, saldırı, aşağılama, kıskançlık ve zorbalıklara açık bir dünyada kendisini yalnız bırakmayacak; desteğini, yardımını, dostluğunu asla kendisinden mahrum etmeyecek gerçek dostunun sevgi ve yardımını hissederek temel güven duygusunu tatmin edecektir. Sonuçta yalnızca Allah'tan yardım dileyerek O'nun dostluğuna sığınan birey, kendisini küçük, önemsiz, çaresiz, yalnız ve tehlike içerisinde hissetmekten kurtulacaktır.

Ruh sağlığını gerçekleştirememiş nevrotik insanlara her çeşit sevgi yüzeysel olsa da bir güvenlik ya da mutluluk duygusu sağlayacaktır. Ama nevrotik kişi içten içe buna bir inançsızlık duyacak ya da bu durum onda güvensizlik ve korku uyandıracaktır. O, bu sevginin doğruluğuna inanmayacaktır; çünkü hiç kimsenin kendisini sevmeyeceğine inanmıştır. Sevilmediğine inanma duygusu sıklıkla görülen bilinçli bir inançtır ve hiçbir gerçek deneyimle sarsılamaz.[141] Bu bağlamda, her namazında sadece Allah'a ibâdet edip sadece O'ndan yardım dileyen,[142] O'nun sevgisine sığınan insan asla yüzeysel sayılmayacak samimi ve karşılıklı bir sevgi etkileşiminin muhatabı olacaktır. Allah ile samimi ve karşılıklı bir sevgi, bir dostluk kuran, Allah'ın koşulsuz yardımlarını gören bir birey, O'na ve insanlara karşı güven duyma tecrübesini en yoğun hâliyle yaşamaya başlayacaktır. Duyduğu güven duygusu doyumlu ve mutlu bir hayat geçirmesine katkıda bulunacaktır. Ve böylece Allah'ın samimi sevgisi ve koşulsuz yardımına dair bir güven duymaya başlayan birey, hem sevginin doğruluğuna hem de insanların sevgisinin de mümkün olacağına dayanan bir güven duygusu geliştirecektir.

Nitekim namaz kılan bir birey, Allah'ın yardımı ve dostluğuna güven duyma tecrübesini yaşadığı için, O'nun her zaman kendisi ile bir-

---

139. Horney, *a.g.e.*, s. 81.
140. *İyyâke na'budu ve iyyâke neste'în.*
141. Horney, *a.g.e.*, s. 98.
142. *İyyâke na'budu ve iyyâke neste'în.*

likte olduğunu düşünerek O'ndan sürekli destek almaktadır. Allah'ı devamlı kendisi ile birlikte düşünen insan daha az kaygı ve stres içinde bulunacak, beden ve ruh sağlığı açısından daha az şikâyetçi olacaktır. Buna karşılık stresli bir durumda insanların anlama, davranışlarını kontrol etme ve kendilerine olan güven duygusu tehlike içine girmektedir. Bu nedenle insanlar sıkıntılı anlarında dine ve ibâdetlere yönelmektedirler.[143]

Namaz kılan bir kişi, "Yalnız sana ibâdet eder ve yalnız senden yardım dileriz."[144] ifadesiyle Allah'la iletişim kuracak ve O'nun yardımını, dostluğunu ve desteğini arzu edecektir. Böylece namaz kılan kişi, Allah'ın huzurunda olduğunu, onunla iletişim kurmaya hazırlandığının bilinci içerisinde bulunur. Sonuç itibarıyla namaz kılan bireye göre Allah, her şeye gücü yeten, her şeyi yapabilecek dolayısıyla insanın ihtiyacını da karşılayabilecek bir dosttur. Bu bağlamda insan istek ve ihtiyaçlarının, dileklerinin kabul edileceği ümit ve beklentisi içerisinde Allah'a güven besler.[145] İnsan Allah'a duyduğu güven duygusu ile rahatlar, karamsar duygulardan uzaklaşmaya çalışır ve daha sabırlı hareket etmeye gayret eder. Allah, hem ümitsizlik, sıkıntı, bunalma, korku ve endişe durumlarında insana yardım edecek kudretli bir dost, hem de sevinç ve mutluluk anlarında insanın şükran ve sevgi ifadelerini sunabileceği bir Rabdir. Böylece insan hem duygusal taşkınlık hem de çökkünlük durumlarından kurtulur; dengeli bir özellik kazanır.[146]

"Bizi doğru yola istikamet üzere hidayet et" (*İhdinâ's-sırâta'l-müstaqîm*).

Namaz kılan birey, Allah'ın kendisini en doğru yola istikamet üzere iletmesini[147] dileyerek O'na duada bulunur. Bu ayet-i kerimede hayatımıza en doğru yönde şekil verme, en doğru karara ulaşma, yan-

---

143. Kula, *a.g.m.*, s. 241.
144. *İyyâke na'budu ve iyyâke neste'în.*
145. Peker, Hüseyin, *Din Psikolojisi*, Sönmez Yayınevi, Samsun, 1993, s. 120-121.
146. Peker, *a.g.e.*, s. 245.
147. *İhdinâs's-sırâta'l-müstaqîm.*

lışı doğrudan ayırt edecek bir öngörü kazanma noktasında Allah'ın bize en doğru olana iletmesi için O'ndan yardım dilemekteyiz.

Bununla beraber dinin ve ibâdetlerin asıl anlamı ruhlara yön vermek olduğu[148] için namaz kılan birey "istikamet üzere yöneltilmesi" duası ile ruhsal yönüne olumlu yönde şekil vermeye yönelik olarak hayatının daha önceki hatalı dönemlerinin tam tersine, olumlu bir yönde duygu ve düşüncelerini şekillendirmeye ve olumlu karakter özelliklerini geliştirmeye motive olacaktır.

Aynı zamanda din, insan hayatı ve geleceği ile ilgili bilgiler de sunmaktadır. Hayatın belirsizliklerini açıklığa kavuşturan bu bilgiler, insanın kendine güvenmesini sağlamakta, karşılaşılan problemlerle mücadele azmini artırmaktadır. İşte insanın karşılaştığı stresli durum ya da olaylar karşısında yaşadığı gerginliklerle baş etmek için başvurduğu yollardan biri de dinî inançlar ve değerler olmaktadır.[149] Bu bağlamda birey "kendisini istikamet üzere, en doğru yola iletilmesini"[150] istemekle Allah'tan hayatını ve geleceğini en doğru istikamete yönlendirici bir bilgi ve yaşam tarzı dilemektedir. Ve böylece hayatını zorlaştıran ve belirsiz kılan her türlü durum ve şarta karşın tedbir almakta; karşılaştığı problemler ile mücadele etme gücü bulmakta, Allah'a duyduğu güven kendine duyduğu özgüveni motive etmektedir.

Gerçekte namaz kılan bir birey, "istikamet üzere en doğru yola iletilme" isteği içerisinde şehevî işler, öfke dolu fiiller vb. davranış özelliklerinde olduğu gibi ahlâkî yapının ifrat ve tefrit olmak üzere iki tarafından da kaçınmak üzere tedbir almayı dilemektedir ve böylece namaz kılan bir birey, Allah'tan her türlü ahlâkî davranış, duygu ve düşünce hususunda bu aşırı uçların arasında kalan ve orta yol olan, dosdoğru yola iletilmesini ister.[151] Ayrıca birey, dünya ve ahi-

---

148. Armaner, Neda, *Din Psikolojisine Giriş*, Ayyıldız Matbaası, Ankara, 1980, s. 147.

149. Kula, *a.g.m.*, s. 241-242.

150. *İhdinâs's-sırâta'l-müstaqîm.*

151. Er-Razî, *a.g.e.*, C. 1, s. 354-355; Esed, Muhammed, *Kur'ân Mesajı Meal Tefsir*, (çev.Cahit Koytak, Ahmet Ertürk) , İşaret Yayınları, İstanbul, 1997, s. 2-3.

ret amacını ve mutluluğunu elde edeceği doğru yolu bilmeye ve o yolu bulduktan sonra o yolda sebat edenlerden olması yönünde[152] istekte bulunmaktadır. Bu açıklamalar bize göstermektedir ki namaz kılan kişi, davranışlarında ölçülü ve tutarlı bir yönelim içerisine girmeyi, dünya ve ahiret amacının varoluşsal bilincini oluşturmayı Allah'tan dilemektedir. Böylesine güçlü bir irade ve yönelimi duygusal, zihinsel ve iradî olarak dileyen bir birey, aslında davranışları ile kişilik özellikleri, değer yargıları, inançları arasındaki istikrar ve uyumu sağlamayı[153] dilemektedir. Sonuç itibarıyla dindardaki iç sentezin, yani düşünce, duygu ve irade arasındaki bu ahenk, uyum ve istikrarın varoluşuyla insanı tatmin eden, mutlu kılan bir hâl ortaya çıkar.[154]

Tillich'e göre, insan bilincinin dağıtıcı ve parçalayıcı eğilimi kişisel hayatın en büyük problemlerinden biridir. Eğer bir birleştirici merkez yok ise, karşılaştığımız dünyanın sonsuz çeşitliliğinin yanı sıra insan zihninin içsel hareketleri, kişilik parçalanmasına sebebiyet verir veya kişiliği parçalar. Bu yönüyle iman, çeşitli yollarla insanın zihinsel ve duygusal hayatını birleştirir ve ona egemen bir merkez ve bütünlük verir. Bu bağlamda namaz kılan birey, "istikamet üzere en doğru yola iletilme" duası vasıtasıyla bütün davranışları ile kişilik özellikleri, değer yargıları, inançları arasında istikrar, uyum ve bütünlük sağlayacaktır. Buna karşılık bireyin, insan bilincinin dağıtıcı ve parçalayıcı eğilimine; insan zihninin ve hislerinin istikrarsız ve uyumsuz içsel hareketlerine karşın kişilik bütünlüğünü yakalaması mümkün olacaktır.

Namaz kılan bir kişi, Allah'ın kendisini en doğru yola, istikamet üzere hidayet etmesini yani öfkesine uğramışların ve sapmışların yoluna iletmeyerek, nimetine erdirdiklerinin yoluna hidayet etmesi[156]

---

152. Kutub, Seyyid, *Fî Zılâli'l-Kur'ân*, (çev. M.Emin Saraç, İ. Hakkı Şengüler, Bekir Karlığa), Hikmet Yayınevi, İstanbul,1972, C. 1, s. 45; Ateş, Süleyman, *Yüce Kur'ân'ın Çağdaş Tefsiri*, Yeni Ufuklar Neşriyat, İstanbul, 1997, C. 1, s. 28

153. Budak, *a.g.e.*, s. 586.

154. Mehmedoğlu, *a.g.e.*, s. 103-104.

156. Fâtiha, 1/6-7.

için duada bulunurken bu dua ile, din dışı, günahkâr, samimiyetsiz ve yüzeysel bir dinî hayat tarzını terk ederek bütünüyle dinî bir yola girmeyi; dinî bir hayatı benimseyerek kendini o hayatla bütünleştirme yönünde bir gelişme göstermeyi, kendisini samimi ve derin bir dinî hayat tarzı ile bütünleştirme yolunda duygusal ve zihinsel anlamda köklü bir değişime hazırlamayı, yaşadığı iç çatışmaları sonrasında kendisinde mutluluk, tatmin, huzur ve uyum bulacağını sezdiği dinî değerlere doğru yavaş ya da hızlı bir geçiş yapmayı; ruhunun derinliği içerisinde bir dine bağlanmaya ya da bütünüyle hayat tarzını dine göre düzenlemeye ve böylece iç çatışmalarına ve tatminsizliklerine son vermeye karar veren insan, Allah'la, insanlarla ve dünya ile yeni bir anlamlandırma ve bütünleşme sürecine girmeyi[157] dilemektedir.

Bununla beraber namaz kılan bir kişi, Allah'ın kendisini en doğru yola, istikamet üzere hidayet etmesi[158] için duada bulunurken bu dua ile, tatminsizlik, huzursuzluk, mutsuzluk, iç çatışma ve karışıklıklar döneminin sonunda güçlü bir irade kuvveti ve yüksek bir kavrayış ve anlayış kabiliyeti ile meydana gelen duygusal, zihinsel ve ruhsal değişim sürecine girmeyi; olumlu karakter özellikleri ve kişilik yapısı yönünde ideal bir gelişim durumuna geçmeyi[159] dilemektedir.

d. Tasavvufî Açıdan Rükû

Rükû, Allah'a saygının, O'nun büyüklüğünü itiraf etmenin fiilî bir şeklidir. İnsan, izzet sahibi değerli bir varlıktır. Başka fânî varlıklar karşısında eğilmek ona yakışmaz. Allah'ın huzurunda eğilip, kulluğun sadece O'na ait olması gerektiğini bilenler, başkaları önünde eğilmezler. Bir tek kapıya, yani yalnızca Allah'a kul olmasını bilenler başka kulluklardan; insana, paraya, mevkiye, şöhrete kul olmaktan yakalarını kurtarmış olacaklardır.[160]

---

157. Hökelekli, *a.g.e.*, s. 290-291.
158. Fâtiha, 1/6.
159. Pazarlı, Osman, *Din Psikolojisi*, Remzi Kitabevi, İstanbul, 1968, s. 138.
160. Gazâlî, *İhyâ-ü Ulûmi'd-dîn*, (çev. Ahmet Serdaroğlu), Bedir Yay., İstanbul, trz., s. 268.

Namazda rükûnun farz oluşu ayet ve hadislere dayanır. "Ey iman edenler, rükû edin!"[161] ayeti rükûnun, namaz için bağlayıcı bir fiil olduğunu gösterir.[162] Ayrıca Hz. Peygamber'in rükû yaparken "ellerini dizleri üzerine koyduğunun"[163] rivayet edilmesi, rükûnun hadisler yönünden de bağlayıcı olduğunu bize göstermektedir.[164]

Huşû ile namaz kılan bir kişi, rükûya eğildiği zaman kalbi derin bir saygı ile dolar; onun gönlünde Allah'tan daha yüce hiçbir şey bulunmaz. Rükûdan doğrulduğu zaman, hamdın ancak Allah'a mahsus olduğunu müşâhede eder, kalbi huzurla dolar.[165]

Rükû bireyin kendi zelilliğini, Rabbinin de izzet ve yüceliğini benliğinde hissetmesi ve bunun göstergesi olarak başını öne eğmesidir. Zira bütün insanlarda ve hayvanlarda başın yukarı dikilmesi, fıtrî olarak azgınlık ve büyüklenme belirtisi, boyun bükülmesi de huşu ve teslimiyetin göstergesidir.[166] Rükû insanın ancak Allah'ın önünde eğilerek izzet bulacağını, başka nesnelerin önünde boyun bükmenin esaret ve zillet olacağını göstermektedir.[167]

Allah'a tevazu ile boyun eğişi ve O'nun huzurunda eğilişi ifade eden rükû ile namaz kılan kişi, Allah'ın yüceliğini idrâk etmesi sonucu Allah'ın mükemmel isim ve sıfatlarına yönelir; içsel bir huzur duyar; emel ve amaçları en doğru istikamete yönelir; kendisi ile yüce yaratıcısı arasına giren engellerden uzaklaşır.[168]

Namaz kılan kişi, rükûya eğildiği zaman "Azîm olan Rabbimi yaratılmışlara ait bütün eksikliklerden tenzîh ederek tesbîh ederim." anlamına gelen (Sübhâne Rabbiye'l-azîm) ifadesini okumaktadır.

Allah'ı tesbîh etme, "Sübhâne", "O'nu yaratılmışlara ait bütün

---

161. Hac, 22/77.
162. Zuhayli, Vehbe, İslâm Fıkhı Ansiklopedisi, Risale Yay., İstanbul, 1992, C. 1, s. 517.
163. Buhârî, Sahih, Ezan, s. 120, 145.
164. Akyüz, a.g.e., C.1, s. 146.
165. el-Mekkî, a.g.e., C.3, s. 324-325.
166. ed-Dihlevî, a.g.e., C.1, s. 268.
167. Ece, a.g.e., s.552.
168. Tabbare, Afif Abdülfettâh, Rûhu's-Salâti fi'l-İslâm, Dâru'l-İlim, Beyrut, 1979, s. 27.

eksikliklerden, hatalardan ve eksik sıfatlardan tenzîh etmek" anlamını taşır.[169]

Her canlı Allah'ı tesbîh eder; yani O'nu anar, hâl diliyle O'nu yüceltir. Ayrıca tesbîh etme, yalvarma "Sabah ve akşam (günün iki ucuna girdiğinizde) O'nu hamd ile tesbîh edin."[170] ayetinde ifade edildiği üzere namaz manasını da ifade etmektedir.[171]

Ayrıca "Sübhân" kavramı, O'nun, isim ve sıfatlardan uzak olduğunu ifade etmek için kullanılan ve sadece O'na ait özel bir isim anlamını da taşımaktadır.[172]

Rükûda ifade edilen "Rab" kelimesi, terbiye etme vasıtasıyla bütün yaratılmışlara kademeli olarak tam anlamıyla olgunluk sınırına doğru taşıyan; mutlak olarak bütün varlığın gereksinimlerini temin eden; bütün Rablik iddiasında bulunanların Rabbi olması hasebiyle Rabliği sonsuz ve sınırsız olan,[173] her şeyin efendisi, hâkimi, önderi olması hasebiyle bütün yaratılmışların sahibi; kendisine itaat edilen yönetici; karakteri olgunlaştırarak terbiye eden; büyüten ve yetiştiren;[174] bütün mahlûkları yaratıp ihtiyaçlarını veren, onları ruhsal, fiziksel, zihinsel ve duygusal anlamda olgunlaştırarak idare eden[175] anlamlarına gelmektedir.

"Rab" sıfatı insanı psikolojik ve ruhsal anlamda etkisi altına alınca, mülkiyet sahibi olması yönüyle mülkiyetinde bütün yaratılmışların lehinde bir tasarrufta bulunmasını; ruhsal, zihinsel, duygusal anlamda olumlu karakter özellikleri içerisinde davranışta bulunmasını; dinde ve bilimde derin bir bilgi birikimine sahip olan bir kimsenin bilgisini günlük hayata aktararak bütün yaratılmışların istifadesine sunabilmesini gerektirir.[176]

---

169. el-İsfahânî, a.g.e., s. 324-325.
170. İsrâ, 17/78.
171. İbn Manzûr, a.g.e., C.13, s. 472-473.
172. İbn Manzûr, a.g.e., C.13, s. 471-473..
173. el-İsfahânî, a.g.e., s. 269-270.
174. İbn Manzûr, a.g.e., C.1, s.400.
175. Dönmez, İbrahim Kafi, İslâm'da İnanç İbâdet ve Günlük Yaşayış Ansiklopedisi, Marmara Ü.İ.F.V. Yay., Döndüren Hamdi, "Rükû Maddesi", İstanbul, 2001, C.4, s. 26..
176. Bkz. İbn Manzûr, a.g.e., C.1, s. 400.

Namaz kılan kişi rükû esnasında Allah'ın "Azîm" olduğunu hatırlamaktadır. Allah'ın "Azîm" ismi, hem akledilen, hissedilebilen, bizzat var olan yüce varlığın büyüklüğüne[177] hem de insan zihninin, duygularının sınırlarını aşan bir şekilde yüce yaratıcının zâtının ve hakikatinin kavranmasının mümkün olamayacağı, duyuların, sınırların, zihnin ve duyguların ötesinde var olan Allah'ın büyüklüğüne işaret etmektedir.

Bu durumda Allah'ın sonsuz yüceliği, "azameti," nitelendirilemez, sınırlandırılamaz, herhangi bir şeyle örneklendirilemez.[178]

"Azîm" ismi insanı psikolojik ve ruhsal anlamda etkisi altına alınca, kişinin Allah'ı yüce yaratıcının kendisini tanıttığı bir şekilde yüce, büyük, aklı ve duyuları aşan bir yücelikte "Azîm" olarak O'na sınır çizmeksizin, O'nu nitelendirmeksizin, O'nu herhangi bir şeyle kıyaslayıp örneklendirmeksizin tanımasını gerektirir. "Azîm" isminin, insanın psikolojik ve ruhsal yönünün üzerindeki ikinci etkisi, kişinin Allah'ın yüceliği sebebiyle büyüklenmeye, böbürlenmeye lâyık olan tek hâkim olmasına rağmen bunu yapmadığını fark ederek kibir, gurur, böbürlenme, tahakküm etme gibi olumsuz karakter özelliklerinin ruhsal ve psikolojik yıkıcı etkilerini, Allah'ın yüceliğini, "Azîm" ismini idrâk etme ve rükû eğilişi vasıtasıyla ortadan kaldırmasıdır.

Mevlânâ'nın tabiriyle insan, Rabbinin hesap anındaki sorularına cevap veremeyerek iki büklüm utancından rükûya eğilirken, Rabbin lütfuyla tekrar ayakta huzura durma imkânıyla sevincini "Allah, hamd edenleri işitir (Semi'allâhu limen hamideh)", "Hamd, Rabbimiz içindir (Rabbenâ leke'l-hamd)" diyerek ifade eder.

Mevlânâ bu manevî hâli şöyle anlatır:

"Kıyâm esnasında kişi, Allah'ın huzurunda kıyâmetteki saflar kurulup, münacât ve hesap vermek için durduğu gibi durur. Kıyâm anında kişi; kıyâmet korkusuyla şaşkın, Hakk'ın dîvânında gözyaşı döker. "Mahsulün nerede? Verdiğim mühlet içinde işlediklerin nedir?" gibi dertlendirici binlerce sual, Allah tarafından kendisine sorulur. Kıyâma kalktıkça kul, bu gibi suallerden utanır; iki büklüm olup rükûya varır.

177. el-İsfahânî, a.g.e., s. 507.
178. İbn Manzûr, a.g.e., C.12 , s. 409.

Utancından ayakta durmaya mecali kalmayıp, rükûda Hakk'ı tesbîh ederek, yalvarır.[179]

Bu durum kulun sanki, pişmanlığının affedilerek neticesinde Rabbin övgüsüne vasıtasız ulaştığı andır. Bu anda kişi Rabbi ile karşılıklı hamdlaşır. Yani kul, "Rabbim seni övüyorum. Hamd ve şükür, takdir ve övgünün en güzeli senin içindir" (*Rabbenâ leke'l-hamd*) derken; Rabbi de ona, "Hamdımı ve övgümü, şükrümü ve takdirimi sana lütfediyorum ve seni övülmüş kullarımın arasına katıyorum" demektedir. Kul, Rabbine "Allah, kendisine hamd edenleri işitir (*Semi'allahu limen hamideh*)", yani rükûdan kalkan kişi, "Sen benim hamdımı, şükrümü, övgü ve minnetimi işittin, bana tekrar huzurunda ayakta durma imkânı verdin; bana tekrar hamdetme lütfunü ikram ettin; beni övgü ve takdir ile anarak beni övülmüş kullarının arasına kattın; ama hakikatte hamd ve övgü, şükür ve takdir senin içindir; hamd sana lâyıktır (*Rabbenâ leke'l-hamd*) demektedir. Artık kişi sadece Rabbine karşı utanç ve korkusundan değil; bilakis Rabbine karşı hissettiği sevgi ve muhabbetin coşkusuyla secdeye, Rabbinin huzuruna kapanır.

İsmail Hakkı Bursevî, namaz kılan kişinin hamdine, Allah'ın da hamd edeceğine işaret ederek her durumda hamdın Allah'a mahsus olduğunu takdir etme neticesinde Allah'ın da kulu övgü ve takdir; hamd ve şükür içerisinde anacağını ve onu övülmüş kulları arasına katacağını vurgulamaktadır. Bursevî, bu durumu, hamdın iki çeşit olduğunu ifade ederek, Allah'ın hamdı ve kulun hamdı kavramlarıyla açıklamaktadır.[180] Allah'ın hamdını kulun şükrüne karşı Allah'ın onun şükrünü ve ona karşı olan lütuflarını, nimetlerini arttırması olarak anlayabiliriz.

Kur'ân nazarında şükür ve hamdın tek yanlı olmayıp karşılıklı olduğunu söyleyenler de vardır. Allah'ın ikramlarına karşılık şükretmek görevi insana düşüyorsa, Allah'ın bu hamd ve şükre; hamd ve övgü, takdir ve şükran ile karşılık vermesi beklenmektedir. İşte bu tür karşılıklı şükür alışverişi, Allah ile insanlar arasındaki ideal ilişki ve iletişim biçimidir.[181]

---

179. Can, *a.g.e.*, C. 3, s. 188-189.
180. Bkz. Bursevî, *a.g.e.*, C. 2, s. 95.
181. Toshihiko Izutsu, *Kur'ân'da Dinî ve Ahlâkî Kavramlar*, (çev. Salahattin Ayaz), Pınar Yay., İstanbul, 1996, s. 267.

Kuşeyrî der ki: Tahkik ehli olanlara göre şükrün manası ihsanda bulunanın nimetini O'na boyun eğerek itiraf etmesidir. Bu görüşe göre Hak Teâlâ'ya hakikat yolu ile değil, mecaz yolu ile şekûr (çok şükreden) sıfatı verilir ve bu Allah'ın kulların şükrüne sevap ve cevap verir manasına gelir. Şükre Allah tarafından verilen karşılığa ve mükâfata şükür adı verilir. Bu noktada kulun şükrü Allah'a taatte bulunması; Hakk'ın şükrü şükre muvaffak kılması için kuluna lütufta bulunması demektir.[182]

Rükû sadece Allah'ın huzurunda kulun O'na duyduğu saygı ve sevgi duyguları içerisinde eğilmesinin bir sembolüdür. Rükû, insanı Allah ve insanlara karşı alçakgönüllü ve fedakâr olmaya çağırır. Bu konuda İsmail Hakkı Bursevî, "İnsanların birbirlerini selâmlamaları esnasında bile eğilmenin doğru olmadığını ifade ederek bu durumun Hakk'ın dışındakilere rükû olduğu için yasaklandığını" vurgulamıştır. Aynı zamanda Bursevî, "bir kişinin kendi nefsine yani kendi içindeki olumsuz duygu, düşünce, istek ve davranışlara rükû etmesinin çok daha kötü bir durum olduğunu" ifade eder. Zira Allah, kullarına "Sizi kendim için seçtim" diye buyururken Hakk'a gönülden bağlananın hayvanî nefsin eserini taşımaması gerektiğini vurgulamıştır.[183]

Rükû insana tevazuyu öğretir. Yûnus Emre tevazuyu şöyle anlatır:

Miskin Yûnus erenlere tekebbür olma, toprak ol.
Topraktan biter küllisi gülistandır toprak bana.[184]

Rükû, insanın 'toprak' gibi olmayı öğrenmesinin ilk basamağıdır. İnsanlar toprağın üzerine bastığı hâlde toprak öylesine mütevazı ve fedakârdır ki; daima bütün varlıkları doyurmaya ve ikramlamaya devam etmektedir.

Mevlânâ, rükû ve secdenin Hak kapısına vücudun halkasını vurma anlamı taşıdığını vurgulayarak; rükû ve secdenin ahiret âleminde bir cennet olduğunu ifade etmiştir. Bu nedenle Mevlânâ, insanın o

---

182. Kuşeyrî, *Kuşeyrî Risalesi*, (haz. Süleyman Uludağ), Dergah Yay., İstanbul, 1999, s. 268.
183. Bursevî, a.g.e., C.1, s. 198.
184. Yûnus Emre, *Dîvân*, s. 50.

yüksek yolda ilerlemek ümidiyle, mihrab önündeki bir mum gibi ayakta durarak daima namaz kılmasının önemine işaret etmektedir.[185]

Mevlânâ'ya göre ancak rükû ve secde, Hakk'ı yüceltmek anlamını taşır; rükû ve secdenin gerçek anlamını hissetmek, kişinin varlığını Rabbi için yok ederek kendi nefsini O'nun sevgi ve saygısını kazanma ümidiyle feda etmesi vasıtasıyla mümkün olmaktadır.[186]

Mihrab önündeki mum, nasıl titrek ışığıyla etrafı aydınlatıyorsa; kıyâmda Allah'a hesabını veremeyen kul, pişmanlık içerisinde rükûya eğilmelidir. Rükûda Rabbi'nin huzurunda eğilip titreyerek; pişmanlık ve sevgiyi harmanlayarak bütün kâinatı ve insanlığı aydınlatmalıdır.

Yûnus Emre, mihrab önündeki bir mum gibi Rabbin huzurunda duran kulun, Allah'a olan saf sevgisini şöyle ifade eder:

Zinhar gözünü aça gör, nefs tuzağın seçe gör
Dost menziline geçe gör, O'ndan yiğrek durak nedir?
Sen Hakk'a âşık isen Hak sana kapı açar
Kov seni beğenmeyi varlık evini bir yık.[187]

Netice itibarıyla Mevlânâ, "Namaz yumurtasından civcivini çıkar. Namazını usûlüyle eda eyle!" demiştir.[188]

Yani Mevlânâ, kendini tanıma, hatalarını fark etme ve onları düzeltme süresince sendeki ilâhî ahlâkı yeşertme namına ilâhî isimler ve sıfatlar deryasından kendi esmanı ve sıfatını keşfet ve onu ahlâkında ortaya çıkar. İlâhî isimler ve sıfatlar deryasından bir ayna, bir katre de sen ol' demek istemiş olabilir.

Rükû eğilişi, Allah'ın insana verdiği eşsiz niteliklere karşı insanın alçakgönüllü bir boyun eğişi ve Allah'ın insana duyduğu sevgi ve saygıya karşılık bizim de saygı içerisinde eğilişimizi sembolize eder.

Namaz kılan bireyin, yüce yaratıcıyı övmesi medhten daha özel, şükürden daha kapsamlı, şükrün zirvesi olmaktadır. Bu bağlamda her

---

185. Köroğlu, *a.g.e.*, s. 228.
186. Yeniterzi, *a.g.e.*, s. 161.
187. Yûnus Emre, *Dîvân*, s. 93, 416.
188. Can, *a.g.e.*, C. 3, s. 190.

hamd, şükürdür. Ama her şükür hamd değildir. Her hamd medhtir. Her medh hamd değildir.[189]

Sonuç itibarıyla rükûda karşılıklı övgü ve saygı iletişimi vasıtasıyla birey, hem kendi özüne, benliğine saygı duyabilecek hem de bütün yaratılmışlara ve insanlara saygı duymayı öğrenebilecektir.

Kanaatimce Yûnus Emre'nin şu beyitleri üzerinde düşünmemiz gerekmektedir:

Aşkın aldı benden beni, bana seni gerek seni
Ben yanaram dün ü günü, bana seni gerek seni[190]

Yazuklarımız[191] *tartıla onca perdeler yırtıla*
Bilmediğin günahların anda sana ayan ola

Suç ancak göynür[192] *özüm kan yaş ile dolar gözüm*
Yarın Hak katında yüz kar' olursa nideyin ben

Fesad dolu içim hey Koca bağışla suçum
Ki cehennem benim için yer olursa nideyin ben[193]

Görüldüğü üzere kendini tanıma sonucu hata, eksik ve olumsuz yönlerini fark ederek pişmanlık duyma Yûnus Emre ve Mevlânâ'da zirveye ulaşmıştır. Öyle ki onlar bütün namazlarında hata ve günahlarından duymuş oldukları pişmanlıkları Allah huzurunda hesap verecekleri hesap gününü yaşama psikolojisi içerisinde ortadan kaldırma gayreti içerisinde bulunmaktadırlar. Böylece kıyâm duruşunda hata ve eksiklerini fark ederek kendini tanıma sürecini en canlı hâliyle yaşayan Mevlânâ ve Yûnus Emre, rükû eğilişinde ise Allah'ın, hata ve günahlarına rağmen kendilerine duyduğu saygı ve sevgiye lâyık olamamaktan kaynaklanan eziklik ve tevazu duygusunu Allah aşkıyla birleştirmişlerdir.

---

189. el-İsfahânî, *a.g.e.*, s. 186.
190. *Yûnus Emre Dîvânı*, s. 93, 416.
191. Günahlarımız.
192. Kendi kendine yanmak.
193. *Yûnus Emre Dîvânı*, s. 48, 50, 336.

e. Tasavvufî Açıdan Secde

Secde, kişinin en şerefli ve duyularının hepsinin bir arada bulunduğu uzvu olan yüzünü Yüce Allah'ın huzurunda toprağa sürmesidir. En güzel namaz, alt şuur seviyesinden en üst şuur seviyesine bireyi taşıyan namazdır. Bu bağlamda Allah'a duyulan saygı ve sevginin bedenen ifade edilişinde esas olan, boyun eğip teslim olunarak kıyâm, rükû ve secdenin birbirini takiben bir arada yerine getirilmesidir. Bu duruma göre kıyâm duruşu, Allah'a saygı ve sevgi gösterilişinin ilk aşaması, rükû ikinci aşaması, secde ise Allah'a sevgi ve saygı hislerinin gösterilişinin en ileri aşamasıdır.[194]

Bu bağlamda secde, bireyin ruhsal, zihinsel ve duygusal anlamda Allah'a en çok yaklaştığı, kalbinin yüce mertebelere ulaştığı andır. Bu durum Kuran'da "secde et ve Allah'a yaklaş"[195] ayetinde ifadesini bulmuştur.[196]

İnsan namazda kıyâmda iken dikey, rükûda yatay bir hâlde bulunur. Secdede ise başı yerdedir. Secde hâlinde iken insan, Allah'a azamî derecede yaklaşır. Secde vaziyeti insanın Rabbine en yakın olduğu hâldir. İnsan Allah karşısında maddî olarak ne kadar eğilir ve küçülürse, manen o nisbette büyür ve yücelir.[197]

Rükû ve secde her ne kadar vücudun tevazu göstermesi görünümünde ise de, asıl gaye kalbin tevazuudur. Namaz kılan birey, secdeye gitmekle organların en kıymetlisi olan yüzünü, toprağa koyduğunu bilir ve kendisinin topraktan yaratıldığını, tekrar toprağa döneceğini anlarsa kibri, gururu ve şirke götüren her türlü olumsuz karakter özelliklerini ortadan kaldırmayı sağlayacak idrâk derecesine yükselecektir.[198]

Secde, gerçek boyun eğişi, mutlak itaati, Allah'a tam teslimiyeti ve yakınlaşmayı, O'nu Rab bilmeyi, tesbîhi, tenzîhi ve kulluğun bütün gö-

194. ed-Dihlevî, *a.g.e.*, C. 1, s. 268-269.
195. Alak, 96/16.
196. el-Mekkî , *a.g.e.*, C. 3, s. 323-324.
197. Demirci, *a.g.m.*, s. 16.
198. Gazâlî, *Kimyâ-ı Saâdet*, (çev. Abdullah Aydın, Abdurrahman Aydın), Aydın Yay., İstanbul, 1986, C.1, s.159; Gazâlî, *İhyâ-u Ulûmi'd-Dîn*, (çev. Ahmet Serdaroğlu), Bedir Yayınevi, İstanbul, trz., C.1, s. 438, 458.

rüntülerini bünyesinde toplayan önemli bir eylemdir. Aynı zamanda secde insanın şükrünün, itaatinin, saygısının, ilâhî sevgisinin en yüksek makamıdır.[199] Namaz kılan mü'min, secde vasıtasıyla kibir ve gurur yerine teslimiyet ve bağlılık duygularını canlandırır. Bu yönüyle secde, Allah'ın yarattığı bedenin yine Allah'ın yarattığı aciz yaratılmışlara sınırsız bir saygıda bulunmak üzere kullanılmayacağını gösterir. Ve kişiyi gerçek anlamda övgü ve takdire lâyık olana saygıya yönlendirir.[200]

Namaz kılan kişi, secde noktasında, Allah'ın nimetlerinin sayılmayacak kadar çok olduğunu, kendisinin ise onların şükrünü eda etmekten aciz olduğunu idrâk eder. Bu anlayış ile birey, "Allah en büyüktür" diyerek tekrar secdeye kapanır ve secde noktasında, Rabbi'nin, iktidarı, saltanatı ve sonsuz yüceliğiyle insana ve yaratılmışlara ait bütün eksik sıfatlardan münezzeh olduğunu ifade eder.[201]

Namazda secdenin farz oluşu ayet ve hadislere dayanır. Bu bağlamda Yüce Allah, "Ey iman edenler; rükû ve secde edin!"[202] buyurmuştur.[203] Nitekim Peygamberimiz de, "Kulun Rabbine en yakın olduğu hâl, secdeye varmış olduğu hâldir. Şu hâlde secdede çokça dua ediniz." buyurmuştur.[204]

Namaz kılan mü'min, secde noktasında yere alnını koyduğu zaman, "A'lâ olan Rabbimi yaratılmışlara ait bütün eksikliklerden tenzîh ederek tesbîh ederim"[205] anlamına gelen ifadeyi okumaktadır.

Bu bağlamda namaz kılan kişi, Allah'ın "A'lâ" yani tek kelimeyle "yüceler yücesi" olduğunu anlama eşiğindedir. Allah'ın "A'lâ" sıfatı, "aşağının, zayıflığın zıddıdır; yüceliği" ifade eder.[206] Aynı zamanda Al-

---

199. Ece , *a.g.e.* , s. 583-584.
200. Yıldız , *a.g.e.*, s. 118-120; Büyür, Hasan, *Namaz Bilinci*, Denge Yay., İstanbul, 2001, s. 60-61.
201. Tabbâra , *a.g.e.*, s. 29.
202. Hac, 22/77.
203. Dönmez, *a.g.e.*, Döndüren, Hamdi, *"Secde Maddesi"*, C. 4, s. 79 ; Akyüz, *a.g.e.*, C. 1, s. 147; Zühayli, *a.g.e.*, C. 1, s. 520.
204. Müslim, Salât 215; Nesaî, Mevakit, 35.
205. Sübhâne Rabbiye'l-a'lâ.
206. er-Râzî, Abdülkadir, *Muhtâru's-Sıhah*, Müessesetü'r-Risale, Beyrut, 1994, s. 452.

lah'ın "A'lâ" sıfatı, "Allah'ın mekândan ve zamandan yüce oluşunu, şanının ve şerefinin yüce oluşunu"[207] vurgular. Bununla beraber, "A'lâ" azameti ile istediğine istediği şeyi yaptıran, şeref sahibi olması nedeniyle kendinden üstün hiçbir varlık bulunmayan, yaratılmışların hepsinden yüce olan, onlara kudretiyle boyun eğdiren, iftiracıların kötü sözlerinden, kâfirlerin küfründen uzak ve yüce olan, vesveselerden münezzeh olan, her yüceden daha yüce olan yüceler yücesi[208] anlamlarına gelmektedir. En önemlisi Allah'ın yüceliği O'ndan başka bir mutlak yücenin daha bulunmasını imkânsız kılan; yüceliğini bir başkasına nispetle ifade edemeyeceğimiz mutlak ve zarurî bir yüceliktir. İşte bu yönleriyle Allah'ın yüceliği, diğer varlıkların yüceliğinden ayrılır.[209]

Allah'ın "fiziksel mekân" yüksekliğinden tenzîhi, O'nun herhangi bir mekânının olmayışı, mekâna aşkınlığının tenzîhidir. Allah'ın "fizik-ötesi mekân" yüksekliğinden tenzîhi ise, O'nun fizik-ötesi mekân ile sınırlı oluşunun imkânsızlığının tenzîhidir.[210]

Namaz kılan insan, "Sübhâne Rabbiye'l-azîm" derken, O'nun azametinin, yüceliğinin her türlü düşünceden ve zandan daha azim (yüce) olduğunu ifade eder. Böylece namaz kılan birey, yaratılışın ilk ilâhî sırrını keşfeder. Çünkü o seyrettiğimiz âlemlerdeki sonsuz kudret, bunları ilmi ile sevk eden Allah öylesine azametli ve yücedir ki O'nun büyüklüğünü her an yeni yeni sayfalarda seyreder, ilmine ve kudretine hayranlığımızı sonsuzlaştırırız. İşte bu Allah'ın "Azîm" sıfatını tesbîhtir.

Allah'ın A'lâ ismine gelince; bu, Allah'ın yaratış muradındaki ikinci hikmetin sergilenmesidir. Allah çok kuvvetli bir hikmetle evrenleri yaratmıştır. Ancak evrenler bir fizikî şaheserden ibaret değildir. İç içe halkalar şeklinde sonsuz güzelliğin temsilcisidir. Yani Allah, "A'lâ" sıfatı ile her yarattığı varlığa ve sisteme akıl almaz bir güzellik nakşetmiştir. Meselâ bir gülün genetik şifrelerle topraktan yaratılıp

207. el-İsfahânî, a.g.e., s. 510.
208. İbn Manzûr, a.g.e., C. 15, s. 85.
209. Gazâlî, İlâhî Ahlâk, (çev. Yaman Arıkan), Uyanış Yayınevi, İstanbul, 1983, s. 225.
210. Konevî, Sadreddin, Fusûsu'l-Hikem'in Sırları, (çev. Ekrem Demirli), İz Yayıncılık, İstanbul, 2002, s. 33.

ona biyolojik bir hayat verilmesi Allah'ın "Azîm" sırrı içindeki ilminin bir hikmetidir. Ancak onun rengi, kokusu ve yeşil yapraklar arasındaki ahengi, Allah'ın "A'lâ" esmasından yansıyan bir güzelliktir.[211]

Netice itibarıyla secde noktasında alnını yere koyan insan, bütün bu tanımların ışığı altında "Sübhâne Rabbiye'l-A'lâ" derken, Rabbine şöyle seslenmektedir: "Mekândan ve zamandan yüce olan; her türlü övgüden yüce, şanı ve şerefi çok yüce olan, azameti ile istediğine istediği şeyi yaptıran, şeref sahibi olması nedeniyle kendinden üstün hiçbir varlık bulunmayan, yaratılmışların hepsinden yüce olan, onlara kudretiyle boyun eğdiren, iftiracıların kötü sözlerinden, kâfirlerin küfründen uzak, vesveselerden münezzeh olan, her yüceden daha yüce yani yüceler yücesi olan, terbiye etmesi vasıtasıyla beni kademeli olarak olgunluk sınırına taşıyan, mutlak olarak bütün varlığımın gereksinimlerini temin eden, bütün Rablik iddiasında bulunanların Rabbi olması nedeniyle Rabliğini sınırsız ve sonsuz kabul ettiğim, her şeyin efendisi, önderi ve hâkimi olması hasebiyle benim tek sahibim, kendisine itaat ettiğim biricik yöneticim ve hâkimim, karakterimi olgunlaştırarak beni terbiye eden, büyüten ve yetiştiren, beni yaratıp ihtiyaçlarımı veren, beni ruhsal, fiziksel, zihinsel ve duygusal anlamda olgunlaştırarak idare eden Rabbimi; yok olma, ölme, sonlu olma gibi aciz ve sonlu varlıkların eksiklerinden, hatalarından ve noksan sıfatlarından münezzeh olduğunu ifade ederek Yüce Allah'ı tüm varlık âleminin özelliklerinden istisna ediyorum; Allah'ı O'na yakışmayacak sıfatlarından; eş ve çocuk edinmekten, her türlü kötü şeyden uzak biliyorum; Allah'a itaat ve bağlılığa hızla, üşenmeden koşuyorum; Allah'ın mislinin, ortağının, zıddının, benzerinin olması düşüncesinden O'nu uzak tutuyorum; Allah'ın kendisi için kullanılmasından hoşnut olduğu ve O'nu kendisi için tavsiye ettiği sözler, sıfatlar ve güzel isimleriyle anıyorum, hatırlıyorum.[212]

Kötü duygu ve düşünceleri olumlu yöne ve hakîkî olana secde ettirme hâline nefsi kurban etme denilir ki bu durum da en yoğun şe-

211. Nurbaki, Haluk, Âyete'l-Kürsî Yorumu, Damla Yayınevi, İstanbul, 1998, s. 47-48.

212. Sübhan; Bkz. İbn Manzûr, a.g.e., C.13, s. 471-472, 473, C. 1, s. 400; C. 15, s. 85; Bkz. el-İsfahânî, a.g.e., s. 324-325, s. 269-270, s. 510.

kilde Hak olan Allah'a teslim olma, O'nunla bütünleşerek doğru duygu, düşünce ve karakter özelliklerini seçme kararını aldığımız secde hâlinde yaşanır.

Secde noktasında Allah'a yakınlaşma, dünyadan tamamen uzaklaşıp, Allah'tan başka her şeyi gönülden çıkarmakla mümkün olur. Niyazî Mısrî, "vasl-ı Hak'ı isteyen cân u cihanı terk eder" diyerek Allah için dünyayı ve canı aşmanın önemini vurgulamıştır. Secde noktasında, en olgun şekliyle şahsiyetin yeniden yapılanması söz konusudur. Duyguda, düşüncede, dikkat ve ilgide, arzu ve isteklerde, ibâdet ve diğer tüm davranışlarda Allah'ın arzusuna uyma ve kendi beninden sıyrılarak O'nunla bütünleşme, O'na ulaşma istikametinde şahsiyet yeniden şekillenir.[213] Namaz kılan kişi, secde noktasında günlük hayatın getirdiği gündelik şuurun etkisinden çıktığı noktada ulaşacağı aşkın bilinçlilik hâli ile ilâhî bütünleşmeyi gerçekleştirebilir. Ancak bu şartla, zihni sadece Allah düşüncesi üzerine yoğunlaştırmak sûretiyle diğer bütün düşünce ve duygulardan sıyrılır. Nihayet benlik tamamen yok olarak Allah'ta dirilir, bekaya erilir. Yani önce nefsin olumsuz istekleri, sonra zihnin olumsuz düşünceleri, sonra da tüm olumsuz benliğin yok olması mümkün olur. "Secde et ve bana yakınlaş"[214] ayetinin önemi, bu süreçlerden geçen bir kişi için açıklık kazanmış olur. Secde noktasında, namaz kılan kişi zihnini sadece Allah düşüncesi ile doldurarak kendini Allah'ın iradesinde yok ederek, karakterini Allah'ın ahlâkı ile şekillendirme çabasındadır.[215]

Allah'la birlik ve bütünleşme duygusunu en yoğun yaşayanlardan biri olan Mevlânâ'ya göre, namazın şeklî yönünün şartı temizliktir; bu da suyla olur. Namazın ruhunun şartı ise en büyük savaş olan nefsle savaşmaya kırk yıl devam etmek, gözü-gönlü kan etmek, yedi yüz karanlık perdeden geçmek; kendi yaşayışıyla O'nun varlığında ölmek, Hakk'ın varlığıyla var olmaktır.[216] Böylece olumsuz duygu, düşünce ve fiillerin çıkış kaynağı olan nefsle savaşma yoluyla insan, Allah'ın

213. Peker, Hüseyin, *Tasavvuf Psikolojisi*, *O.D.M.Ü. Dergisi*, Samsun, 1993, Yıl 3, Sayı 1, s. 48, 49.
214. Alak, 96/19.
215. Peker, *a.g.m.*, s. 51.
216. Yeniterzi, *a.g.e.*, s. 190.

ilâhî isim ve sıfatlarına daha da yakınlaşabilecek; kıyâmda hatalarını fark eden, rükûda hatalarından dolayı pişman olup gözyaşı döken, hatalarını bir daha tekrar etmeme kararı veren insan secdede Allah'ın isimleriyle bütünlüğü yakalayabilecektir. Aynı rûhî ve ahlâkî gelişmeyi Yûnus Emre şöyle ifade etmektedir:

> Ben de baktım, ben de gördüm, benim ile bir olanı
> Sûretime can vereni kim olduğunu bildim ahî
> Nitekim ben beni bildim, bu oldu kim Hakk'ı buldum
> Korktum, onu bulunca da korkudan kurtuldum ahî[217]

Bursevî Hazretlerine göre, namaz kılan kişi, en yüce olan Rabbini kullara ait bütün eksik sıfatlarından tenzîh etme yoluyla insanın gerçekte zayıf yaratıldığının sırrını idrâk ederek en yüce olanın mükemmel sıfat ve isimleriyle beraber kendi acziyetinin ve olumsuz-eksik özelliklerinin farkına varır. Bu keşfediş onun bütün işlerinde etkisini gösterir. Yaratılış emaneti, yaratılanın görünüşüne göre iken sonra yaratanın sırrına göre olacaktır.[218]

İradesini ve benliğini ilâhî özünü gerçekleştirme amacıyla Allah'ın iradesi ve O'nun yüce isim-sıfatları içerisinde eriten ve bütünleştiren ayrıca ilâhî irade karşısında âdeta bütünüyle edilgen bir duruma geçen insan, Allah'ın her yarattığı gibi "güzel" olur ve hayatıyla, kimliğiyle, şahsiyetiyle hayır ve iyilik abidesi durumuna geçer. Bu tarz bir iyilik, gerçek bir doğruluk ve takvayı içine alır.[219] Bu durumu Yûnus Emre şöyle açıklar:

> Hak cihana doludur kimseler Hakk'ı bilmez
> O'nu sen senden iste O senden ayrı olmaz[220]

Namaz esnasında en yüce olan Rabbini tenzîh eden bir kişi, Allah'ın isim ve sıfatlarını kavrama yoluyla kendi eksikliklerini ve ben-

---

217. *Yûnus Emre Dîvânı*, s. 409-410.
218. Bursevî, *a.g.e.*, C. 2, s. 49.
219. Ünal, *a.g.e.*, s. 521-522.
220. *Yûnus Emre Divanı*, s. 161.

liğini tanıyarak keşfedecek ve böylece bu keşfedişle karakter seviyesi yüksek bir kişilik yapısına ulaşacak; yani kendini gerçekleştirme noktasına secde ile ulaşabilecektir.

Meselâ Allah'ın sonsuz vefa sahibi olduğunu, kulun kendisini düşünmediği zamanlarda bile kulunu düşünen bir yaratıcı olduğunu 'Vâfî' ismiyle idrâk eden insan, kendi bencil yapısını fark edecek, diğerkâm ve cömert bir ahlâkî yapıya dönüşüm sağlayabilecektir. Allah'ın her şeyin sahibi olduğunu 'Melik, Mâlikü'l-Mülk'[221] isimleriyle anlayan insan, hiçbir şeyin gerçek sahibi olmadığını fark edecek; fedakârlık merkezli bir paylaşımı öğrenecek; ayrıca kendisine verilen emanet ve ahitlere sadakatle davranabilecektir. Allah'ın affetmeyi çok sevdiğini ve çok bağışlayıcı olduğunu 'Tevvâb, Ğafûr, Afuvv' isimleriyle fark eden bir kişi, tövbe etme ve insanları bağışlama noktasındaki eksikliğini idrâk edecek; tövbe eden ve bağışlayan bir ahlâkî yapıya dönüşümü sağlayabilecektir. Allah'ın iyiyi ve güzeli açığa çıkaran, kötüyü ve çirkini örten 'Settâr ve Ğaffâr' bir yaratıcı olduğunu idrâk eden bir birey, kendi hatalarının kötü fiiller olduğunu kavrayacak; bunları düzelterek toplumun devamını sağlayan ahlâkî değerleri koruma ve bu değerleri aktarma duygusunu taşıyacaktır. Kulun hamdine karşılık bireyi övgü ve takdirle anan, azıcık bir ibâdete cömert bir karşılık veren, sınırsız nimetler ile kullarını taltif eden bir yaratıcısı olduğunu 'Şâkir' ismiyle idrâk eden bir kişi, Allah'a şükür noktasındaki yetersizliğini ve başka insanların iyiliklerine vefa ve şükran duygusu içerisinde karşılık veremediğini fark edecek; Allah'ı hayatının her döneminde şükürle anmayı, insanların iyiliklerine vefa ve şükranla karşılık vermeyi tecrübe edebilecektir. Bütün fiillerini belli bir zaman dairesi içerisinde ne zamanından önce ne zamanından sonra olmaksızın tayin ve takdir eden, isyankârları cezalandırma noktasında sabırlı bir yaratıcısı olduğunu 'Sabûr ve Halîm' isimleriyle idrâk eden bir kişi, kendisinin aceleci hâllerini ve tembellik içerisinde geçirdiği anlarını hatırlayarak iradesini olması gerekene yönlendirecek; kendisine haksızlık yapanlara ve hayatın güçlüklerine karşı sabırsız davrandığının farkına varacak; iradesine hâkim olmayı ve sabırlı olmayı öğrenebilecektir.

---

221. Mâlikü'l-Mülk, Melik, Bkz. Gazâlî, *İlâhî Ahlâk*, (çev. Yaman Arıkan), Uyanış Yayınevi, İstanbul, 1983, s. 296

Böylece namaz kılan bir kişi, secdede "en yüce olan Rabbini tenzîh etme" vasıtasıyla kendi eksik ve hatalı özelliklerini kavrayarak kendini tanımasına rağmen hatalarını telâfi etmesini mümkün kılacak olan, benliğini oluşturan eşsiz duygularının, dürtülerinin, özlemlerinin, kapasite ve yeteneklerinin, kişilik özelliklerinin de farkına varacaktır.[222] Hatalarını ve olumsuz karakter özelliklerini kavrama yoluyla başlayan kendini tanıma süreci; bireyin olumsuz taraflarını telâfi edeceği eşsiz özellik ve yeteneklere sahip olduğunu kavramasıyla devam eder. Ancak namaz esnasında kıyâm duruşunda başlayan, rükû eğilişinde olgunlaşan, secde noktasında en üst dereceye ulaşan kendini tanıma ve kendini algılama süreci, yetenekler, hedefler, yetiler de dahil olmak üzere bireyin kişiliğinin bütün yanlarının dengeli ve uyumlu gelişimi; yapısal ve kişisel potansiyellerin gerçekleştirilmesi anlamını ifade eden kendini gerçekleştirme süreci (self-realization) ile son bulur[223]

Bu bağlamda insanın kendisini tanıması, kendini araması, kendini özlemesi biraz da onu insan kılan, ilâhî kılan özünü tanıması, araması, özlemesi demektir. Hak ya da batıl bütün dinlerin ve felsefelerin en temel iddiaları insanın bu arayışına bir cevap verme arzusudur. Bu bakımdan gaflet, insanın insanlığından gafletidir.[224] Bununla beraber ilâhî özünü gerçekleştirme imkânı bulmuş bireyler, kendi kişisel deneyimleri aracılığıyla dünya, evren, ahlâk ve Tanrı hakkında kendi gerçeğini, kendi içsel kimliğini bulmuş kişilerdir.[225]

Başka bir ifadeyle namaz kılan insan, secde noktasında Allah'a en yakın olduğu bir durumu tecrübe etmektedir. Kur'ân-ı Kerim'de secde et ve yaklaş[226] buyrularak, Mevlânâ'nın ifadesiyle bedenlerimizin secde etmesi canı (ruhu) da Hakk'a yaklaştırmaktadır.[227] Yûnus Emre kendi ilâhî özünü gerçekleştirme imkânı bulmuş kişilerin namazını söyle tasvir eder:

222. Budak, a.g.e., s. 444.
223. Budak, a.g.e., s. 580.
224. Cündioğlu, Dücane, "Kadınlar Niçin Kendilerini Özlemezler-II", *Yeni Şafak*, 9 Mart 2003.
225. Maslow, Abraham H., *Dinler, Değerler, Doruk Deneyimler*, (çev. Şükrü Alpagut), Kuraldışı Yayınları, İstanbul, 1996, s. 42.
226. Alak, 16/29.
227. Yeniterzi, *a.g.e.*, s. 186.

Bir kez gönül yıktın ise, bu kıldığın namaz değil
Yetmiş iki millet dahi elin yüzün yumaz değil
Yol oldur ki doğru vara göz oldur ki Hakk'ı göre
Er oldur ki alçakta dura yüceden bakan göz değil
İstemegil Hakk'ı ırak, gönüldedir Hakk'a durak
Sen senliğin elden bırak tenden içeri candadır.[228]

Secde, kendi ilâhî özünü gerçekleştirme imkânı bulmuş bireylerin, aynı zamanda ilâhî birlik ve bütünleşme duygusunu yaşadıkları son noktadır. Bursevî, namazın şekilsel bir anlayıştan kurtulduğu kalbin secdesine dikkat çekerek şöyle demektedir: "Kim bana bir karış yaklaşırsa ben O'na bir arşın yaklaşırım" hadis-i kudsîsinin de ifade ettiği üzere bu yakınlaşma, kalbin Hakk'a secdesi miktarıdır.[229]

C. SECDEDE DUA TADINDA NAMAZ

Secde kişinin en şerefli ve duyularının hepsinin bir arada bulunduğu uzvu olan yüzünü yüce Allah'ın huzurunda toprağa sürmesidir. Bu duruma göre kıyâm duruşu, Allah'a saygı ve sevgi gösterilişinin ilk aşaması; rükû ikinci aşaması; secde ise Allah'a sevgi ve saygı hislerinin gösterilişinin en ileri aşamasıdır.[230]

Secde kişinin ruhsal, zihinsel ve duygusal anlamda Allah'a en çok yaklaştığı, kalbinin yüce mertebelere ulaştığı andır. Bu durum, Kur'ân'da "Secde et ve Allah'a yaklaş" (Alak, 96/16) ayetinde ifadesini bulmuştur.[231]

Kişi secde noktasında insanî zaaflarını ve acziyetini tanıyarak ilâhî ahlâkın ve ilâhî isimlerin yüce mertebelerini; ilâhî isimlerin kendisinde aksedeceği bir ayna olduğunu keşfetmiştir. Secde eden kişi teslimiyet ve acziyetiyle bedenen en aşağı noktada iken ruhen ve kalben yüce ufuklara gönlünü çevirmiş; Allah'a yakınlık ve dostluk makamı-

---

228. *Yûnus Emre Dîvânı*, s. 225-124.
229. Bursevî, *a.g.e.*, C. 1, s. 89.
230. ed-Dihlevî, *a.g.e.*, C.1, s. 268-269.
231. el-Mekkî, *a.g.e.*, C. 3, s. 323-324.

na ulaşmıştır. Bu durumu Rasûlullah efendimiz şu hadis-i şerifle dile getirmiştir: "Kulun Rabbine en yakın olduğu hâl, secdeye varmış olduğu hâldir. O anda secdede çokça dua ediniz." (Müslim, Salât, 215; Nesaî, Mevakit, 35).

Namaz kılan kişi secde noktasında, yüceler yücesi, en yüce[232] mekân ve zamandan yüce; şanı ve şerefi pek yüce[233] Rabbimi, ona lâyık olmayan her türlü isim ve sıfattan uzak kılarak tesbîh ediyorum; onu kendisi için tavsiye ettiği güzel isim ve sıfatlarıyla anıyorum[234] demektedir.

Allah'ı *"Sübhâne Rabbiye'l-a'lâ"* diye münacatta bulunarak lâyık gördüğü isim ve sıfatlarıyla secdede bir kez daha anan ve O'nu bu edeble tesbîh eden insan, secde noktasında gönül diliyle Allah'ın isim ve sıfatlarıyla dua ederse ilâhî isimlerin manevî feyiz, bereket ve etkileri insanın ahlâkı ve fiilleri üzerinde uzun vadede etkisini gösterebilir. Böylece hem Peygamber'in, "Kulun Rabbine en yakın olduğu an, secde anıdır. Şu hâlde secdede çokça dua ediniz." tavsiyesine uyulmuş olacak; hem de "Namaz insanı çirkin fiillerden ve akla ve sağduyuya aykırı her türlü kötülükten alıkoyar" (Ankebût, 29/45) ayetinin manevî etkisi insanın hâl, tavır ve fiillerinde hissedilmeye başlanacaktır.

"Sübhân," Allah'ın isim ve sıfatlarını içine alan büyük bir kalbe benzer. Kanaatimizce bu kalbin anahtarını açmak ve ilâhî isimlerin manevî feyizleriyle hâllerimizi ve ahlâkımızı güzelleştirmek, secde etme esnasında Allah'ın isim ve sı-fatlarıyla gönül dilimiz vasıtasıyla dua etme tavsiyelerine bağlı olabilir. Bu noktada Allah'ın isim ve sıfatlarıyla nasıl dua edileceğine dair bir örnek sunmak istiyoruz. Umarız ki bu bölüm secde anında yapacağımız dualara bir ilham ve keşf kaynağı olur.

1. ALLAH: Varlığı zorunlu olan, bütün övgülere lâyık bulunan zatın özel ve en geniş manalı adıdır.

---

232. er-Razî, Abdülkadir, *Muhtâru's-Sıhah*, Müessesetü'r-Risale, Beyrut, 1994, s. 452.
233. el-İsfahânî, *a.g.e.*, s. 510.
234. İbn Manzûr, *a.g.e.*, s. 471-473.

Rabbim, "Allah" isminin hürmetine Hz. Peygamber'in gönül diliyle etmiş olduğu duaları, bizim de namazda etmiş olduğumuz bütün duaları kabul eyle.

Esmâ-i hüsnâdan Allah lâfza-i celâli, en geniş şekilde Hz. Peygamber'de tecellli etmiştir. O'nun namazda ettiği dualar ise şu minvaldeydi:

Fâtiha Sûresi: "Bizi doğru yola, istikamet üzere hidayet et. Kendilerine nimet verdiklerinin yoluna ilet. Öfkene uğramışların ve sapmışların yoluna iletme." (Fâtiha, 6-7).

Tahiyyât Duası: "Bütün dualar, selâmlar, şükür ve senalar, bedenî ve mâlî ibâdetler; selâmlamaların en güzeli ve her çeşidi, salâtın her çeşidi, sözlerin en temizi Allah içindir. Ey nebî! Allah'ın selâmı, bereketi, rahmeti senin üzerine olsun. Selâm bize ve Allah'ın salih kullarının üzerine olsun. Şahitlik ederim ki Allah'tan başka ibâdet edilmeye lâyık hiçbir varlık yoktur. Yine şahitlik ederim ki Hz. Muhammed onun kulu ve elçisidir."

Salli-Bârik Duaları: "Allahım! Hz. İbrahim'e, ailesine, yakınlarına, ona itaat eden ümmetine, ona tebliğ ve mücadelesinde yardım eden dostlarına, salât ve rahmet ettiğin; onları manevî derece itibarıyla iki cihanda da yüce kıldığın gibi; Hz. Muhammed'e, ailesine, dostlarına, O'na itaat eden ümmetine ve dostlarına salât ve rahmet et, onları da manevî derece itibarıyla iki cihanda yüce kıl."

Rabbenâ Duaları: "Rabbimiz bize dünyada da iyilik ver, ahirette de iyilik ver, bizi ateş azabından koru. Bizi, annemizi, babamızı hesap gününde bağışla. Rabbim bizi namaza dosdoğru devam edenlerden kıl. Bizden gelecek nesilleri de namaza dosdoğru devam edenlerden kıl. Dualarımızı kabul buyur."

2. RAHMÂN: Bütün yaratılmışlara merhamet eden; mü'min, münafık, kâfir ayrımı yapmaksızın herkesi nimetlendiren; sayısız nimetler ihsân eden.

Rabbim, "Rahmân" isminin hürmetine bütün insanlığı sevgi ve şefkat duyguları içerisinde kuşatmayı; inanan ve inanmayan ayrımı yapmadan ilâhî güzellikleri gönüllere taşımayı; sayısız nimetlerini insanlara ulaştırmayı nasip eyle. Senin rahmetin, merhametin, sevgi ve şefkatin bütün ruhumuzu sarsın. İki cihanda rahmetini, merhametini, sevgi ve şefkatini başta bize emeği geçen dede ve anneannelerimiz, anne ve babamız, dostlarımız olmak üzere hiç kimseden eksik etme.

3. RAHÎM: Verdiği nimetleri iyi kullananları daha büyük nimetler vererek mükâfatlandıran; ahirette adaleti gereği inanan kullarını mükâfatlandıracak olan.

Rabbim, "Rahîm" isminin hürmetine ahirette çok özel nimetlerine; cemâlullah, şefaat, cennet ve selâmına mazhar olanlardan kıl bizleri. İnsanların iki cihanını da "Rahîm" isminin hürmetine güvenlik, esenlik, barış ve saadet esintileriyle doldurmayı nasip et.

4. MELİK: Bütün kâinatın sahibi, mutlak hükümdarı.

Rabbim "Melik" isminin hürmetine, Fâtiha Sûresi'nde okuduğumuz "O hesap gününün sahibidir" (Fâtiha, 4) ayetinin manevî ışığı rehberliğinde sen bizi hesap gününde hesaba çekmeden önce nefslerini hesaba çekenlerden kıl bizleri. Kendisine verilen nimetlerin gerçek sahibinin Allah olduğunu hatırlayarak Allah tarafından ikram edilen nimetlerden dolayı kibir ve gurura kapılmamayı; başkasına ikram edilen nimetlerden dolayı haset ve kıskançlığa düşmemeyi bize nasib eyle.

5. KUDDÛS: Her türlü noksanlıklardan çok uzak; pek temiz. Kullarını maddî ve manevî kirlerden arındıran.

Rabbim "Kuddûs" isminin hürmetine namazımız, tevbemiz, ibâdetimiz, duamız, taatimiz, şükrümüz, zikrimiz vasıtasıyla bizleri maddî ve manevî kirlerimizden arındır. Bizlere senin her türlü noksanlıklardan çok uzak, pek temiz olduğun inancını lütfederek kendi nefslerini de ibâdetleri vasıtasıyla temizleyenlerden kıl.

6. SELÂM: Kullarını selâmete çıkaran; esenlik, huzur ve güven veren.

Rabbim "Selâm" isminin hürmetine "Rahîm olan Allah'ın katından onlara çok özel bir selâm vardır"(Yasin, 36/58) ayetinin ışığı rehberliğinde ahirette senin özel selâmını alarak iki cihanda güvenlik, huzur, saadet, esenlik ve selâmete çıkanlardan kıl bizleri.

7. MÜ'MİN: Gönüllerde iman ışığı uyandıran, kendine sığınanları koruyup rahatlatan.

Rabbim "mü'min" isminin hürmetine gönüllerimizde, zihinlerimizde, ruhlarımızda ve en gizli letâiflerimizde imanın ışığını canlandır, iman hakikatlerini yeşert. Sana sığınıyoruz Rabbim; iki cihanda bizleri maddî ve manevî anlamda koruyup, rahatlat.

8. MÜHEYMİN: Gözeten, koruyan.

Rabbim "Müheymin" isminin hürmetine iki cihanda bizleri koru ve gözet. Manevî koruman ve gözetimini ibâdet, taat, şükür ve zikirlaremizde üzerimizden eksik etme.

9. AZÎZ: Mağlûb edilmesi mümkün olmayan galip, kullarını aziz kılan.

Rabbim "Azîz" isminin hürmetine bütün peygamberleri, peygamber ailelerini, peygamberlerin dostlarını, ümmetlerini ve bizleri iki cihanda aziz kıl ve maddî ve manevî dereceler itibarıyla yücelt.

10. CEBBÂR: Dilediğini yaptırmaya muktedir olan. Eksikleri tamamlayan.

Rabbim "Cebbâr" isminin hürmetine ibâdetlerimizi, taat, şükür, zikir ve dualarımızı nefsimizden gelen eksikliklerin tamamlanmasında vesile kıl. Eksiklerimizi tamamlaman neticesinde "nefs-i kâmile" mertebesine çıkmayı nasib eyle bizlere. Kuvvetini, yüceliğini, gönül ve zihinlerimize duyur.

11. MÜTEKEBBİR: Her şeyde, her hâdisede büyüklüğünü gösteren.

Rabbim "Mütekebbir" isminin hürmetine her hâdisede büyüklüğünü gören bir göz, yüceliğini hisseden bir kalp bizlere ihsan eyle. Rabbim "sen büyüklenmeye lâyık olanken kibre düşmeyensin." Rabbim bizleri de sana, insanlara ve bütün yara-tılmışlara karşı kibre düşmekten koru. Bize tevazunun güzelliklerini ihsan et.

12. HÂLIK: Bütün varlığı, hâlleri ve hadiseleri tayin ve tesbit eden, hepsini yoktan var eden, yaratan.

Rabbim, "Hâlık" isminin hürmetine bizim gönüllerimizde iyiliği, güzelliği, sevgiyi, barışı, mutluluğu, huzur ve bütün insanlığa duyacağımız muhabbeti yoktan var et; var olanı ziyadeleştir.

13. BÂRİ': Eşyayı ve her şeyin vücudunu birbirine uygun hâlde yaratan.

Rabbim, "Bâri' " isminin hürmetine bizim gönüllerimizden senin ve sevdiklerinin, özellikle Rasûlullah'ın sevgisini; dillerimizden zikrini; zihinlerimizden seni ve senin mükemmelen yaratmış olduğun güzelliklerin tefekkürünü; ruhumuzdan ibâdet ve taatin vermiş olduğu manevî haz ve huzuru eksik eyleme.

14. MUSAVVİR: Tasvir eden, her şeye biçim ve özellik veren.

Rabbim, "Musavvir" isminin hürmetine, yaratılışımızı güzelleştirdiğin gibi ahlâkımızı, hâlimizi ve fiillerimizi de güzelleştir. Kâinatta en güzel şekliyle yaratıp tasvir ettiğin her yaratılmışta senin yüceliğini tefekkür eden bir zihin dünyası; o yüceliği gören bir göz; o yüceliği hisseden bir kalp ihsan eyle bizlere.

15. ĞAFFÂR: Sonsuz rahmetiyle bütün günahları tekrar tekrar affeden.

Rabbim sen affedicisin, ikram sahibisin. Affetmeyi seversin. Bizleri de affet. Rabbim "Ğaffâr" isminin hürmetine bize karşı yapılan hataları sen bizi nasıl affediyorsan bunu düşünerek affetmemizi nasib eyle.

16. KAHHÂR: Her şeye her istediğini yapacak şekilde galib ve hâkim olan.

Bir kudsî hadiste, "Rahmetim gazabımı geçti" buyuran Rabbim, "Kahhâr" isminin hürmetine, rahmet esintisi insanların yollarını, gönüllerini, hizmetlerini zenginleştirip açarken; rahmet esintilerine engel olan insanların tuzak ve kötülüklerine sen fırsat verme; onlara gaflet uykularımızdan uyanarak çalışmalarımızla engel olmayı bizlere nasib et. Bizleri rahmetin, sevginin ve hoşgörünün taşıyıcısı kıl.

17. VEHHÂB: Her mahlûkata lâyık olduğu nimetleri her zaman bağışlayan, hibe eden.

Rabbim, "Vehhâb" isminin hürmetine, veren elin alan elden daha üstün olduğu şuurunu gönüllerimize ikram et; karşılıksız, menfaatsiz, koşulsuz bizlere bütün insanlıkla malımızı, ilmimizi ve senin bize ikram etmiş olduğun bütün nimetleri paylaşma şuuru ihsan eyle.

18. REZZÂK: Yaratılmışlara faydalanacakları şeyleri ihsan eden, çokça rızık veren.

Rabbim "Rezzâk" isminin hürmetine helâl ve temiz rızıkları senden diliyoruz; helâl ve temiz rızıkları paylaşmayı diliyoruz; helâl ve temiz rızıkların devamını sağlamak yoluyla ibâdet şuur ve hazzının sürekli olmasını diliyoruz; rızkın sahibinin Allah olduğunu bilip kanaatkâr olmayı senden diliyoruz.

19. FETTÂH: Her türlü sıkıntıları gideren, açan, kolaylaştıran.

Rabbim "Fettâh" isminin hürmetine zihnimizi, yolumuzu, gönlümüzü hayır, iyilik ve güzelliklere aç. Hayır ve hizmet kapılarını sonuna kadar aç; kötülük ve sıkıntı kapılarını sonuna kadar kapat. İlâhî letaiflerimizi Rabbim senin ve Rasûlü'nün sevgi ve muhabbetine aç.

20. ALÎM: Gizli-açık, geçmiş-gelecek her şeyi çok iyi bilen.

Rabbim, "Alîm" isminin hürmetine senin rızanın olduğu bütün bilgileri sadece bilip aktarmayı değil, yaşamayı ve yaşatmayı bizlere nasib et. Bilgisi arttıkça tevazusu, manevî derecesi, ibâdetleri, zikri, şükrü ve güzel ahlâkî özellikleri artan ve güzelleşenlerden kıl bizleri.

21. KÂBID: Sıkan, daraltan.

Rabbim, "Kâbıd" isminin hürmetine, imtihanlarımızın ve sıkıntılarımızın arttığı dönemlerde bizleri sıkılıp, daralarak isyana düşenlerden kılma. Bilâkis imtihan ve sıkıntılarımıza metanet içerisinde sabrederek daima şükür hâlini muhafaza etmemizi nasib eyle.

22. BÂSIT: Açan, genişleten.

Rabbim, "Bâsıt" isminin hürmetine, "her zorlukla beraber biri dünyada, diğeri ahirette iki kolaylığın" (İnşirâh, 94/5, 6) olduğunun şuuruna sahip olarak mutlu ve huzurlu anlarımızda rehavete ve gaflete düşmekten bizleri koru. Sıkıntılı zamanlarımızda sabrı, mutlu zamanlarımızda şükrü bizim gönüllerimizden eksik etme. Mutlu anlarımızda dua edip Rabbimize yöneldiğimizde, sıkıntılı zamanlarımızda Rabbimizin, dualarımıza hemen icâbet edeceğini şu gönüllerimize unutturma Allahım.

23. HÂFID: Yukarıdan aşağıya indiren, alçaltan.

Rabbim, "Hâfıd" isminin hürmetine, günah ve hatalarımız nedeniyle manevî derecelerimizi alçaltma. Dünyada ve ahirette alçaklardan eyleme. Alçak işlerden uzak eyle.

24. RÂFİ': Dilediğini dilediği gibi yücelten.

Rabbim, "Râfi' " isminin hürmetine, gönüllerimize şükrünü, zikrini, sana ibâdet ve taatı sevdirerek manevî derecelerimizi yücelt. Rabbim ibâdet, taat, şükür, zikir ve tefekkürlerimizi manevî derecemizin yükseltilmesinde en güzel vesileler kıl. İnsanların manevî derecelerinin yüceltilmesinde bizlerin çalışmalarını da vesile kıl. Manevî derecesi yükseltilmiş peygamberler, peygamber aileleri ve dostlarıyla beraber olmamızı nasib eyle.

25. MU'ÎZ: İzzet veren, ağırlayan.

Rabbim, "Mu'îz" isminin hürmetine, iki cihanda bizleri aziz eyle. Her alanda iyilik ve güzelliği yaymaya amaç edinmiş, "Sizden iyiliği emreden, kötülükten sakındıran; hayra çağıran bir topluluk bulunsun"(Âl-i İmrân, 3/104) tavsiyesine uyan bütün insanları iki cihanda üstün ve aziz kıl.

26. MUZİLL: Zillete düşüren, hor ve hakir eden.

Rabbim, "Muzill" isminin hürmetine, bizi iki cihanda da hor ve zelîl kılma. Kendisi zillet içerisinde olup insanları da zillete düşüren bir ruh hâlinden bizleri uzak kıl. İnsanları maddî ve manevî dereceler itibarıyla yücelterek, onlara huzurlu ve müreffeh bir yaşam sağladığında bizim de yüceleceğimize dair bir şuur ver gönüllerimize.

27. SEMİ': Ezelden, ebede her şeyi hakkıyla işiten.

Rabbim "Semi' " isminin hürmetine iman ve ibâdetlerin hakikatlerini, senin rızan olan her sözü, Yüce Kur'ân'ın ayetlerinin sırlarını gönlümüze ve ruhumuzun derinliklerine duyur. İyilik ve güzellikleri, ayet ve hadislerin hükümlerini işiterek insanları hayra çağırabilmeyi bizlere nasib eyle.

28. BASÎR: Ezelden ebede her şeyi hakkıyla gören.

Rabbim, "Basîr" isminin hürmetine, Rasûlullah'ın güzel fiillerini, Kur'ân-ı Kerim'in ayetlerinin hikmet ve sırlarını gören bir göz, hisseden bir kalp, ayet ve hadisleri yaşantısına geçirmekle huzura kavuşan bir ruh ihsan eyle.

29. HABÎR: Her şeyin iç yüzünden, gizli taraflarından haberdar olan.

Rabbim, "Habîr" isminin hürmetine, bizi sana ulaştırılan yol ve ikramlardan haberdar olmayı nasib eyle. Senin lütuf ve ikramlarını gönüllerimize ve zihinlerimize duyur.

31. HAKEM: Hükmeden, hakkı yerine getiren.

Rabbim, "Hakem" isminin hürmetine, nefsimize, kötülük ve günahlara karşı ayet ve hadisleri yaşayarak hükmetme gücü ver bizlere. Her durumda ve şartta hakkı yerine getiren; her koşulda insanlığı iyiliğe çağıran, birbirlerine hakkı ve sabrı tavsiye eden (Asr Sûresi, 103/3) o müstesna insanlar grubuna bizleri de kat.

32. LATÎF: En ince işlerin bütün inceliklerini bilen.

Rabbim, "Latîf" isminin hürmetine, ayet ve hadislerin en ince sır ve hikmetlerinden bizleri haberdar et. Yaptığımız ibâdet, taat, zikir ve tevbelerimizi rahmetin ve lütfunla kabul eyle. Yaşantımızın her anında lütfuna ve ikramlarına mazhar olup, lütfunun farkında olarak sana yakınlık ve dostluk makamına, rıza makamına bizleri erdir.

33. HALÎM: Suçlulara karşı hemen ceza vermeyen, yumuşak davranan, süre veren.

Rabbim, "Halim" isminin hürmetine, bize hata yapanlara karşı hayır duada bulunma olgunluğunu bizlere de lütfeyle. Bizi üzen ve yaralayanlara karşı yumuşak davranan, onların hidayeti bulmaları için onlara süre tanıyan ve onları cezalandırmayan aksine onları bıkmadan ve umutsuzluğa düşmeden hayra çağıran insanlardan kıl bizleri. Bizleri yumuşak huylu, hoşgörülü ve merhamet sahibi insanlardan kıl.

34. AZÎM: Çok azametli, çok yüce.

Rabbim, "Azîm" isminin hürmetine, senin yüceliğini gönüllerimize hissettir. "Sübhâne Rabbiye'l-'azîm" dediğimizde, "Yüce olan Rabbimi, O'na lâyık olmayan bütün sıfatlardan uzak kılarak Rabbimi O'na lâyık isim ve sıfatlarıyla tesbîh ediyorum, anıyorum" cümlesinin manevî anlamlarını gönüllerimize sindir Allahım.

35. ĞAFÛR: Affı ve mağfireti pek çok.

Rabbim "Ğafûr" isminin hürmetine affına ve mağfiretine nail olanlardan, insanları affedebilmeyi ve hoş görebilmeyi başaranlardan kıl bizleri.

36. ŞEKÛR: Kendi rızası için yapılan işleri ziyadesiyle karşılayan, şükre ziyadesiyle mukabelede bulunan.

Rabbim, "Şekûr" isminin hürmetine, senin verdiğin nimetlere dilimizle şükrederek, her an hâlimizle "Elhamdülillah" diyebilmeyi; gönlümüzle şükrederek şükrümüzün senin tarafından övgü, takdir ve şükürle karşılık bulduğunu hissedebilmeyi; fiillerimizle "Şekûr" isminin hürmetine "Eğer şükrederseniz nimetlerinizi arttırırım" (İbrahim, 14/7) ayetinin manevî nuru rehberliğinde şürkettikçe nimetlerin arttığını görmeyi nasib eyle.

37. ÂLÎ: Yüceler yücesi, pek yüksek.

Rabbim "Âlî" isminin hürmetine "Sübhâne Rabbiye'l-a'lâ" dediğimizde, "En yüce, yüceler yücesi, büyüklüğü ve yüceliği tanımlanamayacak kadar yüce olan Rabbimi O'na lâyık olmayan yaratılmışlara ait bütün sıfatlardan uzak kılarak Rabbimi O'na lâyık isim ve sıfatlarıyla tesbîh ediyorum, anıyorum" cümlesinin manevî anlamlarını gönüllerimize, zihinlerimize, ruhlarımıza duyur.

38. KEBÎR: Pek büyük, en büyük.

Rabbim, "Kebîr" isminin hürmetine, celâlinin ve cemâlinin yüceliğini şu habersiz gönlümüze, şu tatminsiz ruhumuza, yüceliğin anlamından yoksun zihnimize duyur. Ruhlarımızı senin yüce ve pek büyük isim ve sıfatlarını anmamız vesilesiyle tatmin eyle.

39. HAFÎZ: Yapılan işleri bütün tafsilatlarıyla muhafaza eden; her şeyi belli vakte kadar afat ve belâlardan koruyan, hıfzeden.

Rabbim, "Hafîz" isminin hürmetine, ortalığı kaplayan zulüm, cehalet ve kötülüğün karanlığından; düğümlere üfleyen nefeslerin şerrinden, haset eden hasetçinin şerrinden kalbimiz içine vesvese vererek bizi ibâdetlerden uzaklaştıran sinsi vesvesecinin kötülüğünden sana sığınıyoruz; bizi bu kötülüklerin hepsinden muhafaza eyle (Felâk ve Nas Sûreleri).

Rabbim göz açıp kapayacak kadar az bir sürede dahi, bizi kötü duygu ve düşüncelerimizin kaynağı olan nefsimizle baş başa bırakma. Rabbim seninle bizim aramıza girecek her türlü kötülükten, günahtan gönüllerimizi, bedenlerimizi, zihinlerimizi, ruhumuzu muhafaza eyle.

Rabbim, "Hafîz" isminin hürmetine, bize ikram ettiğin ahlâkî güzellikleri, manevî üstünlükleri ve lütufları bizlerin de muhafaza etmesini nasib eyle. Muhafaza ettiğimiz ahlâkî güzellikleri ve manevî üstünlüklerimizi daha da geliştirmemizi ihsan eyle.

40. MUGÎD: Her yaratılmışın gıdasını, azığını veren.

Rabbim, "Mugîd" isminin hürmetine, maddî gıdalarımızı temin ettiğin gibi manevî gıdalarımızı da ziyadesiyle ihsan eyle. Rabbim yaratılışımızı güzelleştirdiğin gibi ahlâkımızı da güzelleştir. Aç gönüllere, senden habersiz ruhlara manevî gıdalar sunabilmemizi nasib eyle.

41. HASÎB: Herkesin hayatı boyunca yapıp ettiği her şeyin hesabını bütün detaylarıyla bilen.

Rabbim, "Hasîb" isminin hürmetine, sen hesap gününde bizleri hesaba çekmeden kendini hesaba çekerek hatalara düşmekten, kötülüklere sapmaktan kendilerini muhafaza edenlerden kıl bizleri. Rabbim hesaba çekileceğimiz şuurunu gönüllerimize hissettir. Bu şuurla kötülüklere yaklaşmaktan bile uzak olmayı nasib eyle.

42. CELÎL: Celâl ve azamet sahibi olan.

Rabbim, "Celil" isminin hürmetine, "Rahmetim öfke ve gazabımı geçti" kudsî hadisinin işaret ettiği üzere, Celâlî isimlerinin içindeki cemali tecellileri fark etmemizi nasib eyle.

43. KERÎM: Lütfu, ikramı ve cömertliği çok bol, çok geniş olan.

Rabbim, "Kerîm" isminin hürmetine, bize sonsuz ikramlarını ve lütuflarını ihsan eyle. Bize ikram ettiğin bütün nimetlerin farkında olmamızı nasib eyle. Rabbim güzel isim ve sıfatlarının özündeki güzel ahlâkı yaşama ve yaşatma lütfunu bizlere ikram eyle. Rabbim alimlerin ilmini, zâkirlerin zikrini, Müslümanların teslimiyetini, mü'minlerin imanını, muttakîlerin takvâsını, ebrarların iyilikseverliğini, muhsinlerin Allah'ı görüyormuşçasına ona ibâdet etme şuurunu bizlere de ikram eyle. Sen bizleri menfaat beklemeksizin ve koşulsuz bir şekilde nasıl ikrama mazhar eylediysen, bizlerin de bütün insanlara menfaatsiz ve koşulsuz bir şekilde ikramda bulunmamızı nasib eyle.

44. RAKÎB: Bütün varlığı gözeten, bütün işleri murakabe eden.

Rabbim, "Rakib" isminin hürmetine, senin gönüllerimizi her an gözetlemekte olduğunun şuurunda olarak kalplerimizi kin, nefret, haset, kıskançlık, gurur, kibir, küfür ve şirkten uzak tutmamızı nasip eyle. Bizlerin her an "murakabe makamı"nda Rabbimizin kalbimizi gözetlediğini hissederek, gönlümüzü senin ve Rasûlü'nün aşkıyla doldurmamızı ihsan eyle. Bütün gönüllere "Allah evi" olması hasebiyle sevgi ve saygı beslemeyi nasip eyle. Rabbim senin bizim fiillerimizi de gözlemekte olduğunun farkında olarak hâllerimizi ve davranışlarımızı da güzelleştirmemizi bizlere nasib eyle.

45. MUCÎB: Kendine dua edenlerin, yalvaranların isteklerine cevap veren.

Rabbim, "Mucîb" isminin hürmetine, "Bana dua ediniz, duanıza cevap vereyim" (Mü'min, 40/60) ayetinin manevî ışığı altında dualarımızı, en gizemli dilek ve isteklerimizi hayra tebdil ederek ihsan eyle.

Rabbim, nebin Muhammed'in dilediği bütün güzellikleri senden diliyoruz; nebin Muhammed'in sığındığı kötülüklerden sana sığınıyoruz. Rabbim sen kabul eyle dualaramızı. İbâdet ve taatlerimiz kabul ve makbul eyle.

46. VASÎ: İlmi ve merhameti ile her şeyi kuşatan.

Rabbim, "Vasi" isminin hürmetine, ilmimiz ve gönül dünyamızın zenginliği vasıtasıyla bütün insanlığı ayet ve hadislerin nuruyla kuşatmamızı nasib eyle. Sevgi, merhamet, iyilik ve fedakârlık içerisinde bütün insanlığı aşkının ateşiyle kuşatmamızı nasib eyle.

47. HAKİM: Bütün emirleri ve işleri yerli yerinde olan.

Rabbim, "Hakim" isminin hürmetine, bizlere hem ilmi hem hikmeti ihsan eyle. İmtihanlarımızın bizlere veriliş hikmetlerini kavrayarak isyana ve gevşekliğe düşmeden imtihanlarımızı başarıyla sonuçlandıranlardan kıl bizleri. Yaratılış hikmetimizi ve ibâdetlerin ruhunu ve hikmetini kavrayan bir gönül ve zihin dünyası ikram et bizlere. Kâinata, kendine ve başına gelen her olaya hikmet nazarıyla bakanlardan eyle bizleri. "Mevlâ görelim neyler, neylerse güzel eyler" sözünün arkasındaki hikmetleri anlayan bir zihin ve gönül ihsan eyle şu aciz kullarına.

48. VEDÛD: Çok seven, çok sevilen.

Rabbim, "Vedûd" isminin hürmetine, seni lâyık olduğun şekilde seven, senin tarafından da çok sevilen "Rabbinden razı olmuş; Rabbinin de kendisinden razı olduğu; razı olmuş ve razı olunmuş" kullarının arasına bizleri de kat.

Rabbim, "Vedûd" isminin hürmetine, "Ey gönül huzuruna ermiş, tatmin olmuş nefs; sen Rabbinden razı, o senden razı olarak dön Rabbine! Sen de katıl has kullarımın içine, gir cennetime!" (Fecr 89/27-30) ayetinin işaret ettiği manevî müjdeleri bizlere de ikram eyle.

49. MECÎD: Şanı, şerefi yüce olan, yüksek olan.

Rabbim, "Mecîd" isminin hürmetine, iki cihanda şanı, şerefi ve manevî derecesi yüce olanlardan kıl bizleri. Sübhâneke duasında Rabbine, "Senin adın ne yücedir, senin şanın ne büyüktür" dediğimizde, şânı ve ismi iki cihanda yüceltilenlerden kıl bizleri.

50. BÂİS: Ölüleri diriltip, kabirlerinden çıkaran.

Rabbim, "Bâis" isminin hürmetine, bizim gönüllerimizi de girmiş olduğu günah ve isyan kabrinden çıkar; nurunla, zikrinle, aşkınla gönüllerimizi aydınlat.

51. ŞEHÎD: Ezelden ebede her şeyi müşahade altında bulunduran.

Rabbim, "Şehîd" isminin hürmetine, senin merhametini, ikramını, Cemâl ve Celâl vasfını müşahe edenlerden kıl bizleri.

52. HAK: Varlığı değişmeden duran. Var olan hakkı ortaya çıkaran.

Rabbim, "Hak" isminin hürmetine, "Zamana yemin olsun ki insanların çoğu hüsrandadır. Ancak birbirlerine hakkı ve sabrı tavsiye edenler müstesna (Asr, 103/1-3) ayetlerinin manevî rehberliği içerisinde birbirlerine hakkı ve sabrı tavsiye edenlerden olmayı senden diliyoruz.

Rabbim, "Hak" isminin hürmetine, hakikatleri kavrayan, hak ve hakikatlerden yana olan, hakkı ortaya koyan ve hakikatleri insanlara ulaştırmaya kendini adayan insanlardan olmayı diliyoruz. Rabbim sen kabul eyle.

53. VEKÎL: Kendisine tevekkül edenlerin işlerini en iyi neticeye ulaştıran.

Rabbim, "Vekîl" isminin hürmetine, işlerimizde, imtihanlarımızda, mutlu ve acılı anlarımızda seni vekil tayin etmemizi senden diliyoruz. Mutlu anlarımızda sana dayanıp tevekkül ederek şükür nimetine kavuşmamızı nasib eyle. Sıkıntılı ve üzüntülü zamanlarımızda sebeplere tevessül edip, mücadele ederek çalışmayı ve neticeyi sana bırakmayı böylece sabrın sırrına varmayı bizlere de nasib et Allahım.

54. KAVİYY: Her şeye gücü yeten, kudretli.

Rabbim, "Kaviyy" isminin hürmetine, bizlere güzel ahlâkla davranma, ayet ve hadislerdeki güzellikleri yaşama ve yaşatma hususunda dirayet ve kuvvet ihsan eyle. Rabbim, "Kaviyy" isminin hürmetine, bizlere hayatın zorluklarına ve ağır imtihanlara dayanma hususunda isyana düşmeden sabrı ve metaneti en yakın dostlarımız kılarak kuvvet ve güç ihsan eyle.

55. METÎN: Çok sağlam. Mutlak irade sahibi olan.

Rabbim, "Metîn" isminin hürmetine, bizlere hayatın zorluklarına ve ağır imtihanlarına dayanma hususunda metanet ihsan eyle. Rabbim manevî derecelerimizi arttırdığın gibi metanet ve sabır gücünü de arttır.

56. VELİYY: İtaat edenlerin dostu.

Rabbim, "Veliyy" isminin hürmetine "Biz yalnız sana ibâdet eder ve yalnız senden yardım dileriz." (Fâtiha,1/5) ayetinin manevî rehberliği ışığında bizleri sana ve Rasû'lüne dost, senin dostlarına da dost kıl. Bizleri seninle her an dostluğun manevî hazzını tecrübe edebileceğimiz "dostluk ve rıza makamı"na ulaştır.

57. HAMÎD: Ancak kendisine hamdedilen, bütün varlığın diliyle yegâne övülen.

"Hamîd" isminin hürmetine övgü ve takdirin, hamd ve şükrün âlemlerin Rabbi Allah'a ait olduğunu (Fâtiha, 1/2) idrâk ederek sana her nefeste şükredebilmeyi bizlere ikram eyle. Allah'a şükredemeyenin insanlara da teşekkür etmeyi beceremeyeceğini kavramayı şu gafil kalplerimize nasib eyle.

58. MUHSİ: Sonsuz da olsa tek tek her şeyin sayısını bilen.

Rabbim, "Muhsi" isminin hürmetine, sonsuz sevgi ve merhametinle bizlere lütuflarını yağdır. Senin sonsuz sevgi ve merhametini idrâk etmeye gayret eden şu gönüllerimizin bütün insanlığı sevgi ve şefkat duygularıyla kucaklamasını bizlere nasib et.

59. MÜBDİ': Mahlûkatı maddesiz ve örneksiz olarak ilk baştan yaratan.

Rabbim, "Mübdi' " isminin hürmetine, mahlûkatı maddesiz ve örneksiz yaratan yüce hakim sensin, senin kudretini ve rahmetini anlayan bir gönül dünyasını senden diliyoruz. Bizim gönüllerimizde kudretinin sırlarını, ruhumuzda seni zikrettikçe huzura kavuşan bir rahmetin sonsuzluğunu yarat.

60. MUİD: Yaratılmışları yok ettikten sonra tekrar yaratan.

Rabbim, "Muid" isminin hürmetine, "İnsan bizim kendisini nasıl bir nutfeden yarattığımızı görmedi mi ki şimdi apaçık bir hasım kesildi? Kendi yaratılışını unutarak bize bir örnek verdi: 'Şu çürümüş kemikleri kim diriltecek?' dedi. De ki 'Onları ilk defa yaratan diriltecek. O her yaratmayı bilir." (Yâsîn, 36/77-79) ayetinin manevî ışığında bizim gönüllerimizde iman, muhabbet ve hidayet nurlarını tekrar tekrar nasıl yarattığını idrâk etmeyi bizlere nasib eyle. Rabbim senin aşkını sürekli bizlerin kalbinde tekrar tekrar yarat ve defalarca senin aşkını gönüllerimizde dalgalandır. Ve her dalga bir önceki dalgadan daha güçlü ve ma'şûka daha bağlı olsun.

61. MÜMÎT: Canlı bir mahlûkun ölümünü yaratan.

Rabbim, "Mümît" isminin hürmetine, "De ki; sizin kendisinden kaçtığınız ölüm, sizi mutlaka bulacaktır. Sonra görünmeyeni ve görüneni bilen Rabbinize döndürüleceksiniz." (Cuma, 62/8-9) ayetinin manevî rehberliği ışığında, ölüm gelmeden önce Rabbim, senin ve Rasûlü'nün yapmamızdan razı olduğu amel ve fiilleri, yaşamamızdan razı olduğun hâlleri bizlere ihsan eylemeni temenni ediyoruz. Rabbim ölüm gelmeden önce ahiret azığını dolduranlardan kıl bizleri. Gönüllerimizin ve ruhlarımızın gaflet ve günahın karanlığıyla ölmesine izin verme Allahım...

62. HAYY: Ezelden, ebede diri olan.

Rabbim, "Hayy" isminin hürmetine gönüllerimizi, zihinlerimizi ve ruhlarımızı senin aşkının enerjisiyle dirilt. Her hâlimize hayat enerjisi ihsan eyle. Hiçbir sıkıntı ve olumsuzluğun bizleri umutsuzluk batağına düşürmesine izin verme.

Rabbim, "Hayy" isminin hürmetine, senin sonsuz ve ölümsüz aşkını habersiz gönüllere ulaştırmaya bizleri vesile kılmanı diliyoruz.

Rabbim, insanlığın gönüllerini de iman, hidayet, teslimiyet ve muhabbet nuruyla dirilt.

63. MUHYÎ: Dirilten, can bağışlayan, hayat ve sağlık veren.

Rabbim, "Muhyî" isminin hürmetine, gönüllerimizi iman, hidayet, teslimiyet ve muhabbet nuruyla dirilt. Zihinlerimizi senin kudretini ve merhametini idrâk etme hâliyle dirilt. Ruhumuzu seni zikretmek ve senin rızanı kazanma yoluyla dirilt.

64. KAYYÛM: Her şeyin varlığı kendisine bağlı olup kâinatı idare eden.

Rabbim, "Kayyûm" isminin hürmetine, gönüllerimiz ve fiillerimiz, istikametinden uzaklaştıkları zaman onları teslimiyet, istikamet ve muhabbet içerisinde idare et. Senin idare ve kudretini bizim sınırlı, dar gönül ve zihin dünyalarımızın anlamasını nasip et. Bu anlayışla yüce kudretine teslim olanlardan kıl bizleri.

65. VÂCİD: Dilediğini dilediği vakit bulan bir müstağni.

Rabbim, "Vâcid" isminin hürmetine, gönüllerimizi senin aşkını bulup bir daha aşkını ve ikramlarını farkederek onları hiç bırakmamasını nasib eyle. Rabbim "Dünya hayatı, bir oyun ve eğlenceden ibarettir. Eğer inanırsanız ve günahlardan korunursanız, Allah size mükâfatını verir." (Muhammed, 47/36) ayetinin manevî rehberliği ışığında gönüllerimizin ve zihinlerimizin geçici dünyanın süflî nimetleriyle oyalanmasına izin verme.

66. MÂCİD: Kudret ve şanı büyük, kerem ve iyilikleri pek çok.

Rabbim, "Mâcid" isminin hürmetine, senin bizler üzerindeki iyilik ve ikramlarının sonsuz ve çok bol olması gibi, bizlerin de insanlar üzerindeki iyilik ve ikramlarımızı çok bol ve bereketli kıl. İki cihanda kudret ve şanımızın yüce; iyilik ve ikramlarımızın çok bereketli olmasını senden diliyoruz.

67. VÂHİD: Zâtında, sıfatlarında, işlerinde, hükümlerinde, asla ortağı ve benzeri olmayan.

Rabbim, "Vâhid" isminin hürmetine, gönüllerimizi ve ruhlarımızı bütün insanlığın gönül ve ruhlarıyla sevgi, dostluk, iyilik, güzellik ve kardeşlik prensipleri etrafında birleştir ve gönüllerimizi Allah aşkının nurunda bütünleştir. Rabbim secdede senin güzel isim ve sıfatlarının tecellilerini gönüllerimizde canlandır; senin isim ve sıfatlarındaki ilâhî ahlâkla bütünleşmemizi ihsan eyle.

Rabbim, "Vâhid" isminin hürmetine, "Ey inananlar! Allah'tan ona yaraşır bir şekilde korkun. Ve ancak müslümanlar olarak ölün. Ve topluca Allah'ın ipine yapışın ve ayrılmayın. Allah'ın size olan nimetini hatırlayın: Hani siz birbirinize düşman idiniz; Allah kaplerinizi uzlaştırdı. Onun nimetiyle kardeşler hâline geldiniz." (Âl-i İmrân, 3/102-103) ayetlerinin manevî rehberliği ışığında Allah aşkı, dostluk, kardeşlik, iyilik ve güzellik ortak amacınız olsun. Gönüllerimiz dostluk ve iman nuruyla birleşsin ve bütünleşsin. Dostluğu anlamayan kalpler Allah aşkıyla birlik ve bütünlüğü yakalasın.

68. SAMED: İhtiyaç ve sıkıntıları gideren tek merci.

Rabbim, "Samed" isminin hürmetine, bizleri de insanların ihtiyaç ve sıkıntılarının giderilmesinde vesile kıl. Böylece insanlar senin şefkat ve rahmetini bizim güzel, iyiliksever gönüllerimizden ve fedâkâr hâllerimizden okuyabilsinler.

Rabbimizin "Samed" ism-i celîli şu manaları ifade etmektedir: Her şey varlığını ve bekasını ona borçludur. Her şey ona muhtaçtır. O, hiçbir şeye muhtaç değildir. Her şeyin başvuracağı, yardım dileyeceği tek varlık odur. O tamdır, eksiği yoktur.

Rabbim "De ki, O Allah birdir. Allah, Samed'dir" (İhlâs, 112/1-2) ayetinin manevî rehberliği ışığında, Rabbim, "Samed" isminin hürmetine, bizi senden başkasına muhtaç etme. Sağ elimizi, sol elimize muhtaç etme. Her namazda gönül dilimizle, "Rabbim yalnız sana ibâdet eder, yalnız senden yardım dileriz." (Fâtiha, 1/5) ayeti vasıtasıyla Rabbiyle dostluk makamına yükselenlerden olmayı diliyoruz.

69. KADİR: İstediğini istediği gibi yapmaya gücü yeten.

Rabbim, "Kadir" isminin hürmetine, her şeye gücü yeten senin kudretinin sırlarını keşfederek aczaiyetimizin ve kulluğumuzun farkına varmayı senden diliyoruz. Senin gücün ve merhametine dayanarak sıkıntıların ve üzüntülerin üstesinden gelmemizi nasib eyle. Senden başka kuvvet kaynağının olmadığını, büyüklüğünü kavramak isteyen gönüllerimize hissettir.

70. MUKTEDİR: Kuvvet ve kudret sahiplerinin üzerinde istediği gibi tasarrufta bulunan.

Rabbim, "Muktedir" isminin hürmetine, fâni, zalim kuvvet ve kudret sahiplerinin insanlar üzerinde kötü emellerini gerçekleştirmelerine fırsat ve izin verme. Bizler vesilesiyle kötü niyetli insanların amaçlarını gerçekleştirmelerine engel ol.

71. MUKADDİM: İstediğini ileri geçiren, öne alan.

Rabbim, "Mukaddim" isminin hürmetine, "hayra öncülük eden hayra yönlendirdiği kişiler adedince sevaptan pay alır" müjdesine nail olarak ilimde başarılı, ölümsüz eserlerde, güzel niyet ve üstün ahlâkta, manevî derece üstünlükte önder ve öncü olanlardan kıl bizleri. Rabbim, "Mukaddim" isminin hürmetine, manevî derecemizi, başarılarımızı, Allah rızası yolundaki insanlığa fayda sağlayan hizmetlerimizi, kalitemizi ve bilgimizi önder ve öncü kıl.

72. MUAHHİR: İstediğini geri koyan, arkaya bırakan.

Rabbim, "Muahhir" isminin hürmetine, bizleri ilimde, başarılı ve ölümsüz eserlerde, güzel niyet ve üstün ahlâkta, manevî derece ve üstünlükte, senin rızan yolundaki insanlığa fayda sağlayan hizmetlerimizde geride kalanlardan ve geride kıldıklarından eyleme.

73. EVVEL: İlk. Varlığının başı olmayan.

Rabbim, "Evvel" isminin hürmetine, gönlümüzde ilk, en üstün, en derin, en içli ve samimi aşkın senin aşkın olmasını dileriz. Bütün sevgilerimizi ve amaçlarımızı senin rızan doğrultusunda senin sevginde birleştirmeyi ve seni ilk aşkımız ve aşklarımızın kaynağı kılmayı hepimize nasib eyle.

Rabbim, "Evvel" isminin hürmetine, "De ki, O Allah birdir ve tektir. Allah, kullarının O'na muhtaç olduğu ama O'nun kullarına muhtaç olmadığı tek hakimdir. O kendisi doğurmamıştır ve doğrulmamıştır. Hiçbir şey onun dengi, benzeri, misli ve ortağı olmamıştır." (İhlâs, 112/1-4) ayetlerinin manevî rehberliği nurunda gönlümüzde, zihnimizde ve ruhumuzda ilksin, teksin, biriciksin diyerek huzuruna gelmeyi bizlere ihsan eyle.

74. ÂHİR: Son, varlığının sonu olmayan.

Rabbim, "Âhir" isminin hürmetine, gönlümüzdeki ilk ve son, en derin, en içli, en samimi aşkın senin ve Rasûlü'nün aşkı olmasını diliyoruz. Senin sevgini ve emirlerini gönlümüzde ilk ve en değerli yere koymamızı ve sevginin, emirlerinin güzelliklerini yaşamamızı bizlere nasip eyle. Bunun yanısıra senin sevgin dışındaki sevgiler, gönlümüze en son gelenler olsun.

Rabbim, "Âhir" isminin hürmetine, "O, evveldir, âhirdir, zâhirdir ve bâtındır,"(Hadîd, 57/3) ayetinin manevî rehberliği ışığında sonu olmayan bir sevgi ile seni sevenlerden ve ananlardan kıl bizleri. Gönlümüzde, zihnimizde, ruhumuzda ilksin, teksin ve biriciksin diyerek huzuruna gelmeyi ihsan eyle.

75. ZÂHİR: Her şeyde görünen, aşikâr.

Rabbim, "Zâhir" isminin hürmetine, ilâhî isimlerdeki güzellikleri ve ahlâkî hakikatleri bizler için zâhir ve aşikâr kıl. Bütün kâinattaki yaratılmışların mucizevî güzelliklerinde ve yaratılış sırlarında senin yüceliğini, kudretini ve şefkatini bizler için zâhir ve aşikâr kıl.

Allahım! Sen evvelsin, âhirsin, zâhirsin, bâtınsın. Rabbim, ilâhî hakikatleri ve zahirî ilimlerden sayılan tefsir, hadis, fıkıh, kelâm gibi temel İslâmî ilimleri anlamayı, yaşamayı ve yaşatmayı bizlere nasip eyle. Bu ilimlerdeki hakikatleri de bizler için zahir ve aşikâr kıl.

76. BÂTIN: Her şeyden gizli. Zâtının görülmesi ve mahiyetinin bilinmesi açısından gizli.

Rabbim, "Bâtın" isminin hürmetine, bizlere ilâhî isimlerdeki sırları ve onların özünü idrâk eden bir gönül dünyası ihsan eyle. Rabbim gizli ilâhî güzellikleri bizlere de tattır.

Rabbim, "Bâtın" isminin hürmetine, "Allah göklerin ve yerin gaybını (gizli yaratılış özelliklerini) bilir." (Fâtır, 35/38) ayetinin manevî rehberliği ışığında bizlere de gönül ilimlerinde, kalp kaynaklı ledün ilmi vasıtasıyla senin aşkının ve ilâhî isimlerinin sırlarının mucizevî güzelliklerini tattır. Böylece bizleri Rabbe yakınlık makamına erenlerin arasına kat. Zâhirî ilimleri yaşama ve yaşatma lütfunu ikram ettiğin gibi kalp kaynaklı bâtınî ilimleri de yaşamayı bizlere ihsan eyle.

77. VÂLİ: Bütün kâinatı ve her an olup biten her şeyi tedbir ve idare eden.

Rabbim, "Vâli" isminin hürmetine, senin mülkiyetinde tek hakim olduğunu ve sonsuz kudret sahibi hakim olmana rağmen bütün yaratılmışlara karşı sonsuz merhamet ve ikram sahibi olduğunu şu senden habersiz gönüllerimize hissettir. Rabbim bizler de hüküm ve makam sahibi olduğumuzda makamı yükseldikçe sorumlu olduğu insanlara karşı sevgi, şefkat, tevazu ve ikramı da artanlardan olmayı diliyoruz.

Rabbim, "Vâli" isminin hürmetine, sorumlu ve mes'ul olduğumuz insanlara karşı ayet ve hadislerin ışığını sunmamızı bizlere ihsan eyle.

78. MÜTE'ÂL: Aklın mümkün gördüğü her şeyden, hâl ve tavırdan çok yüce.

Rabbim, "Müte'âl" isminin hürmetine, sen samedsin, hiçbir şeye muhtaç değilsin, senin huzurunda fakir ve aciz olmakla zenginleştir bizleri. Sen ki doğurmaktan ve doğurulmaktan münezzehin, eşsiz cemaline, emsalsiz kemaline aşina eyle bizleri. Sen ki benzersiz ve emsalsizsin. Başkasına rağbet ettirme kalplerimizi.

79. BERR: Kulları için daima kolaylık ve rahatlık isteyen, iyiliği çok olan.

Rabbim, "Berr" isminin hürmetine, bizi insanlığın iyiliğe ve güzelliğe ulaşması için mücadele veren ve çalışan sınırsız ve menfaatsiz iyilik sahiplerinden kıl. Bizler hayra çağıran, iyiliği emredip, kötülükten sakındıran iyilik sahibi kullarından olmayı diliyoruz. İyilik yaptıkça nefsinin kötü eğilimlerinden vazgeçen, gönlü Allah rızasının sevgisiyle nurlanan kullarının arasına kat bizleri.

80. TEVVÂB: Bütün tevbeleri kabul eden, günahları bağışlayan.

Rabbim, "Tevvâb" isminin hürmetine, Bursevî hazretlerinin işaret ettiği üzere, biz hatamızdan, isyanımızdan, günahımızdan dönüyoruz; sen de bizlere azap etme, ceza verme durumundan dön. Rabbim "Tevvâb" isminin hürmetine, "Rabbini överek tesbîh et ve ondan mağfiret dile. Çünkü o tevbeleri kabul edendir." (Nasr, 110/3) ayetinin manevî ışığı rehberliğinde bizleri bağışla, bizlere mağfiret et, bizlere merhamet et. Bizleri üzen ve herhangi bir hususta bize karşı davranışında hataya düşen insanları bağışlamayı ve onlara merhamet, sevgi göstermeyi bizlere ihsan etmeni diliyoruz. Dostlarımızın hatalarına karşı sabır, metanet ve hoşgörü gösterebilmeyi nasib eyle.

81. MUNTAKÎM: Suçluları adaleti gereği hak ettikleri cezaya çarptıran.

Rabbim, "Muntakîm" isminin kudretiyle, adaletinin gereği zalim insanları cezalandıransın. Rabbim "Muntakîm" ismi hürmetine, imanın nurunu anlama, özürlü insanların hidayete yönelme istidatları varsa onları doğru yola ilet. Bu insanların doğru yola yönelme istidatları yoksa, "Muntakîm" isminin hürmetine onları cezalandır.

82. AFUVV: Çok affeden.

Rabbim, "Afuvv" isminin hürmetine, gönlümüzü kin, nefret, öfke ve buğzun karanlıklarından kurtar. Gönlümüzü af, bağışlayıcılık, merhamet, sevgi ve fedakârlığın aydınlığıyla doldur.

83. RAÛF: Çok lütufkâr, çok şefkatli, çok esirgeyen.

Rabbim, "Raûf" isminin hürmetine lütfunun, şefkatinin, bağışlayıcılığının nurunu gönlümüzün ve ruhumuzun her köşesine saç. Gönüllerimizi lütfunun, şefkatinin ve bağışlayıcılığının huzuruyla kuşat. Böylece iki cihan saadetini bizlere yaşat. Rabbim, "Raûf" isminin hürmetine, "Eğer iyilerden olursanız şüphesiz O, tevbe edenleri bağışlayandır." (İsrâ, 17/25) ayetinin manevî rehberliği ışığında bizi günahları bağışlanan, iki cihanda övgüyle andığın iyi insanların arasına kat.

84. MÂLİKÜ'L-MÜLK: Mülkün ebedî sahibi.

Rabbim, "Mâlikü'l-Mülk" isminin hürmetine, mülkün edebî sahibi, âlemlerin Rabbi Yüce Allah olduğunu şu habersiz gönüllerimize duyur. Böylece bize verilen nimetlerde mülkün sahibinin Rabbimiz olduğunu hatırlayarak kibre ve gurura kapılmamamızı nasib eyle. Başkasına ikram edilen nimetlerde yine mülkün sahibi Rabbimiz olduğunu hissederek haset, kıskançlık ve kinden uzak durmamızı ihsan eyle. Rabbim bize verilen nimetler hususunda şükrü, tevbeyi, tevazuyu ve sabrı en yakın dostlarımız kıl.

85. ZÜ'L-CELÂLİ VE'L-İKRÂM: Hem büyüklük sahibi hem de lütuf ve ikram sahibi.

Rabbim, "Zü'l-Celâli ve'l-İkrâm" isminin hürmetine, makam ve mevki gücümüz arttıkça insanlara gösterdiğimiz tevazu, sevgi, şefkat ve ikram hâlimizin de artmasını senden diliyoruz. Büyüklüğünü hissettikçe, ikramlarımızın arttırılmasını Rabbim senden niyaz ederiz. İkramlarını gördükçe büyüklüğünü hissetmeyi bizlere ihsan eyle.

86. MUKSIT: Bütün işlerini denk ve birbirine uygun ve yerli yerinde yapan.

Rabbim, "Muksıt" isminin hürmetine hayatlarımızı senin hikmetlerini idrâk ederek geçirmemizi nasib eyle. Rabbim senin her işi yerli yerinde ve hikmete binaen yarattığını hissederek gönüllerimizi isyandan, günahtan ve hatalardan uzaklaşmasını bizlere ikram eyle. "Hak şerleri hayr eyler, zannetmeki gayr eyler" diyerek Rabbimizin her dilediğinde bir hikmet olduğunu hissedebilmeyi dileriz. Bütün hayata ve olaylara hikmet nazarıyla bakabilen bir kul olarak bizleri teslimiyet makamına ulaştır.

87. CÂMİʻ: Toplayıp düzenleyen, kıyâmet günü hesaba çekmek için mahlûkatı toplayan.

Rabbim, sen varlığında şüphe bulunmayan, hesap gününde insanları hesaba çekmek üzere toplayacak tek hakimsin. Rabbim "Câmi " isminin hürmetine sen hesap gününde bizleri huzurunda hesaba çekmeden önce hatalarından, isyanlarından ve günahlarından vazgeçerek senin dostluğunda, ilâhî isimlerinde fena bularak sana lâyık kul olmanın güzelliğini tatmayı bizlere nasib eyle. Rabbim senin huzuruna senin rızanı kazanmış bir kul olarak çıkabilmeyi ihsan eyle. Rabbim senin huzuruna ibâdetlerimizle, zikirlerimizle, şükür, taat ve iyiliklerimizle gönlü dolu, fiilleri güzel bir şekilde çıkabilmeyi ikram eyle.

88. ĞANİYY: Çok zengin, her şeyden müstağnî.

Rabbim, "Ğaniyy" isminin hürmetine, gönüllerimizi, zihinlerimizi ve ruhlarımızı iman ve teslimiyetle zenginleştir. Ayet ve hadislerin gönüllere huzur veren, ruhları tatmin eden hakikatlerini anlama, idrâk etme ve yorumlama vasıtasıyla gönül ve zihin dünyamızı zenginleştir.

89. MUĞNÎ: Dilediğini zengin kılan.

Rabbim, "Muğnî" isminin hürmetine, insanları sevgi, şefkat, tevazu, hoşgörü ve iyiliğe ulaşma mücadelesi içerisinde kuşattıkça, gönül ve zihin dünyası zenginleşen o güzel insanlardan olmayı diliyoruz. Rabbim maddî ve manevî zenginliklere ulaşarak kendisine verilen zenginlikleri paylaştıkça zenginleşen insanlardan olmayı senden istiyoruz.

Rabbim "Muğnî" isminin hürmetine, "Zenginlik mal çokluğuyla değildir. Bilâkis zenginlik gönül tokluğuyladır." (Buhârî, Rikak, 15) hadisinin manevî rehberliği ışığında gönüllerimizi senin sevgin, şefkatin ve bağışlayıcılığınla doldur. Ruhlarımızı teslimiyet, hidayet ve tahkikî imana ulaşmayla tatmine erdir.

90. MÂNİ': Bir şeyin meydana gelmesine izin vermeyen.

Rabbim "Mâni" isminin hürmetine bizleri nefsimizin, şeytanın olumsuz meylettirmelerine, niyet ve fiillerimizin kötülüklerine göz açıp kapayıncaya kadar bir süre de olsa kapılmamıza izin verme.

Böylece Rabbim kötülüklere düşmeme vasıtasıyla elem ve acılardan bizleri uzaklaştır.

Rabbim, "Mâni' " isminin hürmetine, senden sağlık, afiyet, bol rızık, saadet ve hidayet diliyoruz. Rabbim gönüllerimizde sağlık, afiyet, bol rızık ve hidayetin yoksunluğunu yaşamamıza iki cihanda da izin verme.

91. DÂR: Elem ve sıkıntı verici şeyler yaratan.

Rabbim, "Dâr" isminin hürmetine ahlâkımızı, hâllerimizi, imanımızı güzelleştirmek vasıtasıyla bizleri elem ve sıkıntı verici her durumdan uzaklaştır. Rabbim, "Dâr" isminin hürmetine elem ve sıkıntı verici imtihanların karşılığının hem dünyada hem ahirette sonsuz bir ikramla verileceğini unutmamamızı ihsan eyle. Rabbim, "Her güçlükle beraber bir kolaylık vardır. Şüphesiz her güçlükle beraber bir kolaylık vardır." (İnşirah, 94/5-6) ayetinin manevî rehberliği ışığında dünyada verilen sıkıntı ve dertlerin, manevî derecelerimizin ve Allah katındaki değerimizin yükseltilmesine vesile olduğunu her durumda hissetmemizi nasib eyle.

92. NÂFİ': Hayır ve menfaat veren şeyler yaratan.

Rabbim, "Nâfi' " isminin hürmetine, rızana ve sevgine ulaştıracak her hayır ve güzelliğe gönül kapılarımızı sonuna kadar aç. Rabbim bizlere ikram ettiğin bütün nimetlere şükür ve teslimiyetle karşılık vermeyi ihsan eyle. Senin tarafından ikram edilen bütün nimetlere değer veren kullarından olmayı diliyoruz. Rabbim, "Nâfi' " isminin hürmetine, "İnsanların en hayırlısı insanlara faydalı olanıdır." hadisinin manevî rehberliği ışığında bütün insanlığa sevgi, şefkat ve dostluk ilkeleri çerçevesinde faydalı olmayı bizlere ihsan eyle.

93. NÛR: Âlemleri nurlandıran, istediği simalara, gönüllere nur yağdıran.

Rabbim, "Nûr" isminin hürmetine, gönül ve zihin ufkumuza iman, teslimiyet, hidayet, muhabbet ve senin aşkının nurlarını yağdır. Rabbim "Nûr" isminin hürmetine, "Allah göklerin ve yerin nurudur." (Nûr, 24/35) ayetinin manevî rehberliği ışığında bütün kâinata ve yaratılmışlara bakarak senin nurunu müşahade etmeyi bizim gönüllerimize ihsan eyle. Rabbim gönüllerimizi, zihinlerimizi ve ruhlarımızı senin nurunla doldurup senin aşkının nurunu bütün kâinata ve insanlığa yaymayı bizlere nasib eyle. Rabbim kâinatı senin sevginin ve şefkatinin nuruyla ortak bir kalple kucaklamayı ikram eyle.

94. ŞÂFİ': Bedenlere, gönüllere, zihinlere şifa veren.

Rabbim, "Şâfi' " isminin hürmetine bedenlerimize, gönüllerimize ve zihinlerimize sağlık, afiyet ve huzur ihsan eyle

Rabbim, "Şâfi' " ismin hürmetine, "Kur'ân mü'minlerin gönüllerine şifa verir." (Tevbe, 9/14) ayetinin manevî rehberliği ışığında, Kur'ân'ı ve hadisleri gönüllerimize şifa kaynağı kıl. Kur'ân'ı ve hadisleri bizlere dünyada en yakın dost, ahirette şefeatcı eyle. Kur'ân ve namazı gözümüzün nuru, gönlümüzün huzuru ve ruhumuzun tatmîn kaynağı kıl. Rabbim, "Şâfi' " ismi hürmetine, bedenlerimizi senin rızana koşacağımız faaliyetlerle, zihinlerimizi senin rızanı kazanacağımız bilgilerle, gönüllerimizi seni zikretmenin, sana şükretmenin, sana ibâdet ve taatte bulunmanın coşkusuyla sağlık, afiyet ve huzura kavuştur.

95. HÂDÎ: Hidayete eriştiren, istediği kulunu muradına erdiren.

Rabbim, "Hâdî" isminin hürmetine bizleri doğru yola hidayet et. "Rabbim bizleri nimetine erdirdiklerinin yoluna ilet; öfkene maruz kalmışların ve sapmışların yoluna iletme" (Fâtiha, 1/7). Rabbim "Hâdî" isminin hürmetine kalplerimizi doğru yola hidayet ettikten sonra eğriltme; bize katından bir rahmet ver. Çünkü sen karşılıksız ikram edenlerin en hayırlısısın (Âl-i İmrân, 3/8). Ey kalpleri evirip çeviren

Rabbim; kalplerimizi "Hâdî" isminin hürmetine dinin üzere, sana ulaştıran her yol üzerine sabit kıl.

96. BEDÎ': Her şeyi yoktan, örneksiz, benzersiz yaratan. Hayret verici âlemleri yaratan.

Rabbim, "Bedî' " isminin hürmetine gönüllerimizi, gönüllerimizde Allah aşkını ve teslimiyeti, zihinlerimizde hakikati anlama şuurunu, ruhumuzda ilâhî isimlerin manevî tecellilerini ve ahlâkî boyutlarını sonsuz ve sınırsız bir şekilde dünyadan ahirete doğru yarat.

97. BÂKÎ: Varlığının sonu olmayan.

Rabbim, "Bâkî" isminin hürmetine, ölümsüz eserler bırakarak ölümsüzlük sırrına erenlerden kıl bizleri. Rabbim, "Bâkî" isminin hürmetine, senin ve Rasûlü'nün huzuruna hayırlı evlâtlar, talebeler, eserler, itaat, taat ve ibâdetlerle çıkmayı nasib eyle. "Nice ölüler vardır yaşamaktadırlar. Nice yaşayanlar vardır ölüdürler" ifadesinde de anlatıldığı üzere, ölümünden sonra da bıraktığı eserlerle yaşayanlardan olmayı senden diliyoruz.

98. VÂRİS: Varlığı devamlı olan, servetlerin hakîkî sahibi.

Rabbim, "Vâris" isminin hürmetine, helâllerinle bizim ihtiyaçlarımızı gider, lütfunla bize maddî ve manevî zenginlikler ver. Rabbim, "Vâris" isminin hürmetine, İslâm ahlâkı ve kültür mirasına sahip çıkanlardan ve onları gelecek kuşaklara aktaranlardan kıl bizleri.

99. SABÛR: Çok sabırlı.

Rabbim, 'Sabûr' isminin hürmetine, "Sabrediniz; şüphesiz Allah sabredenlerle beraberdir." (Bakara, 2/153) ayetinin sırrına sabrı yaşayarak ermeyi bizlere ikram eyle.

Rabbim, "Sabûr" isminin hürmetine, "Rabbimiz bize bol bol sabır lütfet, bizleri azimli ve sabırlı kıl." (Bakara, 2/250). Rabbim, "Sabûr" isminin hürmetine, sabrın zorluklara ve sıkıntılara karşı dayanıklı olma, direnme, metanetli olma, azmetme ve cesur davranma olduğunu kavramayı bizlere ihsan eyle.

100. REŞÎD: İrşâd eden. Kullarına doğru yolu gösteren. Bütün işleri takdirine göre yürütüp dosdoğru bir nizam ve hikmet üzere sonuca ulaştıran.

Rabbim, "Reşîd" isminin hürmetine bizlere Hz. İbrahim'in ahlâkındaki içliliği ve temizliği, Hz. Eyyûb'un ahlâkındaki sabrı ve samimiyeti, Hz. Yûsuf'un ahlâkındaki iffeti ve edebi, Hz. Mûsâ'nın ahlâkındaki hakkı savunma coşkusunu Hz. İsâ'nın ahlâkındaki mucizevî, manevî yoğunluğun arkasındaki sessiz kalışların derin anlamlarını, Hz. Peygamber'in ahlâkındaki hoşgörü, sevgi ve insanlığı senden diliyoruz.

D. PSİKOLOJİK AÇIDAN NAMAZIN RÜKÛNLARI

a. Kıyâmın Psikolojik Etkileri

İnsan, varoluş sorununu kendi başına çözmek zorunda olan ve bu sorundan kaçamayan tek canlıdır. İnsan, ileriye doğru gitmeye ve sürekli bir çabayla bilinmeyeni, bilgisinin boş bıraktığı yerleri bilinir kılmaya zorunludur. İnsan, varoluşunun anlamının hesabı vermek zorundadır. Ayrıca insan, başka hiçbir varlıkla özdeş olmadığı, eşsiz bir varlık olduğu ve bu şekilde kendi bilincine vardığı ölçüde hayatı anlam kazanmaktadır.[235] İşte birey kıyâmda, Allah'ın huzurunda O'na tam manasıyla teslim olarak boyun eğen özgün bir şahsiyet, kendisine değer verilen, yaratıcının huzurunda kabul edilmesine cevap vermesi beklenen özgün bir benlik olarak ayakta durabilen tek canlıdır. Allah'ın huzuruna, değer verilen özgün bir benlikle, insan olmasının bilincinde çıkan birey niçin yaratıldığı sorusuna, hayatın anlam ve amacına dair sorulara cevap bulmaya başlar. Böylece insan varoluş sorununu çözmeye, varoluşunun anlamının hesabını verecek bir bilinç düzeyine yükselmeye başlayacaktır.

Nitekim hepimiz değişir, büyür ve olgunlaşırken zaman zaman durmaya ve "Yaşamın anlamı nedir?, Yaşamımı iyi bir şekilde geçirdim mi, yoksa yapmam gereken başka şeyler var mıydı?" gibi sorular sormaya mahkûmuzdur.[236] Bu noktada benlik saygısının ilk adımı, varoluşsal sorulara cevap vermeye başladığımız kıyâm duruşunda atılmaktadır.

---

235. Fromm, *Kendini Savunan İnsan*, s. 47.
236. Fromm, *a.g.e.*, s. 49, 50, 51.

Hakikat ve benlik arayışının temelinde yatan esas neden, insanın maddî-manevî tüm eşyaya anlam verme ihtiyacıdır. Eşyayı anlamlandırmak, insan aklının bir gereği olarak, akıl sahibi bütün insanlar için geçerlidir. Hakikat ve anlam arayışı esnasında "mutlak" hissi kaybolduğu zaman, "kutsal" mefhumu da anlamını yitirir. Bu da, neticede insanın hiçbir şeye güvenememesine yol açar.[237] Hâlbuki namaz ibâdetinde, "Semi'allahu limen hamideh" ifadesi ile yaratıcının kendini işittiğini, değer verdiğini, önemsediğini fark eden bir bireyde, Allah'a karşı bir saygı ve güven duygusu oluşur. Allah tarafından yalnız bırakılmayacağını anlayan insan, Allah'a duyduğu güven ve saygı hislerinin sonucunda kendine güvenmeye ve saygı duymaya; ve dolayısıyla özgüven ve özsaygısı gelişmiş bir insan olarak, insanlara saygı ve güven duymaya başlayacaktır.

Kıyâm duruşu, Allah'ın daveti neticesinde Allah'ın huzurunda duruş anlamı taşıdığından, insana Rabbine ait olduğu düşüncesini kazandırmasıyla beraber kimlik bilinci düşüncesini de aşılar. Kimlik, bireyin gelişim dönemleri boyunca diğer insanlarla özdeşleşme sonucu bir süreklilik ve tutarlılık içinde yetişkinlik rolü, neye inanıp değer verdiği ve beklentileri hakkındaki toplu bilincidir. Kimliğini oluşturma gayretleri içerisinde genç, kendisinin toplumdaki rolünü, yerini, idealini, amacını aramaya koyulur, yani "Ben neyim?" sorusunu sorar. Gencin sorduğu bu sorular, aynı zamanda onun kimliğini oluşturacaktır. Kimlik bilincini kazanan birey kendi başına karar verebilme; hayat felsefesinin, birtakım inanç ve değerlerinin olması sebebiyle sosyal statü, meslekî rol ve gelecek hakkındaki beklentilerini oluşturma yeteneğini edinecektir.[238]

Bireyin kimlik arayışı sürecinde cevaplandırmaya çalıştığı soruların arasında, "Benim toplumdaki yerim nedir, ben içinde bulunduğum toplumda kimim?" vb. gencin sosyal statüsünü belirleyecek sorular olduğu gibi, bireyin kimlik arayışında cevabını bulmaya çalıştığı sorular da bulunmaktadır. Bu sorular arasında "Hayatın anlamı nedir?", "Nasıl bir hayat tarzı oluşturmalıyım?", "Hayatımın hedef-

---

237. Yalçın, Şehabettin, "Anlam Arayışı", *Bilgi ve Hikmet*, Üç Aylık Kütür ve Araştırma Dergisi, İstanbul, Bahar, 1995, sy. 10, s. 137
238. Kula, *a.g.e.*, s. 44,45

leri nelerdir?", "Niçin bu dünyaya gönderildim?" gibi kendi hayat anlayışına yönelik sorular olacağı gibi, hayatın anlamını araştırarak dünya görüşünü, birtakım inanç ve değerlerini oluşturmada etkili olacak "İnsan nereden geldi ve nereye gidiyor?, Hayatın manası ve amacı nedir?" vb. sorular da, onun kendisini bulma çabalarında önem kazanmaktadır.[239]

Kimlik, bir kişiye, yasal olarak ben ya da başka bir deyişle benim bütün olgusal ve sezgisel etkinliklerimin yapısını düzene koyan bir etkin merkez olarak "ben" deme izni veren bir deneyimdir.[240]

Namaz esnasındaki kıyâm duruşuyla Allah'ın huzurunda bulunduğunu hisseden bir birey, Allah'ın karşısında sevilen ve değer verilen bir varlık; Allah'ı seven ve değer veren bir inanan olduğunu idrâk eder. Yani namaz kılan bir birey, Allah'ın huzurunda insan, mü'min ve müslüman kimliklerini benimseyecektir. Böylece kıyâm duruşunda namaz kılan birey, kendisinin toplumdaki rolünü, yerini, idealini, amacını arama çabasında anlamlı bir yol kateder. Aynı zamanda kimliğini sorgulama süreci boyunca sorduğu "Ben neyim, hayatın anlamı nedir, nasıl bir hayat tarzı oluşturmalıyım, hayatımın hedefleri nelerdir, niçin bu dünyaya gönderildim, insan nereden geldi, nereye gidiyor, hayatın manası ve amacı nedir?" sorularına kıyâm duruşundan başlamak üzere anlamlı ve tatmin edici cevaplar bulacaktır. Böylece namaz ibâdeti, birtakım inançları ve değerleri oluşturmada, bireyin kendisini ve kimliğini bulma çabasına katkıda bulunmaktadır.

Ayrıca kimlik, benliğimiz konusunda dün, geçen yıl, ondan önceki yıl vb. kimsek, yine o kimse olduğumuz yolundaki öznel bir bütünlük, tutarlılık ve süreklilik duygusu; "Ben kimim?" sorusuna verdiğimiz başka herkesten ayrı, eşsiz bir insan olduğumuz yolundaki cevabımızdır.[241] Bu noktada kişi, kıyâm duruşuyla beraber Allah'ın huzurunda durması sonucunda O'nun tarafından gözlendiğinin, O'nun ta-

---

239. Kula, a.g.e., s. 70, 72.
240. Fromm, Eric, Umut Devrimi, (çev. Şemsa Yeğin), Payel Yayınevi, İstanbul 1990, s. 96.
241. Budak, a.g.e., s. 451.

rafından saygı ve sevgiye lâyık bir insan olarak görüldüğünün bilincine vararak kimliği ve hayatının amacı noktasında tutarlılık, bütünlük ve süreklilik duygusu yakalayacaktır. Aynı zamanda daha önce de ifade edildiği üzere insan, Allah tarafından huzura davetle kendisine sevgi ve saygı duyulduğunu, kâinatın kendi hizmetine sunulduğu tek varlık olması yönüyle eşsiz bir varlık olduğunu fark edecektir. Bununla beraber kendi varlığını, Allah'ın eşsiz varlığıyla tenzîh yoluyla kıyas eden bir birey, kendi hatalarını ve günahlarını Allah'ın isim ve sıfatlarındaki kusursuzluğu idrâk ederek imkân dahilinde ortadan kaldırmaya çalışabilecektir. Namaz ibâdeti, gizli kalan bu eşsiz tabiatı bir cevher gibi işleyerek açığa çıkaracak ve böylece insan, gerçek kimliğine ve karakter yapısına dönüşümü sağlayabilecektir.

Aynı zamanda bütünlük arayışına girmiş bir benlik için en vazgeçilmez sorulardan biri "Niçin yaşıyorum?" sorusudur. Bu noktada din ve özellikle namaz ibâdeti, bireye, realiteyi, olan biteni açıklama ve yorumlama yönünde birtakım referanslar sunar. Bu yönüyle namaz ibâdeti, kimliğimiz ve hayatın amacı konusunda verdiği tatmin edici cevaplar sayesinde insanı psikolojik açısından rahatlatır. Bu noktada din ve namaz ibâdeti ilk olarak kişinin iç dünyasına yönelerek anlamı araştırması, ikinci olarak kişinin evrene dönerek anlamı oluşturması noktasında katkıda bulunur. Bu durumun neticesinde, din ve özel olarak namaz ibâdeti kişiyi kaygı, şüphe ve ümitsizliğe karşı güçlü kılarken, eş zamanlı olarak her gelişim aşamasında, kişinin anlamlı bir biçimde varlığın tamamı ile irtibatını mümkün kılacak çaba ve enerjiyi temin eder.[242]

Ayrıca namaz esnasında sadece Allah'tan yardım dileyeceğini, Allah'tan başka gerçek dost ve yardımcı olmadığını fark eden birey, hayatını anlamlı kılan dostluk, koşulsuz yardımlaşma duygularını da tecrübe ederek diğerkâm, dostluğa önem veren iyi bir insan olma kimliğini edinebilecektir. Allah'ın, aklımıza gelen ya da gelmeyen her şeyin sahibi; kulların hesaba çekileceği hesap gününün de sahibi olduğunun farkına varan bir birey, bu hayatı ve bu hayatın ötesindeki hayatı anlamlı kılan sorularına da cevap bulacaktır. Bu nedenle hem bu

---

242. Mehmedoğlu, *a.g.e.*, s. 109-110.

dünyasını hem de ahiret hayatını anlamlı kılacak sorularına cevap alan bir birey, Allah ve insanlar karşısındaki gerçek kimliğini, bu hayatı ile birlikte ölüm ötesi hayatının amaç ve anlamını da algılayabilen bir birey olacaktır.

Netice itibarıyla, bütünleşmiş bir kişilik oluşumu, uzun vadeli hedefleri göze alma ve başkalarının ihtiyaçlarına ilgi duyma eğilimi ile yakından ilgilidir. Bütünleşmiş bir kişiliğin oluşumundaki bu uzun vadeli planlar, kendini belli bir hayat tarzına ve bazı değer ve hedeflere adamış olan bir kimliği geliştirme sayesinde mümkün olabilir. Toplum birçok hazır kimlik temin eder, ayrıca din ve ifade ettiğimiz üzere namaz ibâdeti, tutarlı bir kimliğin modellerini ve yaşama şeklini teklif etme sûretiyle katkıda bulunur.[243]

Nitekim, ibâdetlerin ve özellikle namaz ibâdetinin bireyin kendilik (benlik) yapısına önemli katkılarının olduğu da bir gerçektir. Akif Hayta'nın, *İbâdetler ve Sosyal Uyum* isimli çalışması, bilhassa namaz ibâdeti, dua ve tevbe ibâdetlerinin gençlerde sağlıklı bir kimlik duygusunun gelişmesinde belirgin bir rolünün olduğunu ortaya koymuştur.[244] Böylece namaz, dua ve tevbe ibâdetlerinden etkilenme oranına göre bu ibâdetlerin çok boyutlu anlamlar ifade eden ve kişiliği derinden etkileyen dinî ritüeller olduğu bir kez daha vurgulanmış olmaktadır.

Yaşamını anlamsız gören ve varlığının anlamını idrâk edememiş bir kişi, hem mutsuz ve tatminsizdir, hem de bir uyumsuzluk içerisindedir. Anlamlılık olgusu sadece bir başarı ve mutluluk kaynağı değildir. Aynı zamanda bir yaşama sorunudur. Çağdaş psikolojinin terimleriyle ifade edersek, anlam istemi "yaşamı sürdürme" değerine sahiptir. Frankl'a göre, yaşama ve ayakta kalma şansı en yüksek olanlar, geleceğe, onları gelecekte bekleyen bir göreve, bir insana, gelecekte onlar tarafından gerçekleştirilecek bir anlama bağlı olan bireylerdir.[245] Namaz kılan birey, Allah'ın huzurunda kıyâm duruşu vasıtasıyla hayata neden gönderildiğinin farkında olan; varlığını anlamlı kılan soruların cevaplarını bulmuş; hatta dünya ve ahirete dair sorularının cevap-

---

243. Hökelekli, *a.g.e.*, s. 110.
244. Hayta, *a.g.m.*, sy. 9 , C. 9, s. 34.
245. Frankl, Victor E., *İnsanın Anlam Arayışı*, (çev. Selçuk Budak), Öteki Yayınevi, Ankara,1992, s. 28.

larını bulma sorumluluğu içerisinde kendi hatalarını sorgulayabilen; Allah'a inanan ve O'na bağlı; sevilen ve saygı duyulan bir insan olduğunun bilinciyle sükûneti yakalamış bir bireydir.

Hayatın anlamsızlaşmasının en mühim nedenlerinden biri de, geleneksel toplumun başvuru merciileri olan geleneksel otoritelerin ortadan kalkmasıdır. Diğer nedeni ise, modern zihniyetin seküler, profan, göreli, ilerlemeci, bireyci, egoist, faydacı ve temelsiz karakterinden kaynaklanmaktadır. Buna göre anlamsızlık hastalığının modern toplumlarda ne kadar yaygın olduğunu anlamak için, ahlâkî ve rûhî çöküntüyü örnek göstermek yeterlidir. Modern düşünce hayata anlam veren dini, hayatın zemininden çekince hayat boşlukta kalmış ve anlamsızlaşmıştır.[246]

Hâlbuki kıyâm duruşunda, Allah'ın huzurunda kendisine değer verilen, minnet ve takdirle anılan, özgün bir benlik ve şahsiyet sahibi oluşunun farkına varan insan, aynı zamanda gerçekte ailesine ve toplumuna ait olma ihtiyacını kabul etmesinden öte yüce yaratıcısına ait olup O'na bağlı olduğuna, O'nun takdiriyle belli bir amaç için yani O'na kulluk etme maksadıyla[247] dünyaya gönderilip yine O'na döneceğinin farkına varmaktadır. Yani "Dönüş ancak O'nadır."[248] ayetini idrâk etmeye başlamaktadır.

Jung'a göre, kilise telkin yoluyla bireyleri birleştirerek, şekilsiz bir kitleyi inananlar topluluğuna dönüştürmeye ve bu organizasyonu bir arada tutmaya çalışırken, yalnızca büyük bir sosyal hizmet görmekle kalmaz, aynı zamanda bireye anlam dolu bir yaşamın paha biçilmez nimetini sunar.[249] Aynı şeyi namaz ibâdeti açısından da düşünebiliriz. İbâdet etme nedeniyle bir grubun üyesi olarak o gruba ait olan bireyler görünüşte o gruba aitmişler görüntüsü verse de, gerçekte yüce yaratıcıya ait oldukları bilincini de edinmeye başlamaktadırlar. Bu noktada namaz, ister bireysel ister cemaatle kılınsın daha kıyâm duruşu ile beraber bireye yüce yaratıcıya ait olduğu bilincinin gelişmesine hizmet edecektir.

246. Yalçın, a.g.e., s. 137, 138.
247. Zariyât, 51/56.
248. Yâsîn, 36/83.
249. Jung, a.g.e., s. 85.

Bir insana verilebilecek en korkunç ceza, onun varlığını kabul etmeyip, bir topluma ait olma ihtiyacını onaylamamaktır. Örneğin toplumun hiçbir üyesi tarafından fark edilmeyen, bir yere gittiğinde hiçbir kimsenin kafasını kaldırıp kendisine bakmadığı, cevap vermediği, yaptığı hiçbir işe aldırmadığı, kısacası sanki hiç yokmuş gibi davrandığı bir kişiyi farz edelim. Bu durumda olan kişinin içinde öyle bir kızgınlık ve çaresizlik ortaya çıkacaktır ki, en vahşice bedensel işkenceler bile böyle bir duruma oranla bir iç rahatlığı gibi görülecektir. Çünkü bedensel işkence yapan, ne kadar kötülük yaparsa yapsın, yine de bizim varlığımızı kabul ediyor demektir.[250] Daha önce de ifade ettiğimiz üzere, kıyâm duruşunda Allah huzuruna davet edilişinin psikolojik rahatlığını yaşayan insan, topluluklar içerisindeki yalnızlığından kurtulacaktır. Kıyâm duruşunun, günde beş vakit olmasının nedenlerinden biri de şu olsa gerektir: İnsan günde beş vakit yüce yaratıcının huzurunda durmaktadır. Nasıl ki çok seven ve sayılan birisinin karşısına onu seven ve sayan bir kişi geldiğinde o kişi, edeb, saygı ve vakar içerisinde onun karşısında ayakta durursa, aynı şekilde, birey her an kendisi ile olup, dualarına cevap veren ve onun şükrünü, minnetini işitip, kendisini şükür, minnet ve takdirle hatırlayan yaratıcısını, tekrar ve telkin yoluyla hayatının diğer anlarında da aynı his ve düşüncelerle hatırlanmasını sağlamaktır. Bu yüzden Yüce Allah, "Beni hatırlamak için namaz kılın."[251] buyurmaktadır. Namaz, periyodik tarzda düzenli olarak Allah'ı anma, hatırlama, minnet duyguları içerisinde O'nu yüceltme, O'nu kula ait bütün eksik özelliklerden tenzîh etme özelliklerini taşır.

Sosyal bir varlık olan insan, sosyalleşmeye bebeklik döneminin ilk üç ayından itibaren başlar. Çocuk iki-üç yaşından sonra da kendini başka çocuklarla küçük gruplar hâlinde bulur. Böylece birey, içinde bulunduğu toplumun bir üyesi olarak o toplumda belirli bir yer ve rol almak için çaba harcar; toplum içinde kendini tanımaya, kişilik sınırlarını belirlemeye başlar.[252]

Bu bağlamda namaz ibâdeti sayesinde Allah'ın kendisine duyduğu sevgi ve saygı ile karşılaşan birey, sevgi saygı ve ait olma duygula-

250. Cüceloğlu, Yeniden İnsan İnsana, s. 100.
251. Taha, 20/132.
252. Kula, a.g.e., s. 60.

rı açısından mutmain olacaktır. Toplumun bir bireyi olarak ister cemaatle olsun, ister bireysel olsun, kişi, bir topluma ait olma duygusunu aşarak yüce yaratıcıya ait olduğunu, ilâhî isim ve sıfatlardan izler taşıdığını idrâk edecektir. Yani namaz kılan bir birey sadece, içinde bulunduğu toplumun bir üyesi olarak toplumda belirli bir yer ve rol almak için çaba harcamayı, toplum içinde kendini tanımayı; kişilik sınırlarını belirlemeyi; neye inanıp, nelere değer verip bağlanacağını, amacının ne olması gerektiğini sorgulamakla kalmayacak; aynı zamanda yüce yaratıcıya bağlanma ve O'na ait olma duygusunu yaşaması nedeniyle ait olma duygusunu en üst düzeyde algılayacaktır.

Din ve özelikle de namaz bilinci, fertler ve gruplar için kimliğin bir anlamını yani çevre kadar benliğin de bir tanımını temin eder. İçinde yaşadığı toplumda kendine uygun bir kimlik bulamayan kimselerin, dinî gruplara katılmaları, din değiştirmeleri de bundandır.[253]

b. Rükûnun Psikolojik Etkileri

Dünyadaki tüm gelişmeleri teşvik eden, icat eden ve taşıyan, tüm yargıların ve kararların yaratıcısı ve geleceğin planlayıcısı olan insanoğlunun kendisini önemsiz bir niteliğe indirgemesi akıl almaz bir durumdur.[254] Bu noktada rükû kulun, Allah'ın verdiği üstün niteliklere karşı saygı ile eğilişi ayrıca Allah'ın kulun şükrüne karşılık kuluna gösterdiği saygı, takdir ve sevgi karşısında tevazu duyguları içerisinde eğilerek kendisine verilen değeri ve önemi sunulan saygı ve takdiri kavrayışını ifade etmektedir.

Ayrıca Cüceloğlu'na göre, çocuğa, "Sen benim için dünyanın en değerli varlığısın" dense çocuk, "Annem beni seviyor. Beni hiçbir zaman yalnız bırakmayacak. Hatalarım olsa bile yine beni sevmeye devam edecek." diyerek bu olayı algılayacaktır. Yine çocuğa, "Benim kızım dünyanın en güzel kızı; hem kendine bakmasını da biliyor. Her zaman saçlarını tarar, üstünü başını temiz tutar." denilse çocuk, "Be-

---

253. Hökelekli, *a.g.e.*, s. 110.
254. Jung, *a.g.e.*, s. 75.

ni seviyorlar, ama bu sevginin koşulları var; üstümü başımı temiz tutmalı, saçlarımı taramalıyım." diyerek bu olayı algılayacaktır.[255] Namaz ibâdetinde de birey bu ifadeleri aşan saygı, sevgi ve güven mesajları almaktadır. "Allah kendisine şükredenleri işitir." ifadesinde,[256] "Ben Allah tarafından minnet, takdir, sevgi ve saygı içerisinde işitiliyorum. Rabbim beni dinliyor, işitiyor ve bana değer veriyor; minnetle ve takdirle hatırlanıyorum."; Fâtiha Sûresi'nde, "Yalnız sana ibâdet eder ve yalnız senden yardım dileriz"[257] cümlesinde, "Ben Allah'ın saygı ve sevgi duyduğu bir kuluyum. Kulluğa kabul ettiği, huzuruna davet ettiği bir insanım. Sadece Allah benim gerçek dostum ve yardımcım. Beni asla yalnız bırakmayacak, her anımda beni duyup bana cevap vererek sevgisinden ayırmayacak tek yardımcım."; Sübhâneke duasında ise, "Senden başka hiçbir ilâh yoktur."[258] cümlesinde, "Allah'tan başka ibâdet edilmeye lâyık, gerçek dost olunmayı hak edecek hiçbir kimse yoktur. Allah'tan başka sığınılacak, O'ndan başka yardım dilenecek, O'ndan başka ibâdet edilecek, O'ndan başka dost olunacak hiçbir kimse, hiçbir mercî yoktur. Allah benim gerçek dostum, tek yardımcımdır." mesajları alınır.

Rükû esnasında Rabbini, benliğini saran sonsuz şükür duyguları içerisinde anan; bunun karşılığında Rabbi tarafından saygı ve takdir içerisinde anılan bir kişi, psikoloji biliminde kişinin kendine saygı duyması anlamına gelen özsaygı değerlerine sahip olur. Bizler benlik saygısına gereksinim duyarız; çünkü psikolojik sağlığımız bakımından onun kadar önemli başka bir şey yoktur. Benlik saygısı düzeyimiz, düşündüğümüz, söylediğimiz ve yaptığımız her şeyi etkiler. Dünyayı ve dünyadaki yerimizi, görüşümüzü etkiler; diğer insanların bizi nasıl gördüklerini ve bize davranış tarzlarını etkiler. Ve en önemlisi bizim kendimize değer vermemizi sağladığı için bizim kendimize olan bakış tarzımızı etkiler. Hem sevgi verme, hem de sevgi alma yeteneğimizi etkiler. Ve değiştirilmesi gereken şeyleri değiştirmek için harekete geçme yeteneğimizi etkiler. Eğer bireyin benlik saygısı yeterli düzey-

255. Cüceloğlu, *a.g.e.*, s. 101.
256. *Semi'allâhu limen hamideh.*
257. *İyyâke na'budu ve iyyâke neste'în.*
258. *Ve lâ ilâhe gayruk.*

de değilse, birey kendisi için en iyi olacak şekilde davranamaz.[259] Benlik saygısı bireyin kendini sevip kendine saygı duymasını, değer vermesini sağlayan en önemli unsurdur.

Rükûda, Allah'ın kendisine duyduğu saygı ve verdiği değeri fark ederek benlik saygısını geliştirebilen birey, benlik saygısı yüksek bireylerden olmanın ayrıcalığını yaşayacaktır. Kimi insanlar, yüksek benlik saygısına sahip olmanın küstah, kibirli, kendini beğenmiş, bencil, başkalarından üstün ve onlara duyarsız olmak demek olduğundan korkarlar. Ama bu doğru değildir. Bu gibi özellikler, benlik saygısı düşük bireylerde yaygındır. Benlik sayısı yüksek olan insan, kibirle kendini evrenin merkezi gibi veya başkalarından üstün görmez. Ama kendini başkalarından daha kötü, değersiz, önemsiz bir yaratık gibi de görmez. İyi özellikleri olduğunu bilir, ama mükemmel olduğunu düşünerek kendini kandırmaz. Aksine büyük olasılıkla kusurları olduğunun ve hatalar yaptığının bilincindedir. Kusurlarının ve hatalarının, bir insan olarak kendi değersizliğini değil, insan olduğu gerçeğini gösterdiğine inanır.[260]

Rükû esnasında, namaz kılan bir kişi, "Yüce olan Rabbimi yaratılmışlara ait bütün eksik sıfat ve durumlardan tenzîh ederim."[261] diye ifadede bulunduktan sonra Rabbine olan övgü ve takdirini, sevgi ve şükrünü; "Allah övgü ve takdir, hamd ve şükran içerisinde kendisini ananları işitir."[262] diyerek sunmaktadır. Bunun karşılığında Allah da kendisini övgü ve takdir, şükran ve sevgi ile anmaktadır. Bu durum Allah ile kul arasındaki sevgi ve saygı hislerini kuvvetlendirecektir.

Namaz kılan bireyin Allah tarafından övgü ve takdir ile anılması neticesinde bu saygı ve sevginin farkına varan bireyde; kendini benimseme, onaylama, kendine değer verme, saygı duyma, kendi değerine ilişkin olumlu bir değerlendirmede bulunma yetilerini geliştirmesine neden olan[263] özsaygı değerleri yüksek bir seviyeye ulaşacaktır.

259. Sanford, T. Linda, Mary Ellen Danovan, *Kadınlar ve Benlik Saygısı*, (çev. Şemsa Yeğin), Hyb Yayıncılık, Ankara, 1999, s. 27.
260. Sanford T. Linda, Mary Ellen Danovan, *a.g.e.*, s. 10.
261. *Sübhâne Rabbiye'l-azîm.*
262. *Semi'allâhu limen hamideh.*
263. Budak, *a.g.e.*, s. 585.

Namaz ibâdeti esnasında yaratıcının namaz kılan bireye sunduğu saygı, övgü, minnet, takdir ve saygı sebebiyle kendisinin değerli bir varlık olduğunu fark eden bir bireyde gelişen benlik saygısı, toplumun devamını sağlayan ahlâkî değerlerin korunmasına bekçilik eden ahlâkî bir değer olarak da anlaşılabilir. Ayrıca benlik saygısı, kişinin yeteneklerini doğru kullanmasına yardım eden, kötü ve tehlikeli durumlar karşısında onun ayakta kalmasına yardım eden eğitsel bir değerdir.[264]

Kıyâm duruşunda, "Rabbimi hamd ile yaratılmışlara ait bütün eksik sıfat ve durumlardan tenzîh ederim."[265] ifadesindeki "tenzîh" ile namaz kılan birey, ilk defa Allah'ın karşısındaki konumunu, O'nun kusursuzluğu karşısında kusurlarını idrâk ederek Allah'ın huzurunda haddini bilmeyi; hata, eksik ve olumsuz karakter özellikleriyle yüzleşmeyi tecrübe ederek kendini gerçek anlamda tanımaya yönelir. Daha sonrasında rükû esnasında, "Yüce Rabbimi yaratılmışlara ait idrâk edilebilen veya edilemeyen bütün eksik sıfat ve durumlardan tenzîh ederim."[266] ifadesindeki "tenzîh" ile, Allah'ın kusursuzluğu karşısında kendi hata, eksik ve olumsuz karakter özelliklerini idrâk ederek kendi içindeki ilâhî özü tanıyan birey, Allah'ın güzel isim ve sıfatlarından eşsiz yaratılışı sayesinde parçalar taşıdığını kavrayabilecek; Allah'ın kendisine duyduğu saygı, sevgi, minnet, övgü ve takdir vesilesiyle hatalarını, eksiklerini, olumsuz karakter özelliklerini ortadan kaldırma noktasında şiddetli bir istek duyacaktır.

Böylece rükû esnasında kendi kendini tanıma süreci, eksiklikler, hatalar ve olumsuz karakter özelliklerini ortadan kaldırma isteği noktasında verilen karar doğrultusunda içselleştirilecek ve bireyin kendi içindeki ilâhî özü tanıyarak hatalarını ortadan kaldırma isteği, kendini tanıma şuurunun oluşumuna katkıda bulanacaktır. Böylece kıyâm duruşunda kendini tanıma ile başlayan süreç rükûda kendini tanıma şuurunun oluşumuna dönüşecektir.

Kıyâmda yaşanan kendini tanıma sürecinin rükû esnasında kendini tanıma şuuruna dönüşümünü şöyle açıklayabiliriz: Şuur, insanın

---

264. Mehmet Doğu, *a.g.e.*, s. 102.
265. *Sübhâneke Allâhümme ve bihamdike.*
266. *Sübhâne Rabbiye'l-azîm.*

gerek kendi şahsından gerek çevresinden haberdar olabilme ve bu iki ortam arasında bağlantı kurma yeteneğidir. Bu noktada uyanıklık, dikkat, idrâk, bilgi sahibi olma, muhakeme ve içe bakış şuura dahildir. Şuur sadece bilme olayı değil, hem zihinsel hem de duygusal bir yaşayış bütünüdür.[267] Bu bağlamda namaz kılan bir birey rükû esnasında "tenzîh etme ve Allah huzurunda saygı, tevazu duyguları içerisinde eğilme" ile beraber, Allah'ın isim ve sıfatlarını kendi hatalı kişilik özellikleri, olumsuz karakter yapısı ile karşılaştıracak; hatalarını, eksiklerini, olumsuz karakter özelliklerini tespit edecek; Allah'ın isim ve sıfatlarını tanıma, tatbik etme vasıtasıyla bu olumsuz özelliklerini değiştirme yönünde oldukça şiddetli bir istek duyacaktır.

c. Secdenin Psikolojik Etkileri

Secde, kişinin en şerefli ve duyularının hepsinin bir arada bulunduğu uzvu olan yüzünü Yüce Allah'ın huzurunda toprağa sürmesidir. En güzel namaz, alt şuur seviyesinden en üst şuur seviyesine bireyi taşıyan bir namazdır. Bu bağlamda Allah'a duyulan saygı ve sevginin bedenen ifade edilişinde esas olan, boyun eğip teslim olunarak saygı gösterilenin huzurunda kıyâm, rükû ve secde şeklinde birbirini takiben bir arada yerine getirilmesidir. Bu duruma göre kıyâm duruşu, Allah'a saygı ve sevgi gösterilişinin ilk aşaması, rükû ikinci aşaması, secde ise Allah'a sevgi ve saygı hislerinin gösterilişinin en ileri aşamasıdır.[268]

Tüm bölünmelerin ve tüm düşmanlıkların ruhun içindeki karşıtlıklardan yani iyi ve doğru olan ile kötü duygu, düşünce ve hareketler arasındaki çatışmalardan kaynaklandığı gerçeği tüm dünyanın bilincine yerleşirse, o zaman gerçekten neleri yapmamız gerektiğini anlayabiliriz. Ama eğer ruhumuzdaki olumlu ve doğru olan en küçük ve kişisel kıpırdanmalar bile, şimdiye dek olduğu gibi bilinç dışında fark edilmeden kalırlarsa, birikmeye devam edecekler ve aklın gücüyle denetlenemeyen, yararlı bir sonuca kanalize edilmeden kalacaklardır.[269]

---

267. Şentürk, *a.g.e.*, s. 70; Armaner, *a.g.e.*, s. 74-75.
268. ed-Dihlevî, *a.g.e.*, C. 1, s. 268-269.
269. Jung, *a.g.e.*, s. 115.

Ancak biz, namazda secde ederken, olumsuz duygu, düşünce ve hareketlerimizi hiçe sayarak Allah'a secde ederek, yere kapanarak boyun eğeriz. Jung'un ifadesi ile, bilinç dışında fark edilmeden kalan ve birikmeye devam eden durağan duygu ve hisler olumlu yöne doğru hakikat olan Allah'a teslim edilirler. İyi ve kötü arasındaki çatışma ve savaş Hakk'a secde ederek iyi olan duygu, düşünce ve hislerin mutlak galibiyeti ile son bulacaktır. Tasavvufta kötü duygu ve düşünceleri olumlu yöne ve hakîkî olana secde ettirme hâline nefsi kurban etme denilir ki, bu durum da en yoğun bir şekilde, hakikat olan Allah'a teslim olma, O'nun isimlerindeki ilâhî ahlâkla bütünleşerek doğru duygu, düşünce ve karakter özelliklerini seçme kararını aldığımız secde hâlinde yaşanır.

Namaz kılan kişi, secde noktasında günlük hayatın getirdiği gündelik şuurun etkisinden çıktığı noktada ulaşacağı aşkın bilinçlilik hâli ile ilâhî bütünleşmeyi gerçekleştirebilir. Ancak bu şartla zihni sadece Allah düşüncesi üzerine teksif etmek sûretiyle diğer bütün düşünce ve duygulardan sıyrılabilir. Nihayet benlik tamamen yok olarak Allah'ta dirilir, bekaya erilir. Yani önce nefsin olumsuz istekleri, sonra zihnin olumsuz düşünceleri, sonra da tüm olumsuz benliğin yok olması mümkün olur. Secde et ve bana yakınlaş[270] ayetinin önemi bu süreçlerden geçen bir kişi için açıklık kazanmış olur.

Secde noktasında namaz kılan kişi, zihnini sadece Allah düşüncesi ile doldurma, kendini Allah'ın iradesinde yok etme çabasındadır.[271] Ve böylece birey "Sübhân" ifadesi ile Allah'ı kendi zihninin, duygularının, düşüncelerinin olumsuz yapı özelliklerinden; zayıf benlik şekillerinin sonuçlarından kısacası kula ait bütün eksiklik ve noksanlıklardan tenzîh edip uzak kılarak, O'nun isim ve sıfatlarını tanıma ve sonuçta teslim olma yoluyla olumsuz karakter özelliklerinden kurtulacaktır. Bu nedenledir ki Cüneyd, secde noktasında yaşanılanları şöyle özetlemiştir: "Hakkın, seni senden öldürmesi ve seni kendisiyle diriltmesidir." Cüneyd'in ifade ettiği, secdede yaşanan en zirve duygu olan bu duygu, ruhun bedenin etkisinden kurtularak Al-

---

270. Alak, 96/19.
271. Peker, a.g.e., s. 51.

lah'la birlik ve bütünlüğü yakalaması, Allah'ın varlığında kendini yok etmesi hâlidir.

Dinî bir hayat tarzının benimsenip kişilikte yapılanması, bireyin Allah'ı içinde duyması, Allah'ı şuuruna yerleştirmesi ve O'nun Kur'ân'daki isim ve sıfatlarını hayatına geçirmesi yoluyla içselleştirmesi, ancak sürekli yenilenen ve tekrarlanan dinî tecrübeler yoluyla ve özellikle de namaz ibâdeti ile gerçekleşir.[272]

Namaz kılan kişi, sadece Allah için yapılan, mutlak bir teslimiyet ve mutlak bir saygı demek olan yere kapanma durumunu ifade eden secde ile sıradan şuuru aşar ve yaratıcısına yönelerek[273] Allah Tealâ'nın da bu yönelişe katılmasının tecrübesini yaşama yoluyla ilâhî bütünleşme noktasını tecrübe eder.

Böylece Allah'a mutlak bağlılığını, sevgisini ve saygısını secde vasıtasıyla en yüksek düzeyde, "en yüce Rabbimi kula ait bütün eksik sıfat ve durumlardan tenzîh ederim"[274] şeklinde sunan birey, kendi hata ve olumsuz ahlâkî özelliklerini ayaklarının altına alarak kendi benliğini Allah'ın mutlak iradesi ve üstünlüğüne teslim eder.

Namaz esnasında en yüce Rabbini tenzîh eden bir birey, Allah'ın isim ve sıfatlarını kavrama yoluyla kendi benliğini tanıyarak keşfedecek ve böylece bu keşfedişle karakter seviyesi yüksek bir kişilik yapısına ulaşacak; yani kendini gerçekleştirme noktasına secde ile ulaşabilecektir. Meselâ Allah'ın vefa sıfatında[275] kendi bencil yapısını fark edecek, diğerkâm ve cömert bir ahlâkî yapıya dönüşüm sağlayabilecektir.

Hatalarını ve olumsuz karakter özelliklerini kavrama yoluyla başlayan kendini tanıma süreci; bireyin, sayesinde, olumsuz taraflarını telâfi edeceği eşsiz özellik ve yeteneklere sahip olduğunu kavramasıyla devam eder. Ancak namaz esnasında kıyâm duruşunda başlayan, rükû eğilişinde olgunlaşan, secde noktasında en üst dereceye ulaşan

---

272. Hayta, *a.g.m.*, s. 3.
273. Izutsu, Toshihiko, *Kur'ân'da Allah ve İnsan*, (çev. Süleyman Ateş), Yeni Ufuklar Neşriyat, İstanbul, trs., s. 139.
274. *Sübhâne Rabbiye'l-a'lâ.*
275. Vâfi.

kendini tanıma ve kendini algılama süreci, yetenekler, hedefler, yetiler de dahil olmak üzere bireyin kişiliğinin bütün yanlarının dengeli ve uyumlu gelişimi; yapısal ve kişisel potansiyellerin gerçekleştirilmesi ile son bulur.[276]

Ayrıca kendini tanıma ve keşfetme neticesinde ilâhî özünü ve kimliğini gerçekleştirme imkânı bulmuş bireylerin, tüm temel ihtiyaçlarından olan aidiyet, şefkat, saygı ve özgüven ihtiyaçları tatmin bulmuştur. Yani bu insanlar bir yere veya şeye ait olma ve köklü olma gibi duyguları kendilerinde yerleştirmiştir; sevgiye dair ihtiyaçlarını karşılamışlardır; dostları vardır, başkalarından saygı görürler, kendilerini değerli ve özgüvende hissetmeleri için makul gerekçeleri vardır.[277] Bununla beraber Maslow'a göre, kendini gerçekleştiren birey, kendi potansiyel ve kapasitesinin en yüksek düzeyde farkında olup, sahip olduğu bu potansiyeli gücünün nihaî noktası ile içsel bir tatmin sağlayarak bütünleştirebilir. Bu yönüyle herhangi bir konuda başarıya ulaşma ile kendini gerçekleştirmeyi başarma birbirinde ayrılır.[278]

Birey, kendini gerçekleştirmek için kendisinin dışındaki aşkın bir gücü keşfetmek ve tanımak zorundadır. Kendini gerçekleştirme bu anlamıyla, birey bütün potansiyelini tanısa bile bireyin kendisinde başlayıp kendinde biten bir faaliyet olarak kalmayacaktır. Bu noktada kendini gerçekleştirme, kendini aşmanın, umulmayan, niyetlenilmeyen fakat kendiliğinden oluşan bir oluş biçimidir.[279]

Başka bir ifadeyle namaz kılan bir birey, secde noktasında Allah'a en yakın olduğu bir durumu tecrübe etmektedir. Kur'ân-ı Kerim'de, secde et ve yaklaş[280] buyurulmaktadır. Mevlânâ'nın ifadesiyle, bedenlerimizin secde etmesi canı da Hakk'a yaklaştırmaktadır.[281]

---

276. Budak, a.g.e., s. 580.
277. Walsh, Roger N., Frances Vaughan, Ego Ötesi, (çev. Halil Ekşi), İnsan Yayınları, İstanbul, 2001,s. 161.
278. Maslow, Abraham H., Maslow's Concept of Self Actualization, (translate. Michael Daniels), Liverpool John Moores University, U.S.A., 2001, s. 27
279. Mehmedoğlu, a.g.e., s. 105.
280. Alak, 16/29.
281. Yeniterzi, a.g.e., s. 186.

d. Dua Oturuşu

da. Tahiyyât Duası

Namaz kılan birey, tahiyyât duasında, "Bütün dualar, selâmlar, senâlar, bedenî ve mâlî ibâdetler; selâmlamaların en güzeli ve her çeşidi, salâtın her çeşidi, sözlerin en temizi Allah içindir. Ey Nebî! Allah'ın selâmı, bereketi, rahmeti senin üzerine olsun. Selâm bize ve Allah'ın salih kullarının üzerine olsun. Şahitlik ederim ki Allah'tan başka ibâdet edilmeye lâyık hiçbir varlık yoktur. Yine şahitlik ederim ki Hz. Muhammed O'nun kulu ve elçisidir."[282] diye duada bulunmaktadır.

Namazın sonunda okunan "Tahiyyât duası", Mi'râc'da Hz. Peygamber'le Yüce Allah arasında geçen bir konuşmanın hatırasıdır. Bu dua namaz kılan birey tarafından vefa, sevgi minnet duyguları içerisinde hatırlanır. O mutlu anda Rasûlullah, "her türlü selâmın, duanın, saygının, tazimin, bütün ibâdetlerin ve güzelliğin Allah'a ait olduğunu" söyler. Bunun üzerine Rabbimiz, "Ey Peygamber selâm/esenlik, rahmetim ve bereketim senin üzerine olsun." diye mukabelede bulunur. Buna karşılık Rasûlullah, "Selâm bizim (bütün peygamberlerin) ve Allah'ın salih kullarının üzerine olsun." demektedir. Bunun üzerine Cebrâil (a.s.) de şehadet getirerek bu selâmlaşmaya katılır.[283] Böylece namaz kılan birey, Allah, Rasûlü ve melekleri arasında gerçekleşen vefa, sevgi, minnet, saygı, yüceltme duyguları içerisinde selâmlaşma, dualaşma, rahmet ve bereket iletişimine katılmaktadır.

Namaz kılan birey, "tahiyyât" ifadesi ile kendisini selâmlayan, kendisine hayat veren ve bütünüyle uhrevî ya da dünyevî olarak hayatın oluşması için ya da hayatın sebebi olarak kendisi dışında hiçbir varlık bulunmayan,[284] beka yani sonsuzluk, mülk ve selâm kendisine

282. Sirâcuddîn, Abdullah, *Salavât-ı Şerîfe,* (çev. Mahmut Sezgin), Matsa Basımevi, Ankara 2001, s.63; Dönmez, İbrahim Kafi, *İslâm'da İnanç İbâdeti ve Günlük Yaşayış Ansiklopedisi,* "Teşehhüd Maddesi", Marmara Üniv. İFAV Yay., İstanbul 1997, C. 2, s. 347; Akseki A. Hamdi, *Namaz Sûrelerinin Türkçe Terceme ve Tefsiri,* D.İ.B. Yay., Ankara, 1972, s. 57.
283. İbn Mace, Namaz, 124; bkz. Demirci, *a.g.m.,* s.24; Ece, *a.g.e,* s. 661.
284. el-İsfahânî, *a.g.e.,* s. 198.

ait olan[285] Allah'a bütün saygı ve tazim duyguları içerisinde seslenmektedir. "Tahiyyât" ile ilgili bir hadis-i şerif şu şekildedir: "Rasûlullah'la namaz kılınca, 'Selâm Allah'ın üzerine, selâm Cibrîl ve Mikâil üzerine olsun' derdik. Rasûlullah buyurdu ki: 'Selâm Allah'ın üzerine olsun demeyin. Çünkü Allah, Selâm'ın kendisidir. Ancak şöyle deyin: Tahiyyât, Allah içindir.' "[286]

Namaz kılan kişi, "salavât" ifadesi ile, her türlü duanın, ibâdetin, özellikle de beş vakit namazın Allah için[287] olduğunu belirtmektedir. Bu noktada bazı âlimlere göre, tahiyyat, sözlü ibâdetlerdir; salavât bedenî ibâdetlerdir; tahiyyât da mâlî sadakalardır.[288] Yani, namaz kılan birey, "Her türlü duam, ibâdetim, beş vakit namazım, sözlü, bedenî ve malî ibâdetlerimin hepsi senin için ve senin rızanı kazanmam içindir." demek istemektedir.

Yine namaz kılan kişi "Tahiyyât" ile "Varlığımın kendisinden hoşlandığı ve lezzet aldığı her şey; ilim, iman ve güzel ahlâkım; senden razı olmuş ruhum ve benliğim; senin için işlediğin bütün helâller; namaz esnasında yapmış olduğum dualar, senin varlığını ve birliğini ifade eden güzel sözler, sana şükretmek ve sena etmek için kullanılması uygun olan zikir sözleri ve salih amellerin her çeşidi[289] sadece senin içindir." demektedir.

Tahiyyât duasının devamında namaz kılan birey, Allah'ın selâmının, rahmetinin ve bereketinin Hz. Muhammed'in üzerine olması için duada bulunmaktadır. Namaz kılan bireyin, Allah'ın selâmını Hz. Muhammed'in üzerine sunması, "görünen ve görünmeyen afetlerden, sıkıntılardan korunmuş olması; soyu kesilmeksizin beka, yokluk yaşamadan zenginlik, zilletsiz izzet, hastalıklarla bozulmayan sıhhat bulması; kötülükler, ayıplardan, eksiklerden uzak olması;[290] zâtı kusur-

---

285. İbn Manzûr, *a.g.e.*, C. 14, s. 212.
286. Buhârî, İsti'zân/3, 8/63, Da'avât/16, 8/89; *Müslim,* Salât/55-61, Hadis no: 402-403, 1/301; bkz. Ece, *a.g.e.*, s. 660; Davutoğlu, Ahmet, *Sahîh-i Müslim Tercüme ve Şerhi,* Sönmez Neşriyat, İstanbul, 1973, s. 113.
287. Canan, *a.g.e.*, C. 8, s. 63.
288. Davutoğlu , *a.g.e.*, s. 113.
289. Canan, *a.g.e.*, s. 64; bkz. Davutoğlu, *a.g.e.*, s. 113.
290. el-İsfahânî, *a.g.e.*, s. 350.

dan, sıfatları eksiklikten ve fiilleri kötülükten uzak olan, selâmetin, maddî-manevî huzur ve mutluluğun kaynağı olan Allah'ın "selâm" ismi[291] vasıtasıyla maddî-manevî huzur-mutluluk, selâmet ve barışı[292] Allah Resulü için dilemesi" anlamlarına gelmektedir.

Bununla beraber namaz kılan bireyin, Allah'ın rahmetini Hz. Muhamed'in üzerine sunması; Allah'ın şefkatini, mağfiretini, ihsanını, ikramını, lütfunu ona sunmasını, her türlü belâlardan, sıkıntılardan kurtararak Efendimiz Muhammed'i nimet ve iyiliklere erdirmesini,[293] ona ahiret saadeti ve cemalini göstererek ikramda bulunmasını[294] dilemesi" anlamlarına gelmektedir.

Namaz kılan bireyin, Allah'ın bereketini Hz. Muhammed'in üzerine sunması, "Allah'ın onun üzerindeki ilâhî iyilik ve güzelliklerinin sabit ve devamlı olması; onu ilâhî iyilik ve güzelliklerin bulunma noktası kılınması;[295] onun için ilâhî iyilik ve güzelliklerin artması ve devamlı olması;[296] onun daimi mübarek bir saadet ve yüce derecelere yükseltilmesi ve Allah'ın ona şeref ve yücelik adına verdiği nimetleri sabit ve devamlı kılması[297] için duada bulunması anlamlarına gelmektedir.

Tahiyyât duasının sonlarında namaz kılan birey, "Selâm, peygamberler, peygamber aileleri, yakınları, ümmetleri, dostları, bütün insanlık âlemine yani bizlere ve özellikle hem Allah'ın hem de insanların haklarına riayet eden Allah'ın iyi (salih) kullarının üzerine olsun"[298] demekle bütün bir insanlık ailesini hesaba katan bir sesleniş gerçekleştirmektedir.

Selâm, inananlar ve insanlık ailesi arasında hem bir şiar, hem bir dua, hem de bir sevgi aracıdır. İnananlar ve başta peygamberler, pey-

291. Gazâlî, İlâhî Ahlâk, s. 141.
292. er-Razî, Abdülkadir, Muhtâru's-Sıhah, Müessesetü'r-Risale, Beyrut 1994, s. 31; bkz, Ece, a.g.e, s. 587-588.
293. Ece, a.g.e.,s. 522.
294. Gazâlî, a.g.e., s. 129.
295. el-İsfahânî, a.g.e., s. 57.
296. er-Razî, Abdülkadir, a.g.e., s. 49.
297. İbn Manzûr, a.g.e., s. 396.
298. bkz. Davutoğlu, a.g.e., C. 3, s. 115.

gamberlerin aileleri, yakınları, ümmetleri, dostları olmak üzere bütün insanlık ailesi selâmlaşarak barışı ve esenliği, Allah'ın "Selâm" ismine teslim olmayı, "selâm yurdu" cennete kavuşmayı dilerler.[299]

Gerek Kur'ân'da, gerekse hadislerde sevgi, vefa, minnet duygularının gelişip yaygınlaşması için insanların birbirlerine iyilik ve ikramda bulunmaları emredilmiştir. Sevgi, minnet ve vefanın en yüksek derecesi ise, benmerkezli sevgi anlayışını aşarak Allah'ı, Rasûlü'nü, peygamberleri ve peygamber dostlarını ve en geniş anlamıyla insanlık ailesini, onlardaki iyilik, erdem, güzellik ve yetkinlik gibi üstün nitelikler dolayısıyla sevmektir. İnsanda sevgi, maddî olanı sevmekle başlar, manevî olanı sevmekle gelişir. Bununla beraber sevgi ve sevginin doğal bir sonucu olan kardeşlik, dostluk, vefa, minnet, fedakârlık gibi kavramlar sadece bir duygu yapısını değil, insanları olumlu eylemlere yönelten bir karakter yapısını ve toplumsal dayanışma unsurlarını da ifade etmektedir.[300] Bu bağlamda Tahiyyât duası, namaz kılan insanın kendi varlığının devamını sağlayan, insana iyilik ve ikramda bulunan Rabbine karşı sevgisini, minnetini, duasını, selâmını, ibâdetlerini, saygısını; O'na şükrünü, minnetini, sevgisini ve övgüsünü sunmak için zikir, sevgi ve övgü sözlerini samimî bir şekilde sunmasının bir ifadesidir. Devamında Tahiyyât duası, Hz. Muhammed'e Allah'ın selâmının, rahmetinin ve bereketinin sunulması için namaz kılan bireyin O'na ettiği dua, selâm ve sevginin ifadesidir. Nitekim Mevlânâ, Tahiyyât duasında namaz kılan bireyin, Peygamber'e sunduğu vefa, sevgi, minnet ve duasını şöyle ifade eder: "Dünyadan maksat insandır. İnsandan maksat da o nefestir (Hz. Muhammed)."[301]

Sevgi; umut, iyimserlik, fedakârlık, sorumluluk, üretkenlik vb. gibi hayata anlam kazandıran tüm psiko-sosyal süreçlerin ardında itici bir güç olarak işlevini sürdürür. Aynı zamanda sevgi, varoluşsal bir ihtiyaçtır. Bu nedenle sevgi ve ilgi yoksunluğu altında yetişen birey, hayatla ilişkisinde başlıca üç farklı tepki geliştirir. Bunlar sevilmek için

299. Ece, *a.g.e.*, s. 660.
300. İslam Araştırmaları Merkezi, *İlmihal II, İslâm ve Toplum*, T.D.V. İslam Araştırmaları Merkezi Yay., İstanbul 2000, s. 32.
301. Yeniterzi, *a.g.e.*, s. 20.

aşırı çabalar; düş dünyaya açık isyan ve kendi kabuğuna çekilip içe kapanma şeklinde özetlenebilir.[302] Nitekim namaz kılan birey, Tahiyyât duasında, Allah'a selâmını, sevgisini, minnetini, duasını, saygısını, ibâdetlerini ve övgüsünü sunmak üzere zikir, sevgi ve övgü sözlerini ifade etmekte; Hz. Muhammed için Allah'ın selâmını, rahmetini bereketini dilemekte; bütün insanlık ailesi için selâm, saadet, esenlik, güven ve barış duasında bulunmaktadır. Bu nedenle Tahiyyât duasına katılan bireyler, Allah'ın, Rasûlü'nün ve bütün insanlık ailesinin selâmına; sevgi, vefa, minnet, övgü duyguları içerisindeki duasına ortak olmaktadır. Böylece namaz kılan birey, Allah'ın, Rasûlü'nün ve bütün insanlık ailesinin duasına, selâmına ortak olduğu için bireyin, en yüksek düzeyde tecrübe ettiği sevgi, minnet ve saygı duyguları, umut, iyimserlik, fedakârlık, sorumluluk, üretkenlik vb. hayata anlam kazandıran olumlu karakter özelliklerinin gelişmesine katkıda bulunmaktadır. Bu durumun sonucunda birey, sevgi ve ilgi yoksunluğu gibi psikolojik bir problemle karşılaşmayacaktır.

Tahiyyât duasında Allah, Rasûlü ve bütün insanlık ailesi arasında uyumlu, birbirini bütünleyen, karşılıklı bir selâmlaşma, dualaşma ve bunun sonucu vefa, sevgi, minnet, saygı iletişimi gerçekleşmektedir. Bu yönüyle Tahiyyât duasındaki selâmlaşma, sevgi iletişimini geliştirici ve çift yönlü bir akışkanlığa sahiptir. Böyle bir sevgi atmosferinde bireyler birbirini tamamlayarak bütünleşir, ortak değerler geliştirerek uyumlu bir beraberlik tesis ederler. Burada birliğin teminatı sevgidir.[303]

db. Salavât ve Salli-Bârik Duaları

Allahümme Salli Duası:

Namaz kılan birey, dua oturuşu esnasında, "Allahım! Hz. İbrahim'e, ailesine, yakınlarına, ona itaat eden ümmetine, ona tebliği

302. Bahadır, Abdülkerim, *Hayatın Anlam Kazanmasında Psiko-Sosyal Faktörler ve Din*, Doktora Tezi, U.Ü. Sosyal Bil. Enstitüsü, Bursa 1999, s. 63-64.
303. Adler, Alfred, *Yaşamanın Anlam ve Amacı*, (çev. Kamuran Şipal), Say Yay., İstanbul, 1993, s. 248-249.

ve mücadelesinde yardım eden dostlarına[304] salât ve rahmet ettiğin gibi Hz. Muhammed'e, ailesine, yakınlarına, ona itaat eden ümmetine, ona tebliğ ve mücadelesinde yardım eden dostlarına salât ve rahmet et."[305] diyerek Hz. İbrahim'in şahsında Allah'ın varlığını ve birliğini tebliğ eden Hz. İbrahim'den önceki peygamberleri, peygamber ailelerini ve ümmetlerini, peygamberlere mücadelesinde yardım eden dostlarını; Hz. Muhammed'i anmak sûretiyle Hz. İbrahim sonrası yani Peygamberimize gelinceye kadar bütün peygamberleri, peygamber ailelerini ve ümmetlerini, peygamberlere mücadelesinde yardım eden dostlarını ve nihayetinde Peygamberimizi, ailesini ve ümmetini, peygamberimize mücadelesinde yardım eden dostlarını sevgi, minnet, övgü, takdir ve en önemlisi bu duyguların motive ettiği vefa duygusu içerisinde dua ile anmaktadır.

Böylece namaz kılan birey, "salavât" duaları ile peygamberleri, peygamber ailelerini ve dostlarını vefa ve minnet duyguları içerisinde anma ve ibretle onları hatırlama[306] emrine icabet etmektedir. Nitekim Peygamberimiz, insanlar iman etmedikleri için neredeyse kendini helâk edecek kadar üzmüş,[307] ümmetine ve dostlarına hep vefa ve sadakat duyguları içerisinde duada bulunmuştur. İşte namaz kılan birey, salavât duaları ile hem peygamberleri, peygamber ailelerini ve dostlarını vefa, sevgi ve diğerkâmlık duyguları içerisinde hatırlayacak; hem de onlara salât ederek[308] onların dünya ve ahirette yüceltilmeleri[309] için duada bulunacaktır.

Namaz kılan bireyin, Hz. İbrahim ve Hz. Muhammed'in şahsında Allah'ın varlığını ve birliğini anlatmak üzere mücadele eden bütün peygamberlere, peygamberlerin ailelerine, yakınlarına, dostlarına,

---

304. İbrahim Mustafa , Ahmed Hasan, Ziyad Hamid Abdülkadir, Muhammed Ali Neccâr, *Mu'cemü'l-Vasît,* Çağrı Yayınları, İstanbul,1996, s. 33; Abdülkadir er-Razî, *Muhtâru's-Sıhah,* Müessesetü'r-Risale, Beyrut 1994, s. 33.
305. Akseki, A. Hamdi, *Namaz Sûrelerinin Türkçe Terceme ve Tefsiri,* D.İ.B. Yayınları, Ankara 1972, s. 58; Dönmez, *a.g.e.,* "Allahümme Salli" maddesi, C. 2, s. 120.
306. bkz. Meryem, 19/56-58; Enbiya, 21/83-91; Tahrim, 28/11.
307. Şu'arâ, 26/3; Sa'd, 38/41-48.
308. Salli.
309. Bârik.

ümmetlerine "salât etmesi", onlara dua etmesi; onların eksik ve kusurlardan, olumsuz hâllerden kurtulmasını dilemesi; Allah'ın onlara rahmet etmesini,[310] ayrıca Allah'ın onlara rahmetini en güzel şekilde sena etmesini istemesi; meleklerin onlara dua ve istiğfâr da bulunması[311] için kulun duada bulunması" anlamlarına gelmektedir. Bununla beraber namaz kılan bireyin Hz. Muhammed'e salâtı, "Ona en lâyık olan nimetleri ihsan et. Çünkü onun yüceliğini ve şerefini ancak tam manasıyla sen bilirsin."[312] anlamına gelmektedir.

Nitekim, namaz kılan bireyin "Âl-i" diye seslendirdiği, Peygamber ailesi ve yakınlarını ifade ettiği düşünülen bu ifade, aynı zamanda peygamber ümmetlerini de kapsamaktadır. Bu nedenle, "Âl-i İbrahim" tabiri birçok peygamberi kapsarken, "Âl-i Muhammed" sadece tek peygamber olan Hz. Muhammed'i ifade eder. Bu yüzden sadece bir peygamberi ifade eden cemaat birçok peygamberi ifade eden cemaat içerisinde dua ile anılmaktadır.[313]

En geniş anlamıyla Allah'ın "salât etmesi", kullarına rahmet etmesini; namaz kılan bireylerin "salât etmesi" onların dua etmesini; meleklerin "salât etmesi" namaz kılan bireyler ve kullar için af dilemelerini ifade etmektedir.[314] Nitekim salavât duasıyla vefa ve sevgi iletişimine katılan namaz kılan bireyler, Allah'ın, "Hiç şüphesiz Allah ve melekleri peygamberlere salât etmektedirler. Ey iman edenler! Siz de ona salât edin ve tam bir teslimiyetle ona selâm verin."[315] emrine uyarak Allah'ın, meleklerin ve peygamberlerin dualarını, rahmetini ve mağfiretini kazanmak sûretiyle zihin ve ruh dünyalarını zenginleştirebilmektedirler. Böylece namaz kılan birey, peygamberler, peygamber yakınları, dostları ve ümmetleri için duada bulunmayı; vefa, sevgi ve minnet duygularını en üst düzeyde yaşamayı; salavât getirenler arasındaki ortak dualaşma, sevgi ve saygı iletişimine katılmayı tecrübe etmektedir. Böylece namaz kılan kişi, salavât duaları ile vefa, sevgi,

---

310. el-İsfahânî, *a.g.e.*, s. 244-245.
311. İbn Manzûr, *a.g.e.*, C. 14, s. 474.
312. İbn Manzûr, *a.g.e.*, C. 14, s. 474.
313. Davutoğlu, *a.g.e.*, C.3, s. 328.
314. Ece, *a.g.e.*, s. 549; Ünal, *a.g.e.*, s. 502-503.
315. Ahzâb, 33/56.

minnet, şükür, saygı, diğerkâmlık, dualaşma vb. olumlu duygu ve düşünceleri zenginleştirmek sûretiyle olumlu karakter özelliklerini geliştirebilecektir.[316]

Allâhümme Bârik Duası:

Namaz kılan birey, dua oturuşu esnasında, "Allahım! Hz. İbrahim'i, ailesini, yakınlarını, O'na itaat eden ümmetini, O'na tebliğ ve mücadelesinde yardım eden dostlarını mübarek kıldığın gibi; Hz. Muhammed'in ailesini, yakınlarını, O'na itaat eden ümmetini, O'na tebliğ ve mücadelesinde yardım eden dostlarını da mübarek kıl. Şüphesiz sen övgüye ve saygıya en lâyıksın, gerçekten şan ve şeref sahibi de yalnız sensin."[317] şeklinde dua etmektedir.

Namaz kılan bireyin, Hz. İbrahim ve Hz. Muhammed'in şahsında Allah'ın varlığını ve birliğini anlatmak üzere mücadele eden bütün peygamberleri, peygamberlerin ailelerini, yakınlarını, dostlarını, ümmetlerini "mübarek kılması," onlar üzerinde ilâhî iyilik ve güzelliklerin sabit ve devamlı olması[318] için duada bulunması;[319] onları daimî mübarek bir saâdet ve yüce derecelere yükseltilmesine ve Allah'ın onlara şeref ve yücelik adına verdiği nimetleri sabit ve sürekli kılmasına yönelik[320] duada bulunması anlamlarına gelmektedir.

Aynı zamanda Peygamberimize salavât duasında bulunmaktan amaç: "Ya Rabbi! Onun namını, şanını dünya ve ahirette yüce kıl; davetini meydana çıkar; şeriatını devam ettir; ahirette ümmeti için O'na şefâat hakkı ver; ecrini kat kat ihsan eyle." duasında bulunmaktadır.[321] Başka bir ifadeyle, Salli-Bârik duaları, şu anlamları ifade etmektedir: "Allahım Rasûlullah'a merhamet et. Onun adını ve şânını yücelt. Dinini güçlendir. Hz. İbrahim'i bütün âlem için mübarek ve mukaddes kıldığın gibi Hz Muhammed'i de bütün âlem için mübarek

316. bkz. el-İsfahânî, a.g.e., s. 244-245; İbn Manzûr, a.g.e., s. C. 14, s. 474.
317. Akseki, a.g.e., s. 58; Dönmez, a.g.e., "Allahümme Salli" maddesi, C. 2, s. 120.
318. el-İsfahânî, a.g.e., s. 57.
319. er-Razî, Abdülkadir, a.g.e., s. 49.
320. İbn Manzûr, a.g.e., C. 12, s. 396.
321. Davutoğlu, a.g.e., C. 3, s. 1310.

ve mukaddes kıl." Bu duada namaz kılan birey, Hz. İbrahim'in şânı-nın yüceltildiği gibi Hz. Muhammed'in şanının yüceltilerek bütün in-sanlık için sevgili kılınmasını; bütün insanlığın Hz. Muhammed'in peygamberliğine ve tevhîd dinine inanmasını dilemektedir.[322]

Bize göre Hz. İbrahim'in dua oturuşu esnasında namaz kılan bi-rey tarafından anılmasının nedenleri şunlardır:

"Allah'ın davası için O'nun yolunda gösterilmesi gereken en üs-tün, en zorlu çabaya girişin; sizi seçen ve din konusunda üzerinize bir zorluk, bir güçlük yüklemeyen O'dur; ve size 'atanız' İbrahim'in inan-cını izlemeyi öneren de O'dur."[323] ayetinde vurgulandığı üzere, salavât dualarında Hz. İbrahim'in anılmasının nedeni, sadece Hz. Muhammed'in soyca atası olduğu için değil; fakat aynı zamanda ken-dini bilinçli olarak Allah'a teslim eden herkes için bir öncü, bir örnek olduğu ve dolayısıyla Allah'ın varlığı ve birliğine inanan ve bu inancı kabul ederek doğrulayan peygamberlerin ve inananların manevî atası olduğu için "atanız" olarak nitelendirilmektedir.[324]

"Bununla beraber, 'atanız İbrahim'in dini' genel esaslarıyla Hz. Muhammed'in dininin öncüsüdür. Bu durum da Hz. Muhammed'in emirlerine uymanızın gerekçelerinden biridir. Sizleri Müslüman ola-rak adlandıran, atanız İbrahim'in gayretlerine dayanmaktadır ki bü-tün peygamberlerin yolu Hz. İbrahim'in Allah'ın birliği ve varlığının doğrulandığı yoludur."[325] Bu nedenle namaz kılan birey, Hz. İbrahim'in şahsında Hz. İbrahim'den öncesinden başlayarak Hz. Mu-hammed'e kadar ulaşan bütün peygamberler zincirini sevgi, minnet, vefa ve şükran duyguları içerisinde dua ile anmaktadır.

Namaz kılan bireyin, salavât dualarında Hz. İbrahim'i anmasının nedenlerinden ikincisi de, onun insanlık için evrende yansımaları gö-rünen ilâhî isim ve sıfatları fark ederek Rabbini ve kendini tanıyan;

322. Tabbâra, Afif Abdülfettâh, *Rûhu's-Salâti fi'l-İslâm*, Daru'l-İlim, Beyrut, 1979, s. 53.

323. Hac 22/78; bkz. Esed, Muhammed, *Kur'ân Mesajı, Meal-Tefsir*, (çev Cahit Koytak, Ahmet Ertürk), İşaret Yay., İstanbul, 1997, s. 686.

324. Esed, *a.g.e.*, s. 687.

325. Hicâzî, M. Mahmûd, *Furkan Tefsiri*, (çev. Mehmet Keskin), İlim Yay., İs-tanbul, trs., C. 4, s. 173.

bu noktada zihinsel, ruhsal ve duygusal eşsiz bir gücün kendisine verildiğini keşfederek kendi içindeki ilâhî özü gerçekleştiren bir "örneklik" teşkil etmesi[326] nedeniyledir.

Namaz kılan bireylerin, salavât dualarında, Hz. İbrahim'i anmasının nedenlerinden biri de, O'nun namaz ibâdetine olan vefası ve sevgisidir; Hz. İbrahim'in namaz ibâdetine verdiği önemdir. Nitekim Hz. İbrahim, "Rabbim, beni ve soyumdan gelen insanları namaza ait tüm hakları ve namazın şartlarını dosdoğru yerine getirerek[327] namazda devamlı[328] ve duyarlı[329] kıl"[330] duasında bulunmuştur. Hz. İbrahim'in namaz ibâdetine olan sevgisi, vefası, verdiği önem, namaz ibâdetine devamlılığı ve duyarlılığı ile birlikte, namazın hakkını ve şartlarını yerine getirerek bütün insanlık ailesine namaz kılması için ettiği bu dua vesilesiyle bütün namaz kılanlar tarafından sevgi, minnet, takdir, şükran duyguları içerisinde salavât dualarında dua ile anılmaktadır. Unutulmamalıdır ki Hz. İbrahim'in şahsında bütün peygamberler, peygamber aileleri, yakınları, dostları, ümmetleri de bu duanın kapsamına girmektedir.

Salavât duaları esnasında namaz kılan birey tarafından Hz. İbrahim'in dua ile anılışının nedenlerinden biri de, Allah'ın onu kendisine gerçek bir dost edinmiş olmasıdır. Nitekim Allah, O'nun hakkında şöyle buyurmuştur: "İşlerinde doğru olarak kendini Allah'a veren ve İbrahim'in Allah'ı bir tanıyan dinine tâbi olan kimseden dince daha güzel kim vardır? Allah İbrahim'i dost edinmiştir."[331] Ancak Hz. Muhammed, Allah'ın dost edindiklerinin en büyüğü, O'na en yakın olanıdır. Hz. Muhammmed'e verilen dostluk mertebesi İbrahim (a.s)'e verilen dostluk mertebesinin üstündedir.[332] Bu nedenle sadece

---

326. bkz; En'am, 6/74-80.
327. bkz. el-İsfahânî, a.g.e., s. 630.
328. bkz. Derveze, İzzet, et-Tefsîrü'l-Hadîs, Nüzul Sırasına Göre Kur'ân Tefsiri, (çev. Şaban Karataş, Ahmet Çelen, Mehmet Çelen), Ekin Yayınevi, İstanbul, 1998, C. 4, s. 106.
329. Esed, a.g.e., s. 509.
330. İbrahim, 14/40.
331. Bakara, 2/128.
332. Sirâcuddîn, Abdullah, Salavât-ı Şerîfe, (çev. Mahmut Sezgin), Matsa Basımevi, Ankara, 2001, s. 275.

Allah'ın yardımını ve dostluğunu dileyen,[333] Allah'tan başka ibâdet edilecek, yardım dilenecek hiçbir merci[334] olmadığına inanan namaz kılan birey, Allah'ın dostluğunu kazanmış bütün peygamberleri Hz. İbrahim'in şahsında dua ile anarken; aynı zamanda Allah'ın en sevdiği insan olan Hz. Muhammed'i, O'nun yakınlarını, ailesini, dostlarını, onu seven toplumların hepsini sevgi, minnet, şükran, takdir duygularının psikolojik ve ruhsal anlamda yerleştiği bir tarzda dua ile anmaktadır. Bu nedenle Allah dostlarını sevgi, minnet, dua ile anan bir birey ile Allah ve Allah dostları arasında güven sevgi, minnet, takdir, şükran ve vefa etkileşimi oluşmaktadır. Bu etkileşim namaz kılan bireyin psikolojik yapısını her namazda yeniden şekillendirecek; ve böylece salavât dualarının sonucunda güven, sevgi, minnet, takdir, övgü duygularının yerleşmesi mümkün olacak, ayrıca diğerkâmlık, şükür ve vefa, hoşgörü, alçakgönüllülük vb. olumlu karakter özelliklerini gelişmesi de sağlanabilecektir.

Salavât duasında Hz. İbrahim'in anılmasının başka bir nedeni de, Hz. İbrahim'in, Hz. Muhammed'in ümmeti için yapmış olduğu şu övgü cümlesi ve duasıdır: "Ey Rabbimiz, onlara, içlerinden senin ayetlerini kendilerine okuyacak, onlara kitap ve hikmeti öğretecek, onları temizleyecek bir peygamber gönder. Çünkü üstün gelen, herşeyi yerli yerince yapan yalnız sensin."[335]

Bu nedenle efendimiz Hz. Muhammed, "Ben İbrahim'in duasıyım." derdi.[336]

Dolayısıyla biz salavât dualarında, Hz. İbrahim'in peygamber ümmetlerine ve özellikle de bizim peygamberimize ve O'nun ümmetine olan sevgi ve vefasını görmekteyiz. Bu nedenle namaz kılan birey, peygamberler arası yaşanan sevgi, minnet, takdir ve şükran duygularına duasıyla ortak olmaktadır.

Hz. İbrahim'in salavât dualarında anılmasının bizce bir diğer nedeni de, Hz. İbrahim'in etmiş olduğu şu duadır: "Benden sonra gele-

---

333. *İyyâke na'budu ve iyyâke neste'în.*
334. *Ve lâ ilâhe gayruk.*
335. Bakara, 2/129
336. Dârîmî, *Sünen*, 1, 26.

cek nesiller içinde iyilikle anılmamı nasib eyle."[337] Yani Hz. İbrahim, "daha sonra gelecek ümmetler arasında benim hoşça anılıp iyi duygular içerisinde hatırlanmamı sağla" demek istemiştir. Bu topluluklar kendisinden sonra gelen Hz. Muhammed ümmetinin de içinde bulunduğu topluluklardır.[338]

Sevmek, bir insanın sevme gücünün ifadesidir ve birini sevmek demek bu gücün bir kişi üzerinde toplanması ve gerçekleşmesi demektir. Bir kişiye duyulan sevgi, insana duyulan sevginin varolmasını gerektirir. Bu noktada başkalarına duyulan sevgi ile kendimize duyduğumuz sevgi birbirini imkânsız kılan iki seçenek değildir. Tersine başkalarını sevme yeteneği olanların hepsinin, kendilerine karşı da sevgi duydukları görülecektir. Aynı zamanda gerçek sevgi yaratıcılığın ifadesidir; ilgi, bakım, saygı sorumluluk ve bilgiyi gerektirir. Sevgi sadece başka bir insan tarafından etkilenmiş olmak anlamına gelen bir "duygu" değildir; bir insanda var olan sevme yeteneğinden kaynaklanan ve sevilen kişinin gelişmesine ve mutluluğuna yönelik etkin bir çabadır.[339] Nitekim namaz kılan birey salavât duasında, Hz. İbrahim'in şahsında bütün peygamberler, peygamber aileleri, yakınları, dostları, ümmeti için sevgi, minnet, takdir ve vefa duyguları içerisinde rahmet dilemekte, onların dünya ve ahirette mübarek kılınmaları için duada bulunmaktadır. Bu nedenle namaz kılan bireyin, bütün insanlık ailesi için ettiği duaları ve iyi dilekleri saygıya ve sevgiye lâyık olan kendisine de sevgi duymasını sağlayacaktır. Bu yönüyle salavât duaları, seven ve sevilen kişilerin karakter yönünden gelişmesine ve mutluluğuna katkıda bulunacaktır; varoluşsal sevme yeteneğini geliştirecektir.

Bu bağlamda sevgi, varoluşu değerli kılan ve insanı tüm olumlu davranışlarında harekete geçiren bir hayat enerjisidir. İnsan bu enerji ile önce kendine, sonra kendi ötesine, hayata ve tüm canlı-cansız varlığa açılır. Sevgi ve vefa duygusu, insan ruhunun en güçlü yanından kopup gelen ve muhâtabının biricikliğine yönelen köklü bir tecrübe-

---

337. Şu'arâ, 26/3.
338. Sirâcuddîn, a.g.e., s. 279.
339. Fromm, Erich, Erdem ve Mutluluk, (çev: Ayda Yörükan), Türkiye İş Bankası Kültür Yay., İstanbul 1995, s. 157.

dir. Böyle bir sevgide sevilen kişilerin sadece dış görünüşü değil, tutum, düşünce ve davranışları ile tüm kişisel özelliklerini benimseme ve sevme söz konusudur.[340] Namaz kılan kişinin salavât duaları esnasında bütün insanlık ailesi için duada bulunması, rahmet dilemesi ve onların dünya ve ahirette yüceltilerek mübarek kılınmasını dilemesi bireyin sevgi ve vefa duygularının gelişmesini mümkün kılar. Bu durum salavât duaları esnasında da bireyin varoluşunu değerli kılan; insanı tüm olumlu davranışlarında, dolayısıyla olumlu karakter özelliklerini geliştirmesi noktasında motive eden bir hayat enerjisi sağlar. Bu enerji vasıtasıyla birey, önce kendine, sonra kendi ötesine, hayata ve tüm canlı-cansız varlığa sevgi ve vefa duyguları içerisinde davranmayı ve duada bulunmayı öğrenir. Bütün insanlık ailesini geliştirdikleri olumlu kişilik ve karakter özellikleri ile benimser ve onları bu yönleriyle örnek edinir.

dc. Rabbenâ Duaları:

Rabbenâ Âtinâ Duası:

Namaz kılan birey, dua oturuşunda, "Rabbimiz bize dünyada da iyilik ver, ahirette de iyilik ver, bizi ateş azabından koru."[341] diye duada bulunmaktadır.

Namaz kılan bireyin dünyada da ahirette de "iyilik" dilemesi, güzel olanı dilemesi; insanın hâllerinde, ruhunda ve bedeninde ulaştığı nimetlerden sevindiren her şeyi arzu etmesi; her türlü sevaba, mal ve mülkte bolluğa ulaşmayı istemesi; nefsini terbiye ederek temizlenmeyi, olumsuz duygu, düşünce ve davranışların ilâhî hikmet ile iyiliğe ve güzelliğe dönüştürmeyi dilemesi"[342] anlamlarına gelmektedir.

Aynı zamanda namaz kılan bireyin dünyada da ahirette de "iyilik" dilemesi, çirkin olan her şeyin zıddı olan güzeli ve iyiyi dilemesi, cenneti arzu etmesi; nimet, ganimet, Allah'a, insanlara ve yaratılmış-

340. Bahadır, *a.g.t.*, s. 59-60.
341. Bakara, 2/201, bkz. Akseki, *Namaz Sûrelerinin Türkçe Terceme ve Tefsiri*, s. 59.
342. el-İsfahânî, *a.g.e.*, s. 170.

lara samimiyet ve içtenlik duyguları beslemeyi ifade eden ihlâsı istemesi[343] anlamlarına gelmektedir.

Duada "hasene" diye ifade edilen iyilik ve güzellik, "kişinin ulaştığı her türlü sevindirici nimet; kişinin başına gelen mutluluk, afiyet, galibiyet, başarı, nimete erme, görevini yapma, helâlden yemek, nikâhlı yaşamak, doğru olmak, adaletli iş yapmak, başkalarına iyilik etmek, güzel ve tatlı söz söylemek, varılacak güzel yer,[344] uyulması gereken, şüpheden uzak olan güzel söz,[345] insanı yücelten, Allah'a yaklaştıran güzel imtihan,[346] Allah'ın işleyenlere güzel bir geçimlik verdiği salih amel[347] anlamlarına gelmektedir.[348]

Bu bağlamda namaz kılan birey, bu duada, peygamberler, peygamber aileleri, peygamber yakınları, dostları ve ümmetleri başta olmak üzere bütün insanlık ailesi için, akıl, arzu, istekler ve duyular yönüyle güzel olanı; insanın ruhsal, duygusal ve zihinsel olarak ulaştığı nimetlerden sevindiren her şeyi; her türlü sevabı, mal ve mülkte bolluğu ve bereketi; nefsini terbiye ederek temizlemeyi, olumsuz duyu, düşünce ve davranışları ilâhî hikmet ile iyiliğe ve güzelliğe dönüştürmeyi; cenneti, ganimeti, ihlâsı kişinin ulaştığı her türlü sevindirici nimeti; mutluluk, afiyet, galibiyet ve başarıyı; helâl yemeyi; doğru olmayı; görevlerini yerine getirmeyi; adaletli iş yapmayı; başkalarına iyilik etmeyi; güzel ve tatlı söz söylemeyi; Allah katında varılacak en güzel mekânı; uyulması gereken şüpheden uzak güzel işleri; insanı yücelten, Allah'a yaklaştıran bütün güzellik ve iyilikleri; Allah'ın işleyenlere güzel bir geçimlilik verdiği salih amelleri[349] dünya ve ahirette diliyorum, demektedir.

Ayrıca iyilik ve güzellik Allah'tandır. Allah, her şeyi güzel yarattığı gibi, iyilik işleme gücünü de insana vermiş olup, onu iyiliklere yöneltir. Buna karşılık Allah hiçbir zaman kötülüğü irade etmez ve ku-

343. İbn Manzûr, a.g.e., C. 13, s. 114.
344. Âl-i İmrân, 3/14.
345. Bakara, 2/83.
346. Enfâl, 8/17.
347. Hûd, 11/3.
348. Ece, a.g.e., s. 257.
349. bkz. el-İsfahânî, a.g.e., s. 170; İbn Manzûr, a.g.e., C. 13, s. 114.

lunu kötülük işlemeye yöneltmez. Kötülüğü misliyle cezalandırır ve çoğunu bağışlarken, iyiliği on katıyla hatta daha fazlasıyla mükâfat-landırır.[350] Namaz kılan birey, bu dua vasıtasıyla iyiliklerin Allah'tan geldiğine inanarak O'ndan dilemekte, Allah'tan kendisini iyilik ve güzelliklere yöneltmesini arzu etmektedir. Bu dua vasıtasıyla Allah'ın hiçbir zaman kulu için kötülüğü irade etmeyeceğine, kulunu hiçbir durumda kötülük işlemeye yöneltmeyeceğine dair inanç ile olumlu karakter özelliklerini geliştirmeye motive olacaktır.

Rabbena'ğfirlî Duası:

Namaz kılan birey, dua oturuşunun sonlarına doğru, "Rabbimiz hesabın görüleceği gün, beni, anne-babamı ve bütün inananları bağışla."[351] diye duada bulunmaktadır.

Bu duada namaz kılan birey, insanlık ailesine fayda sağlayabilmek üzere dünya ve ahirette iyilik isteyen teslim olmuş ve inanan birey olarak kendi hatasının hesap gününde bağışlanmasını dilemektedir. Daha sonra kendisine hakkı geçen ve emek veren bireylerin en başında gelen anne-babasının hesap gününde bağışlanarak cennet nimetlerine kavuşmaları için duada bulunmaktadır. Nitekim Kur'ân-ı Kerim'de "bana, anne-babana şükret"[352] diye vurguda bulunularak bireyin anne-babasına saygı, minnet, şükran ve vefa duyguları içerisinde yaklaşmasını emredilmektedir. Bu bağlamda namaz kılan birey, anne-babanın şahsında kendisine hakkı geçen, emek veren bütün kişileri, Allah'ın, hesap gününde bağışlamasını ve günahlarını örterek merhamet etmesini dilemektedir.

En son olarak namaz kılan birey, Allah'ın varlığına ve birliğine inanan, bu inanç uğrunda mücadele eden, aynı amaç ve değerleri paylaşan başta peygamberimiz ve bütün peygamberler olmak üzere peygamber aileleri, yakınları, dostları ve ümmetlerini içine alacak şekilde en geniş düzeyde aynı amaç, değer ve dini paylaşan bütün insanlık ai-

---

350. Ünal, Ali, *Kur'ân'da Temel Kavramlar*, Beyan Yay., İstanbul, 1996, s. 320.
351. İbrahim, 14/41 bkz, Akseki , *a.g.e.*, s. *59*; Derveze , *a.g.e.*, C. 4, s. 107-108; Ateş, *a.g.e.*, C. 5, s. 29-30.
352. Lokman, 31/14.

lesinin hesap gününde Allah'ın iyiyi-güzeli açığa çıkararak, kötüyü-çirkini örterek günahlarını affetmesi; imanlı olarak ölenlerin güzel işlerinin sevabı ile günahlarının çirkinliklerini örtmek sûretiyle bağışlanmasını[353] dilemektedir.

Rabbi'c-alnî Duası:

Namaz kılan birey, dua oturuşunda "Rabbim beni ve soyumdan gelen insanları, namaza ait tüm hakları ve namazın şartlarını dosdoğru yerine getiren,[354] namaz hususunda devamlı[355] ve duyarlı[356] olanlardan kıl"[357] diyerek duada bulunmaktadır. Aynı zamanda namaz kılan birey, kendisinin ve kendi soyundan gelen insanların namazla hedeflenen bütün amaçları gerçekleştirmesini; namaz esnasında Allah'ı hakkıyla zikretmek, O'na gereği gibi saygı göstermek, O'nun huzurunda gereği gibi tevazu göstermek, O'nu gereği gibi tesbîh ve tenzîh etmek, Ona dua etmek vb. namazın hedeflerini en kusursuz şekilde yerine getirmesini[358] dilemektedir. Böylece namaz kılan kişi kendisinin ve kendi soyundan gelen kişilerin özenle ve şartlarına riayet ederek namazı kılmasını; namazdan alıkoyan her türlü psikolojik ve fiilî baskıya karşı direnmesini[359] istemektedir. Namaz kılan kişi kendilerine duada bulunduğu kendi soyundan gelen insanların, bu duanın kapsamına giren bireylerin ve namaz kılan bütün insanlık âleminin kötülüklerden alıkoyacak[360] olumlu karakter özelliklerini geliştirebilecek bir kaliteye ulaşması ve ruhsal, duygusal, zihinsel bir güç kazanması için duada bulunmaktadır. Netice itibarıyla şartlarına uygun ve gereği gibi kılınan bir namaz, olumlu karakter özelliklerinin gelişmesinde doğrudan katkıda bulunacaktır.

353. Gazâlî, İlâhî Ahlâk, (çev. Yaman Arıkan), Uyanış Yayınevi, İstanbul, 1983, s. 162-163.
354. bkz. el-İsfahânî, a.g.e., s. 420-421.
355. bkz. Derveze, a.g.e., C. 4, s. 106.
356. Esed, a.g.e., s. 509.
357. İbrahim, 14/40.
358. Ece, a.g.e., s. 570.
359. Yıldız, a.g.e.,s. 142.
360. Ankebût, 29/45.

Bu dua, Hz. İbrahim'in duası olarak onun namaz ibâdetine duyduğu vefa, sevgi ve önemi göstermektedir. Hz. İbrahim'in namaz ibâdetine devamlı duyarlı, sevgi ve vefa duyguları içerisinde namazın hakkını ve şartlarını yerine getirerek bütün insanlık ailesinin namaz kılması için ettiği bu dua vesilesiyle, Hz. İbrahim bütün namaz kılanlar tarafından sevgi, minnet, takdir, şükran duyguları içerisinde dua ile anılmaktadır. Aynı zamanda Hz. İbrahim'in şahsında bütün peygamberler, peygamber aileleri, yakınları, dostları, ümmetleri de bu duanın kapsamına girmektedir.

Nitekim William James'in deyişiyle, bir insanın kendi ailesini sevip de "yabancılar" karşısında duygusuz kalmasına yol açan bir çeşit "işbölümü", temel bir sevme yeteneksizliğinin belirtisidir. İnsan sevgisi, özel bir kişiye duyulan sevgiden sonra gelen bir soyutlama değil, aslında belirli kişileri sevmekle kazanılmasına rağmen, bütün insanlığı sevmenin ön şartıdır. Bu durumun aksine bencil bir insan yalnızca almaktan hoşlanır. Dış dünyaya yalnızca ondan elde edeceği menfaatler açısından bakar; başkalarının ihtiyaçlarına ilgi duymaz, onların kişilik bütünlüğüne ve değerine saygı göstermez. Herkesi ve her şeyi kendine olan yararı açısından değerlendirir; sevme yeteneğinden büsbütün yoksundur.[361]

Rabbenâ dualarının insanlık âlemine yaydığı sevgi, minnet ve vefa duyguları göz önünde bulundurulduğunda birisinin başka birini yalnızca belli bir amaç için bir araç olarak kullandığını ya da asıl olarak, bu kişiyi bazı gereksinimleri karşılamak amacıyla kullandığını gördüğümüzde bunun sevgi, minnet ve vefa anlayışına uymadığını fark ederiz. Nitekim sevgi yoksunluğu problemi yaşayan nevrozlar, kendilerine düşman ve tehditkâr gördükleri bir dünya karşısında temelden bir çaresizlik içinde sevgi arayışına yönelmekle kalmayacak; aynı zamanda sevgi yoksunluğundan mustarip nevrozlar her çeşit sevgiye karşı yüzeysel de olsa, bir güven ya da mutluluk duygusu besleyeceklerdir. Ancak nevrozlar, bu duruma içten içe bir inançsızlık duyacak ya da bu durum onlarda güvensizlik ve korku uyandıracaktır.[362] Bu bağlamda

361. Fromm Erich, *Erdem ve Mutluluk*, (çev: Ayda Yörükan), Türkiye İş Bankası Kültür Yayınları, İstanbul, 1994, s. 158.
362. Horney, *a.g.e.*, s. 93-94, 98.

Tahiyyât, salavât ve Rabbenâ duaları vasıtasıyla yüce yaratıcı, bütün peygamberler ve insanlık ailesi arasında yayılan vefa, sevgi, minnet duyguları namaz kılan birey üzerinde temel güven duygusunun oluşmasını sağlayacak; ruh sağlığı bozuk (nevrozların) çaresizlik ve güvensizlik duyguları içerisindeki sevgi arayışından onu koruyacaktır. Aynı zamanda Rabbenâ, Tahiyyât ve salavât duaları vasıtasıyla insanlar, peygamberler ve yüce yaratıcı arasındaki sevgi, güven, minnet ve vefa duygularının canlandığına inanan birey, namazda tecrübe ettiği sevgi, güven, minnet ve vefa duygularına inanacak; sevgi iletişiminin varlığına güvenerek mutlu olacaktır.

E. NAMAZ İLE HAC İBÂDETİNİN KISA BİR KARŞILAŞTIRMASI

İbâdetler, öz ve amacı itibarıyla kulun, Allah'ın üstün kudreti karşısında aczini itiraf etmesi, kendini kuşatan sonsuz zaman dilimi, uçsuz bucaksız varlıklar âlemi içinde konumunu bilip ona göre tavır almasını sağlar. Bu ruh hâli içinde ibâdetler Allah'la insanların iletişim kurması demek olduğundan, neticede bireyin mutluluğuna, bireyin kendisini tanımasına, kendisiyle ve toplumla barışık yaşamasına, bunun devamında da toplumsal huzur ve barışın kurulmasına hizmet eder.

İbâdetler içerisinde seçkin bir konuma sahip olan ve İslâmiyet'in beş esasından biri olan hac, hicretin 9. yılında farz kılınmıştır. Haccın farz olduğu hükmü, Kur'ân-ı Kerîm ve sünnette bildirilmiş ve bu hüküm konusunda Müslümanların görüş birliği gerçekleşmiştir. Kur'ân-ı Kerîm'de; "Yoluna gücü yetenlerin evi (Kâ'be) ziyaret etmeleri, insanlar üzerinde Allah'ın bir hakkıdır."[363] buyrulmuştur. Peygamberimiz de haccı, Müslümanlığın beş esasından biri olarak saymış, haccın önemini ve yararlarını belirtmiş ve törenlerin nasıl yapılacağını fiilen göstermiştir.[364]

Hac ibâdetini oluşturan başlıca unsurlar ve ifade ettikleri manevî anlamları şöyle vurgulayabiliriz: İhram, mahşer gününde tam bir bo-

---

363. Âl-i İmrân, 3/97.
364. İ.S.A.M., *İlmihal 1, İman ve İbâdetler*, s. 515-516.

yun eğiş ve temiz niyetle Allah'ın huzuruna çıkar gibi bütün lezzet, şehvet ve arzulardan sıyrılarak, yaratılışın en başındaki temiz fıtrata dönüşü simgeleyen bembeyaz bir kıyafete bürünmektir.[365] Beyaz ihram giymek kefenin simgesidir. Ölmeden evvel ölmeye işarettir. Beyaz ihram giyen hacıların oluşturduğu kalabalık hem eşitliği simgeler, hem de mahşer gününü hatırlatır.[366] Sanki kişi yaratıldığı anda nasıl tertemiz bir manevî kıyafetle Rabbinin huzurunda dünya sahnesine çıkıyorsa yine Rabbinin karşısına aynı temiz manevî hâllerle çıkabilme duygusunu ihram sayesinde yaşar.

İhram kişinin kendini geçici kaygı ve bağımlılıklardan kurtarışının sembolüdür. İhram süresince toplumsal barışı ve bütünlüğü bozucu, bencilliği uyandırıcı, geride bırakılan geçici haz ve menfaatleri hatırlatıcı mahiyetteki her türlü eşya ve fiiller yasaklanmıştır.[367]

Vakfe mahşer gününde bütün insanların bir araya toplanarak, dünyada yaptıkları işlerin hesabını vermek üzere hazırlanıp beklemeleri gibi Arafat'ta topluca durup beklemelerini sembolize eder.[368] Böylece Arafat vakfesi insanın dünyaya ayak basışını ve kıyâmette Allah'ın huzurunda bekleyişini hatırlatır. Hac ruhun Allah'a yükselişini temsil ettiğinden Kâ'be hedef değil, belki sonsuzluğa ve bu manevî atmosfere geçişin başlangıcıdır.[369]

Arafat'ta vakfe, yaratılışının amacını sorgulama hâlini kişiye yaşatır.[370] Kişi namazda iken kıyâm duruşu esnasında Allah'ın huzurunda "hesap gününün sahibinin" Allah olduğunu ifade ederek mahşeri prova eder. Nitekim Mevlânâ Hazretleri'ne göre, "Kişi kıyâm duruşunda kıyâmetteki gibi hesap vermek üzere Allah'ın huzurunda durur. Kıyâmet korkusuyla şaşkın, Hakk'ın divanında gözyaşı döker. Allah diyecektir ki; "Mahsulün hani? Verdiğim mühlet içinde işlediklerin nedir? Ömrün nereye gitti? Kuvvetini, ten gıdanı nereye harcadın?

365. Hökelekli, Hayati, Din Psikolojisi, T.D.V. Yay, Ankara, 1998, s. 239.
366. Hucvîrî, Keşfu'l-Mahcub, Hakikat Bilgisi, (çev. Süleyman Uludağ), Dergah Yay., 1996, s. 422.
367. İ.S.A.M., a.g.e., s.512.
368. Hökelekli, a.g.e., s. 240.
369. İ.S.A.M., a.g.e., s. 512.
370. Hucvîrî, a.g.e., s.422.

Göz cevherin neye yaradı? Kazancın ne oldu?" Böyle dertlendirici binlerce sual, Allah tarafından sorulur. Kıyâma kalktıkça kul, bu gibi suallerden utanır, iki kat olup rükûya varır."[371]

İşte kul namazda günde beş defa kıyâmda mahşeri ve hesap gününü yaşarken, Arafat'taki vakfede bu manevî hâlleri hisseder.

Hacının telbiye getirişi ise, Allah'ın mülk ve hükümranlığının müşahhas sembolü olan kutsal belde Mekke'deki Kâ'be'yi ziyaretle, defalarca etrafında tavaf dönüşü yapmak sûretiyle itaat ve bağlılığını gösteren sözler sarf etmesidir.[372]

Telbiye ile hacı, lebbeyk nidalarıyla, "Buyur ya Rabbi! Davetine sözüm ve özümle geldim Allahım, emrin başım üstüne. Davetine sözüm ve özümle geldim ey eşi, benzeri, dengi, ortağı olmayan Allahım, emrin başım üstüne. Hamd senin, nimet senin, mülk de senin. yoktur senin ortağın." demektedir.

Cüneyd-i Bağdâdî, talebesine, "Telbiye ettiğin zaman Rabbinin telbiyene cevap verdiğini duymadıysan telbiye etmiş değilsin." demiştir.[373] Bu sözler ışığında, hacı Rabbine, "Davetine icâbet ettim. Sözüm ve özümle sana geldim." dediğinde Rabbi ona, "Cennet ve cemâlullah nimetiyle hoş geldin nimetlerime." demektedir. Hacı, "Senin dengin, ortağın, benzerin, eşin yoktur." der. Namazda buyurduğu üzere, "Senden başka ibâdet edecek, dostluğuna başvuracağım kapım yok (ve lâ ilâhe gayruk)" dediğinde; Rabbi ona, "Seni dostluk makamına, benim dostlarımın ulaştıkları manevî derecelere ulaştırdım." müjdesini verecektir. Hacı, "Hamd senin, nimet senin, mülk de senin." dediğinde Rabbi, "Hamdine övgüyle karşılık veriyorum ve seni övülmüş kullarım arasına katıyorum; nimetimi ve mülkümü şükrünün karşılığında emrine amade kılıyorum." diyecektir.

Tavaf, kâinatın ve yaratılışın özeti, teslimiyetin ve ilâhî kadere boyun eğişin sembolü sayılır.[374] Tavaf esnasında hacı, "Nereye dönerse-

371. Can, Şefik, *Konularına Göre Açıklamalı Mesnevî Tercümesi*, Ötüken Yay., 2002, C.3, s. 188-189.
372. Hökelekli, *a.g.e.*, s. 240.
373. Hucvîrî, *a.g.e.*, s. 622.
374. İ.S.A.M., *a.g.e.*, s. 512.

niz Allah oradadır."[375] ayetinin hakîkî anlamını anlar; tevhîd ve Allah'a itaat fikrini kazanır.[376]

Bâyezîd Bistâmî, kendi hac ziyareti hakkında şunları söylemektedir: "İlk hacca gidişimde Kâ'be'yi gördüm, Kâ'be'nin sahibini göremedim; ikinci gidişimde Kâ'be'yi de Kâ'be'nin sahibini de gördüm; üçüncü gidişimde sadece Kâ'be'nin sahibini gördüm." İbâdetler de dahil olmak üzere, her yerde ve her zaman Allah'ın tecellilerini, rızasını, muhabbetini ve iradesini görmek, haccın esas amacıdır. Kâ'be böyle kişileri tavaf eder. Nitekim Bâyezîd, "İlk zamanlar ben Kâ'be'yi tavaf ederdim. Sonra onun beni tavaf ettiğini gördüm." demiştir.[377]

Bütün gezegenlerin güneş etrafında dönerek Allah'ı zikretmeleri gibi tavaf eden hacı, tavaf esnasındaki dönüşüyle kâinatın zikrine ve tesbîhatına ortak olur. Kişi bütün kâinatın zikrine ortak bir kalple namaz esnasında Tahiyyât duasıyla ortak olur. Namaz kılan kişi, "Bütün dualar, senalar, selâmlar, bedenî ve malî ibâdetler, sözlerin en temizi Allah içindir." demektedir.[378] Tahiyyât duasında, namaz kılan kişi ile tavafıyla kâinattaki varlıkların manevî tavaf ve zikirlerine ortak olan kişi, Rabbine, "Hayat sahiplerinin hapsinin yaratıcılarına takdim ettikleri fıtrî hediyeleri sana sunuyorum." demektedir.

Cüneyd-i Bağdâdî, talebesine kurban keserken nefsini boğazladığını düşünmediyse, henüz kurbanı kesmediğini hatırlatmıştır.[379] Öyleyse hacı için kurban kesmek, kendi benliğini ve arzularını Allah yolunda feda etmek sûretiyle, tam bir manevî yücelme ve olgunlaşmaya ulaşmanın sembolüdür.[380]

Hac esnasında kurban keserek nefsimizi boğazlarız, namazda da "Allâh-u ekber" diyerek nefsimizi Allah yolunda kurban ederiz.

Mevlânâ'ya göre, namaza "Allâh-u ekber" diyerek başlayan kişi, "Ya Rabbi biz sana kurbanız." demektedir. Devamında Mevlânâ, "Koyun

375. Bakara, 2/198.
376. Dr. Ali Özek Başkanlığında Heyet, *Kur'ân-ı Kerim ve Türkçe Açıklamalı Meali*, Kral Fahd Basım Kurumu, Medine, s. 30.
377. Uludağ, Süleyman, *İnsan ve Tasavvuf*, Mavi Yayıncılık, İstanbul, 2001, s. 73
378. Aksekili, *a.g.e.*, s. 57.
379. Hucvîrî, *a.g.e.*, 422; İbn Arabî, *Futûhât*, C.1, s. 836.
380. Hökelekli, *a.g.e.*, s. 240.

keserken Allahu Ekber denilir. Mahfolası nefsi de keserken aynı şey söylenir. Nefs için Allahu Ekber keskin bir kılıçtır, onunla başını kes de, can fânilikten kurtulsun. Ten kesilip; şehvetten, hırstan kurtulunca namaz da besmeleyle kesilmiş bir kurban gibi olur." demektedir.[381] Hac ve namaz ibâdeti nefsin insana kötülüğü emreden yönüne karşı indirilmiş en etkili darbedir. Nefsin süflî isteklerinin Allah rızasını kazanma uğrunda kurban edilmesidir.

Hacı için şeytan taşlama insan tabiatında yer alan kötü eğilimleri ve bunlar vasıtasıyla insanı kışkırtmaya çalışan şeytanın etkilerini ortadan kaldırmak ve böylece akıl ve iradeyi yüceltip kişilikte hâkim duruma geçirmek için kötülüğün sembolü olan şeytana karşı savaş açmaktır.[382] Böylece hacı şeytanı sembolize eden bir cisme taş atarken aslında, kendi içindeki olumsuz duygu, düşünce ve isteklere taş atmakta ve Rabbine kötülüklerin kaynağı nefsini etkisiz hâle getirmek üzere mücadele etme sözü vermektedir.

Bu noktada Cüneyd-i Bağdâdî de talebesine, "Nefsini taşladığını fark etmediysen henüz şeytana taş atmış sayılmazsın." demektedir.[383]

Kutsal mekânları ziyaret, bir kimsenin inanç kökleriyle bağlantısını tazelemesi bakımından önemlidir. Müslümanlık açısından düşünüldüğünde, İslâm peygamberinin ve arkadaşlarının tevhîd ve adaleti hâkim kılma mücadelesi, bu süreçte yaşanmış acı-tatlı anılar, âdeta bir film şeridi gibi bu kutsal mekânları ziyaret eden kişinin gözünün önünden geçer. Bu hatırlama inanan kişiye daha yoğun bir dinamizm kazandırır ve daha üst düzeyde bir sahiplenme şuuru verir.[384]

Dihlevî'ye göre, nefsi arındırmanın yollarından biri de salih insanların saygı duymakta oldukları, içinde bulundukları, Allah'ı zikirle manen imar ettikleri yerleri ziyaret etmek, oralarda bulunmaktır. Çünkü bu durum yeryüzünü tedvîrle görevli meleklerin himmetlerinin taallûkunu celbeder; mele-i a'lâ sakinlerinin, hayır sahipleri için yapmış oldukları bütün duaların içerisine orayı ziyaret eden herkes gi-

381. Yeniterzi, *a.g.e.*, s. 191.
382. Hökelekli, *a.g.e.*, s. 240.
383. Hucvîrî, *a.g.e.*, s. 422.
384. İ.S.A.M., *a.g.e.*, s. 512.

rer. Ziyaretçi, böylesi kutsal mekânlarda bulunduğu sırada, onların manevî hâlleri nefsine üstün gelir ve kendisi de o hayır sahibi büyük insanlar gibi olmaya başlar.[385] Meselâ Hz. İbrahim'in makamını ziyaret etmek, onun teslimiyetini, Allah'a itaatini ve onun ahlâkî üstünlüklerini kavramaktır. Nitekim Hz. İbrahim, "Benden sonra gelecek nesiller arasında iyi duygular içerisinde anılmamı nasib eyle."[386] diyerek gelecek nesiller tarafından hayırla anılmayı dileyen bir peygamberdir.

Hz. İbrahim, "Ey Rabbimiz! Onlara, içlerinden senin ayetlerini kendilerine okuyacak, onlara kitap ve hikmeti öğretecek, onları temizleyecek bir peygamber gönder."[387] diyerek gelecek nesiller için duada bulunan bir peygamberdir.

Hz. İbrahim, namaz ve ibâdet aşkı ile bizlere öncü bir peygamberdir. O, "Rabbim beni ve soyumdan gelen insanları namaza ait tüm hakları ve namazın şartlarını dosdoğru yerine getiren, namaz hususunda devamlı ve duyarlı olanlardan kıl."[388] duasında bulunmuştur. Hz. İbrahim'in namaza olan sevgisinin bir hikmeti olarak namaz kılan geçmiş ve gelecek bütün nesiller, Salli-Bârik dualarında, "Rabbim, Hz. İbrahim'in ailesine, dostlarına, ümmetlerine rahmet edip, onları manevî derece itibarıyla yücelttiğin gibi Hz. Peygamber'in ailesine, dostlarına, ümmetine de rahmet edip onları da manevî derece itibarıyla yücelt." diye duada bulunmaktadır.

Hacı için sa'y, Allah'ın rahmet ve lütfunu talep etmek için, nefse hoş gelen alışkanlıklardan yüz çevirip, rahat ve zevklerini terk ederek, olanca gücü ile belirli sınırlar arasında koşmaktır.[389] Sa'y bir canlılık, bir arayıştır, sebeplere tevessül edip çalışmak ve gayret göstermektir.[390]

Hacı, Safa ile Merve arasında koşarken dünyanın insanı aldatan ve Allah'tan uzaklaştıran yönlerinden kaçmaktadır.[391]

---

385. ed-Dihlevî, a.g.e., s. 268.
386. Şuarâ, 26/3.
387. Bakara, 2/129.
388. Rabbi'c-alnî duası.
389. Hökelekli, a.g.e., s. 240.
390. İ.S.A.M., a.g.e., s. 512.
391. Hucvîrî, a.g.e., s. 70.

Safa ve Merve arasında yapılan sa'y, Allah dışındaki her şeyden Allah'a kaçışı ifade eder. Sa'y insana Allah rızası için ve insanların saadetini sağlamak üzere gayret etme ve bu yolda daima koşma enerjisi verir. Hacı için Safa tepesi manevî kirlerin döküldüğü noktadır. Hervele yapıp nefsinden kaçtığı noktadır. Merve tepesi ise sükûnet ve manevî huzurun indiği yerdir.[392]

Hacı, Safa tepesinde saflaşır, Merve tepesinde mürüvvet faziletini kazanır, kâmil insan olur. Kurbanı boğazlarken nefsin arzularını boğazlar, şeytanı taşlarken kötülüğü emreden nefsini taşlar. Mekke'de Allah'ın konuğu olduğunu bilir, her şeyi memnuniyetle karşılar, huysuzluk yapmaz. Hacı için Müzdelife sadece varlığını Allah'a verdiği yerdir. Veda ziyaretleri ise hacının nefsinden soyunup temiz bir yaratılışla Allah'ın huzuruna döndüğü makamdır.[393]

Allah dostlarına göre mü'minin kalbi Beytullah'tır. İnanan insanın kalbi de Allah'ın evidir. O'nun arşıdır. Yerlere göklere sığmayan Allah, mü'min kulunun kalbine sığmıştır.[394]

Gönül mü yeğ Kâ'be mi yeğ; eyit bana aklı eren
Gönül yeğ durur, zira kim gönüldedur dost durağı[395]
(Yûnus Emre)

Çünkü bildin, mü'minin gönlünde Beytullah var
Niçin izzet etmedin ol Beyt'te Allah var (Nesîmî)

Yûnus Emre bu mısrasında, gönül mü üstündür, Kâbe mi ey aklı eren kişi, bana söyle, diyerek kendisinin gönlün daha üstün olduğuna karar verdiğini ifade ediyor. Çünkü Yûnus Emre'ye göre hakikî dost Allah'ın evi, insanın gönlüdür. Nesimî ise insanın gönlünün Allah'ın evi olduğunu ifade eder. Ona göre insanın gönlü Allah'ın evi ise, o evin içinde Allah vardır; o gönül evinin sahibi Allah'tır. Bu nedenle inanan insanın gönlü izzet ve ikrama lâyıktır. Bütün insanlar gönle Allah'ın evi olması nedeniyle saygı göstermelidirler.

---

392. Hucvîrî, *a.g.e.*, s. 622.
393. Uludağ, *a.g.e.*, s. 73.
394. Uludağ, *a.g.e.*, s. 67.
395. *Yûnus Emre Dîvânı*, s. 89.

Allah dostları, Allah her an onların kalplerini gözleyip kontrol etmekte olduğu için kendi kalplerini kin, nefret, öfke, kıskançlık, şehvet, haset, kibir ve gurur gibi kötü ahlâkî duygulardan uzak tutarlar. Onlar insanların kalplerini incitmeyi Allah'ın rızasından çıkmak gibi kötü görürler.

Demek ki Kâ'be'yi ziyaret etmekten maksat, ahlâkı düzeltmek, nefsi terbiye etmek, ruhu kötü duygulardan arındırmak, iyi ve erdemli bir insan olmak ve böylece Allah'ın yakınlığını kazanmaktır. Böyle bir insanın kalbi Allah'ın arşıdır. Ve Kâ'be'den daha yüksektir. İnsanın kalbini kırmak, gönlünü yıkmak Kâ'be'yi yıkmaya benzer.[396]

Ak sakallı bir koca bilmez hâl nice
Emek vermesin hacca bir gönül yıkar ise (Yûnus Emre)

Sonuç itibarıyla hac, uzun bir yolculuk ve zor bir ibâdettir; dolayısıyla büyük fedakârlıklar ister. Bu yüzden sırf Allah rızasıyla yapılan hac ibâdeti, aynen imânın daha önceki küfür hâlini tamamen silmesi gibi insanın kul hakları hariç geçmişte işlemiş olduğu bütün günahlarına keffaret olur ve kişinin annesinden doğduğu günkü gibi tertemiz bir hâlde evine dönmesini sağlar.[397]

F. HZ. PEYGAMBER'İN NAMAZININ MANEVÎ ANLAMLARI

Hz. Peygamber'in ibâdet hayatı, ilâhî aşk ve muhabbetin en üst düzeyde yaşandığı bir dünyadır. Rasûlullah, her an Rabbine dua eden, yalvaran, ağlayan, Rabbini anan, şükreden, O'na tevbe eden; secde ve rükûda Rabbinden ayrılmamayı dileyen bir peygamberdir.

Atâ, Hz. Peygamber'in ibâdet hayatının manevî yönleri hususunda bize şu bilgileri naklediyor: "Ubeyd bin Umeyr ile Hz. Âişe'nin yanına gitmiştim. Hz. Âişe'ye, 'Bize Rasûlullah'ta gördüğün en ilgi çekici şeyin ne olduğunu anlatır mısın?' dedim. Hz. Âişe ağ-

---

396. Uludağ, a.g.e., s. 75.
397. ed-Dihlevî, a.g.e., s. 269.

lamaya başladı ve şöyle dedi: 'Onun hangi hâli ilgi çekici değil ki? Bir gece bana gelmiş, benimle yatağa girmiş, cildim cildine değmiş, sonra bana, 'Ey Ebû Bekir'in kızı! Beni bırak da Rabbime ibâdet edeyim.' demişti. 'Şüphesiz ki bana yakın olmanı arzu ederim.' dedim ve kendisine müsaade ettim. Yataktan kalktı, su kırbasının yanına gitti. Abdest aldı, abdest uzuvlarını bol su ile yıkadı, sonra namaz kılmaya başladı. Biraz sonra ağlamaya başladı. O kadar ki, gözünden dökülen damlalar göğsünü ıslatmıştı. Sonra rükûya vardı, rükû hâlindeyken de ağlamaya devam etti. Sonra başını kaldırdı; yine ağladı, ağlaya ağlaya secdeye indi. Secdeden başını kaldırdı. Bilâl, sabah ezanını okumak için gelene kadar ağladı. Dedim ki: 'Ya Rasûlullah, seni bu derece ağlatan şey nedir, Allah senin geçmiş gelecek bütün günahlarını affetmedi mi?' Şöyle buyurdu: 'Allah'a çok şükreden bir kul olmayayım mı?'"398

Bu örnekte de görüldüğü üzere Hz. Peygamber, ne cennet arzusu ne cehennem korkusuyla gözyaşı döküyordu. O sadece Rabbine daha yakın olup, O'nun sevgisine lâyık olma emeliyle ibâdetlerini yerine getiriyordu.

Hz. Âişe, Hz. Peygamber'in ibâdet hayatı hususunda bize şu bilgileri aktarmaktadır: Hz. Peygamber'in geceleri ayakları şişinceye kadar ayakta durup ibâdet ettiği olurdu.399 Ramazanın son on günü gelince Hz. Peygamber geceleri ibâdetle geçirir, ailesini uyandırır, kendisini ibâdete verir, başka bir işe bakmazdı.400 Özellikle her sene ramazan ayını itikafla münzevî olarak geçirmeye dikkat eder, dünyevî işlerle ilgilerini keser, zikir ve ibâdet ederdi.401 Gece kalkıp namaz kılmak (teheccüd) zaten onun için farz namazlardan biriydi.402 Bu örnekler incelendiğinde, Hz. Peygamber'in Rabbi ile ilişkileri hususunda son derece hassas davrandığı; ibâdetler esnasında duygusal bir yoğunluk ve coşkunluk yaşadığı anlaşılmaktadır. Rasûlullah günlük meşgalelerinin hâricinde Rabbine sevgi ve şükrünü sunmak için çok özel

---

398. Buhârî, Sahîh, Teheccüd, 6; Müslim, Sahîh, Munâfikun, 18.
399. Buhârî, Sahîh, Teheccüd, 6.
400. Buhârî, Sahîh, Leyletü'l-Kadr, 1; Müslim, Sahîh, İtikaf, 7.
401. Buhârî, Sahîh, İtikaf, 18; Müslim, Sahîh, İtikaf, 2.
402. Bkz. Müzzemmil, 73/1-10.

bir vakit ayırır; o bu ibâdet esnasında dünyanın ve ahiretin süflî arzularını terk ederek sadece Rabbiyle beraber olmaya özen gösterirdi.

Muhabbet ve sevginin hakikati, insanın kendisine hiçbir şey bırakmayacak şekilde bütün varlığını sevgiliye hibe etmesidir. Böylece muhabbet bütün tercihlerin sevgili lehinde yapılmasıdır.[403]

Rasûlullah'ın ibâdet hayatını şekillendiren temel esas da Rabbinin sevgisini bütün sevgilerin üstünde tutması ve Rabbinin sevgisini diğer sevgilere kapı yapmasıdır. Rasûlullah'ta Allah sevgisi insan ve ümmet sevgisine de bir kapı açmıştır.

Rasûlullah'ın bütün insanlığı kuşatan sevgi coşkunluğunu gösteren en güzel örneği bize Abdullah bin Mes'ûd aktarmaktadır.

Abdullah bin Mes'ûd şöyle anlatmaktadır: "Bir gün Hz. Peygamber bana 'Kur'ân oku!' diye emir buyurmuştu. 'Kur'ân sana nazil olmuş iken sana mı Kur'ân okuyayım?' dedim. Rasûlullah'ın, 'Ben, Kur'ân'ı başkalarından dinlemeyi de severim.' buyurması üzerine Nisâ Sûresi'ni okumaya başladım. 'Biz her ümmete bir şahit, seni de onların üzerine şahit getirdiğimizde onların hâli nice olur!'[404] ayetine geldiğimde, 'Şimdilik bu kadar yeter.' buyurdu. Bir de baktım gözlerinden yaşlar akıyordu."[405] Bu olayda Hz. Peygamber, ümmeti içerisinde şefaat ve şahitliğine lâyık olamamış kimseleri düşünmüş; bu insanlar için hıçkırıklara boğulmuştur.

Hz. Peygamber, ibâdetleri esnasında dünya ve ahiretin süflî arzu ve ihtiraslarını aştığı gibi zamanı ve mekânı da aşar; zaman ve mekânın insanı sınırlandıran dar boyutları içerisinden çıkardı.

Rasûlullah'ın bu özel durumuyla ilgili en güzel örneği bize Huzeyfe bin Yemân anlatmaktadır: "Bir gece Hz. Peygamber ile namaz kıldım. Rasûlullah, Bakara Sûresi'ni okumaya başladı. Yüz ayet okuduktan sonra rükû eder dedim, yüz ayeti geçti. Sonra bu sûreyi bir rekatte okumak sûretiyle namaz kılacaktır dedim, geçti rükû etmedi. Nisâ Sûresi'ni okumaya başladı. Onu da okudu. Sonra Âl-i İmrân

---

403.   Kara, Mustafa, *Tasavvuf ve Tarikatler Tarihi*, Dergah Yay., İstanbul, 1999, s.112.
404.   Nisa, 4/41.
405.   Buhârî, *Sahîh*, Fedâilu's-Sahâbe, 25; Ahmed b. Hanbel, *Müsned*, 1/330.

Sûresi'ni okumaya başladı, onu da okudu. Ağır ağır okuyordu."[406] Konuyla ilgili diğer örneğimizi de Abdullah bin Şıhhır nakletmektedir: "Bir gün Rasûlullah'ın yanına gelmiştim. Namaz kılıyor ve ağlamaktan göğsü kaynar kazan gibi ses çıkarıyordu."[407]

Hz. Peygamber'in ibâdet hayatının manevî yönü Allah'ı görüyormuşçasına O'na ibâdet etme ve yaptığı ibâdetin Allah'ın huzuruna çıkmadan önceki son ibâdeti olduğuna inanma şuurudur.

Bu hususta Hz. Peygamber şöyle buyurmuştur: "Dünyadan veda edecekmişçesine, Allah'ı görür gibi namaz kıl. Sen Allah'ı görmüyorsan da O seni görüyor."[408] Bu dua Hz. Peygamber'in ibâdetlerinde tecrübe ettiği manevî derinliği göstermesi açısından çok önemlidir. "Allahım! Doğu ile batı arasını birbirinden uzaklaştırdığın gibi, beni de hatalarımdan uzaklaştır. Allahım! Beyaz elbise kirden temizlendiği gibi, beni de hatalarımdan temizle. Allahım! Su, kar ve dolu ile benim hatalarımı yıkayıp temizle." Hz. Peygamber, bu duayı farz namazlarda okurdu.[409]

Hz. Peygamber'in ibâdet hayatı incelendiğinde dikkat çeken en önemli nokta, onun cemaatle kılınan farz namazları kısa tutmasıdır. Hz. Peygamber, cemaat içerisinde çocuk, yaşlı, hasta, emzikli veya çocuklu bir annenin varolabileceğini düşünerek onların farz namazları cemaatle kılmaktan mahrum kalmamaları ve sürekli cemaatle namazlara devam edebilmeleri için cemaatle kılınan farz namazları kısa tutmuştur. Cemaatle kılınan namazları uzatarak insanlara bu hususta zorluk yaşatan kişileri uyarmış; onlara ciddî tepki göstermiştir.

406. Müslim, Sahîh, Müsâfirûn, 203; Nesâî, Sünen, Kumi'l-Leyl, 25.
407. Nesâî, Sünen, Sehv, 18; İbn Mace, Sünen, Mukaddime, 3.
408. Buhârî, Sahîh, İman, 1/27.
409. Ebû Dâvûd, Hakîm.

V. NAMAZIN KARAKTER GELİŞİMİ ÜZERİNDEKİ ETKİSİ

A. İBÂDETİN KARAKTER GELİŞİMİ ÜZERİNDEKİ ETKİSİ

*i*bâdetin en temel faydalarından birisi, insanın rûhî yönünü yücelt-mesi ve kötülüklere mâni olmasıdır. Jung'a göre, günümüz insanı ilkel ve Antikçağ insanından daha fazla kötülük yapma kapasitesine sahip değildir. Sadece kötülüğe eğilimini harekete geçirmek için es-kisiyle kıyaslanamayacak kadar güçlü araçlara sahiptir. Bilinci ne ka-dar genişlemiş ve farklılaşmışsa, ahlâkî yapısı o denli geri kalmıştır. İşte bugün önümüzdeki sorun budur. Akıl tek başına yeterli değildir.[1] İnsanın bilinci ile beraber ahlâkî yönünü de geliştirmesini mümkün kılan en önemli unsur ibâdetlerdir. İbâdetler bilinci olgunlaştırarak, kötülük eğilimine engel olup, iyi duygu, düşünce ve ahlâkî özellikle-ri geliştirmeye; aklın bu konudaki yetersizliğini ortadan kaldırıp olumlu düşünceyi olumlu ahlâkî davranışlara dönüştürmeye hizmet etmektedirler.

Bununla beraber değişken ve tutarsız insan tabiatının tutarlı ve dengeli bir karaktere dönüştürülmesi, ilâhî hakikatle ilişkilerin sürek-li canlı tutulması, sistemli bir davranış ve uygulama düzenini gerekli

---

1. Jung, *a.g.e.* 115.

kılmaktadır. Bu noktada ibâdetler genelde, kişilik ve karakteri düzenleyici ve dengeleyici sistemler olarak anlaşılabilir.[2]

İbâdetler şuurlu bir şekilde yapıldığında, kişiliğin gerek içe ve gerekse dışa dönük yönünün gelişmesine yardımcı olurlar. İbâdetler insana, bedensel ve ruhsal birtakım güçlüklere katlanmayı da öğretebilir. İnsanın bu zorluklara katlanarak ibâdetlerini devamlı olarak yerine getirmesi, kişiliği oluşturan sabır, cesaret, merhamet, sorumluluk ve yardımseverlik gibi diğer duyguları ve davranışları güçlendirir ve geliştirir.[3]

İbâdetlerin insan karakteri üzerinde düzenleyici, sağlamlaştırıcı ve yönlendirici etkileri vardır. Yaratıcısına tam bir şuurla bağlanan ve ibâdet eden kişi her türlü kötülükten kaçınarak kendisine olan güvenini artırır, büyük ruhsal destek kazanır, kişiliğini sağlamlaştırır, sabrını ve olumlu yaşam felsefesini, sevincini geliştirebilir.

İnsanın kişiliği ve karakteri üzerindeki zaafları da Allah'a itaat ve ibâdetle düzeltilebilir.[4]

İbâdet her an Allah'la ilgi kurma vasıtasıdır. Benliğimizin Allah'a yabancılaşmasını ve O'nu unutmamızı önlerler. Ruh ve bedenimizi Allah'ın emirlerinde birleştirerek, irademizi kuvvetlendirir ve yaşantımızın her anında O'nu hatırlatarak davranışlarımıza yön ve şekil verirler. Bu noktada bir borç ve görev bilindiği ölçüde ibâdetler kişide sorumluluk duygusunu artırarak bireyin kendi nefsini aşmasını sağlar. Ayrıca kişi, Allah'ın huzurunda bütün yaptıklarından hesap vereceği bir günün geleceğini hatırlayarak içindeki vicdan mekanizmasıyla kendisini sorgular. Bütün davranışlarını bu sorgu sürecinden geçirerek sorumluluk şuuru ile yerine getirir. Böylece ibâdet, hem sorumluluk şuurunun bir sonucu hem de bunun özümsenip genelleşmesinin bir sebebi olarak görülebilir.[5]

İbâdetler insandaki olumsuz arzu ve istekleri engelleyerek onları düzenler ve kişiliği geliştirmede önemli katkılar sağlarlar. Gerçek ibâdetin amacı da ruhsal mekanizmaları iyiye doğru dönüştürmek,

2. Hökelekli, a.g.e., s. 255.
3. Bayrakdar, a.g.e., s. 23-24.
4. Hayta, a.g.m., s. 61.
5. Hökelekli, a.g.e., 243.

aşağı derecelerden yukarılara çıkarmaktır. Namazın sürekliliği ve zamanı, orucun belli sürelerde yemeden içmeden sakınarak açlığa ve susuzluğa tahammül etme olduğu düşünüldüğünde; burada belli bir düzenlilik, ilâhî iradeye teslim olup bir nevi ondan iyiyi ve güzeli öğrenme söz konusudur.

İbâdetler insan yapısındaki kibri, gururu ve bencilliği yıkarak yerine tevazuu, kendini aşarak diğer insanlarla ilgilenmeyi, cömertliği yerleştirir. Cömertlik insan tabiatında var olan mal tutkusunu dengelemek ve onun insana hâkim olmasını önlemektir. Bunun en güzel belirtisi ise, ihtiyacı olduğu hâlde verebilmek, zulmedeni bağışlamak, ahirete içten inandığı için dünya sıkıntılarına göğüs germek ve hiçe saymaktır. Özellikle zekât, sadaka, kurban, hac, oruç gibi ibâdetler insana "diğerkâmlığı" öğretir.[6]

İbâdetler bir şükür ifadesidir. Şükür, nimeti verene karşı memnuniyet ve minnet duygularını saygı duyguları içerisinde ifade etmektir. Aynı zamanda şükür, kadirşinaslık, nimetin sahibini unutmama, O'na karşı minnet duygularıyla hoşnutluğunu ifade etmektir.[7] Bu noktada ibâdetler Allah'a ve insanlara karşı şükran ve minnet anlayışının kişi tarafından özümsenmesini sağlarlar.

Aynı zamanda ibâdetler, kişiye sabretmeyi, sebatkâr olmayı ve olaylar karşısında metin olmayı öğretirler. İbâdetleri yerine getirebilmek için kişinin birtakım sıkıntılara katlanması gerekir. Bir bakıma ibâdet bir meşakkattir, bu meşakkate katlanmaya alışkın olan kişiler hayatın birtakım farklı ortamlarına ve değişik şartlarına uyum sağlamakta güçlük çekmeyecek; yerinde sabretmeyi, yerinde azim, sabır ve metanet göstermeyi öğrenebileceklerdir.[8]

İbâdetler, kişiyi kötülüklerden uzaklaştırarak dürüst bir kişilik kazanmasına yardımcı olurlar. Ancak ibâdetlerin kişinin kötülüklerden uzaklaşmasını sağlaması için dinî şuurun belli bir dereceye kadar gelişmiş olması gerekmektedir.[9] Bu noktada ibâdetler dinî şuurun geliş-

---

6. en-Nedvî, *a.g.e.*, s. 136.
7. Şentürk, *a.g.e.*, s. 145-146.
8. Şentürk, *a.g.m.*, s. 152; Şentürk, a.g.e., s. 151-152.
9. Uludağ, Süleyman, *İslâm'da Emir ve Yasakların Hikmeti*, Türkiye Diyanet Vakfı Yay., Ankara, 2001, s. 87.

mesine katkıda bulunarak inanç, bilgi, duygu ve davranışlar arasında bir tutarlılık ve bütünlük sağlayabilirler.

B. NAMAZIN KARAKTER GELİŞİMİ ÜZERİNDEKİ ETKİSİ

Namazın karakter gelişimi üzerinde somut bir etkisi olması için, bireyin namazı ikame etmesi kadar ikame edilen yani dosdoğru kılınan bir namazı muhafaza etmesi de önemlidir. Namaz kılan mü'minlerin en temel özellikleri, namaza devam edip[10] namazlarını korumalarıdır.[11] Namazlarına devamlarından maksat, onu hiçbir vakit terk etmemeleri; namazlarını muhafaza etmeleri ise, namaza önem vermeleri ve onu en mükemmel bir biçimde ifa etmelerini içine almaktadır.

Namazı muhafaza etme, namaz vakti girmeden, insanın abdest alıp hazırlanma işine odaklanması, giyinmesi, temiz yer bulması, namazı cemaatle ve en iyi şekilde kılmayı düşünmesi, namaza başlamadan kalbini vesveselerden ve Allah dışındaki her şeyden uzak tutup gösteriş ve riyadan da sakınmasıdır. Namaz esnasında yapılacak şeyler ise insanın çevresiyle meşguliyeti kesip yüce yaratıcının huzurunda olduğunu bilmesi; namazdaki sûreleri ve duaları okurken kalbinin huzurunu sağlaması; ayetlerin manasını anlamaya çalışması ve namazın hikmetlerini kavramaya uğraşmasıdır. Namazdan sonra yapılacak işlere gelince bu da, insanın namazı ifa ettikten sonra, artık boş işlerle meşgul olmayıp namaz esnasındaki ruh hâlini namaz sonrasında da devam ettirmeye çalışması, herhangi bir günah veya olumsuz bir fiil işlemekten mümkün oldukça sakınmaya çalışmasıdır.[12]

Namazın karakter gelişimi üzerinde olumlu bir tesir göstermesindeki en önemli etken bu ibâdetinin huşu içerisinde yerine getirilmesidir. Nitekim Kur'ân-ı Kerîm'de namazlarını hakkı ile yerine getiren inançlı Müslümanların, namazlarını huşu içerisinde yerine getirdikle-

---

10. Me'âric, 70/23.
11. Me'âric, 70/34.
12. er-Râzî, a.g.e., C. 22, s. 322; Yazır, a.g.e., C. 8, s. 342.

ri[13] ifade edilmiştir. Huşu, yüce yaratıcının büyüklüğü ve kusursuzluğu karşısında kendi yetersizlikleri ve eksikliklerinin farkına varan insanın Hakk'ın emrine tevazu ile boyun eğmesidir. Huşu bir yönüyle, namaz ibâdetine duygusal, zihinsel ve ruhsal konsantre olmayı da ifade eder. Namaza odaklanma hâlini beş defalık bir tekrarla yaşayan kişi zihnini, duygularını bir noktada toplama yeteneğini kazanmaktadır. Bu yetenek, insanın hayattaki başarısını ve mutluluğunu etkileyebilir. Namazlarında huşulu olan mü'minlerin kurtuluşa erdikleri,[14] ifade edilen bu gerçeği vurgulamaktadır. Uzman psikolog William Moulton Maris, zihinsel ve duygusal odaklama yeteneğinin, insanların üzüntülerine, meşguliyetlerine ve çatışan arzularına ket vuracağını ifade etmiştir. William James ise, dehalar ile sıradan insanlar arasındaki en büyük farkın, dehaların, akıllarını fıtrî ve tabiî özellikleri ile olduğu gibi korumayıp geliştirmeleri; bu noktada en önemli özelliklerinin de, gayelerine ulaşmalarını sağlayan zeka ve duygularını odaklama derecelerinin yüksekliği olduğunu vurgulamıştır.[15] "İbâdet esnasında Allah'a gösterilen en yüce tevazu anlamına gelen huşu, Rabbin tecellileri karşısında kalbin erimesidir. Huşu Hakk'ın heybetlerinin mukaddimelerdir. Huşu aniden ilâhî bir hakikatin keşfen bilinmesi sırasında birden kalbe gelen bir ürpertidir."[16]

Namaz kılan bireylerin, namaza devam etmelerinin yanında namazlarını korumaları[17], namaz ibâdetinin karakter üzerinde olumlu etkisinin görülmesinde çok önemlidir. Bu yönüyle namazı korumanın diğer önemli bir anlamı namazları tüm dünyevî kaygılardan uzak tutma duyarlılığıdır.[18]

Namaz kılan bir kimsede olumsuz karakter özelliklerinden herhangi biri görülüyorsa, bencillik, sabırsızlıktan dolayı feryat etme, cimrilik, iyiliği men etme, yalancılık gibi vasıflar ona hâkim olduysa

13. Mü'minûn, 24/1-2.
14. Mü'minûn, 23/1-2.
15. Tabbâra, *a.g.e.*, s. 29, 30.
16. Kuşeyrî, *Kuşeyrî Risalesi,* (çev. Süleyman Uludağ), Dergah Yay., İstanbul, s. 234.
17. Mü'minûn, 23/9; Me'âric, 70/34.
18. Esed, *a.g.e.*, s. 689.

o kimse gerçek anlamda namaz kılmamaktadır. Namaz sürekli Allah huzurunda hesap verme bilincini, yapılmasında her türlü hayrın bulunduğu Allah'ın emirlerini ve her türlü kötülükten alıkoyan yasaklarını hatırlamanın vasıtasıdır. Bu durum, namaz kılanı hakkı, adaleti ve hayrı işlemekte aktif hâle getirmekte; günah ve kötülüklerden sakındırmaktadır.[19]

Ahlâkî güzellikleri olumlu yönde etkilemeyen bir namaz, insanın ruhunu saflaştırması, zihnini ve kalbini Allah'a odaklaması hususunda hiçbir fayda sağlamaz. Kur'ân-ı Kerim'de namaz ibâdetinin, insanı çirkin fiillerden (fahşâ) ve akla, sağduyuya aykırı (münker) olan her türlü şeyden alıkoyduğu[20] ifade edilmiştir. Münker terimi Zemahşerî'ye göre, insan aklının kabul etmediği; akla, mantığa, sağduyuya uymayan ve bunlara ters düşen şeydir. Münker terimi sadece zihnen kabul edilmesi mümkün olmayan önermeleri değil, aynı zamanda fiilen uygunsuz, uzak durulması, kaçınılması gereken tutum ve davranışları da içine almaktadır. Bu açıklama, Kur'ân'ın hem ahlâkî problemlere ilişkin akla uygun yaklaşımıyla hem de onun insan davranışlarında gözetilmesi gereken sağduyu ve itidal konusundaki ısrarıyla tam bir uyum içindedir.[21]

Fahşâ terimi ise, "aşırı derecede çirkin söz ve davranış; büyük günah, edeb ve ahlâka aykırı olup dinen yasaklanan her türlü kötülük ve çirkin davranış ve tutumlar" anlamında kullanılır. Ancak fuhuş (çoğulu: fahşâ) ve fâhişe kelimeleri, İslâmî kaynaklarda giderek insanın iffet ve haya sınırlarını aşan, dinen ve ahlâken yasaklanıp kınanan cinsî suçlar ve davranış bozukluklarını ifade eden bir terim hâline gelmişlerdir.[22]

Namazını gereği gibi yerine getirmeyen, Allah'tan giderek uzaklaşmaktan başka bir şey yapmış olmaz. Çünkü namazın özünde açık ve gizli bütün kötülüklerden men ve alıkoyma yüceliği bulunmaktadır.[23] Bu nedenle Allah'ın huzurunda namaza durdukları halde na-

19. Derveze, a.g.e., s. 255.
20. Ankebût, 29/45 bkz. Esed, a.g.e., s. 813.
21. Esed, a.g.e., s. 549.
22. Hökelekli, Hayati, İbâdet-Psikoloji ve Sosyoloji Açısından İbâdet, D.İ.A., C. 19, s. 248-252, T.D.V. Yay., İstanbul, 1999.
23. Yazır, a.g.e., C. 6, s. 223.

mazın özünü benimsemeyen, bilinçle namaz kılmayanlar, dolayısıyla namaz sonucu güzel ahlâka bürünmeyenler, özellikle kibir ve gösterişten temizlenemeyenler, Allah tarafından sert bir şekilde kınanmaktadırlar.[24]

Namazı gerçek anlamıyla kılan kişi, secde ettiğinde "secde et ve yakınlaş"[25] emrinden ötürü bir tür manevî yakınlık elde etmiş olur. Böylesine bir yakınlık, onu yasaklardan ve günahlardan alıkoyar. Namazının ve secdelerinin tekrarı ile makam ve mertebesi öylesine artar ki, artık kendisi için büyük günahlar şöyle dursun, küçük günahlara karşı da namazı kalkan olur.[26]

Namaz için gönlün huzurlu ve namaza odaklanmanın mümkün olduğu zamanlar seçilmeli; bu durumu teşvik edecek fırsatlar yakalanmalıdır. Huzursuz ve ilâhî şuur olmaksızın kılınan bir namaz gerçek namaz değildir. Böyle kılınan bir namaz, sadece şekilden ibarettir. Gerçek namaz, kulun gönül huzuru ile, kendisini Allah'a teslim ederek kıldığı namazdır.[27] Bu bakımdan ahlâkî bir dönüşüme yol açan namaz ibâdeti, büyük bir psikolojik çatışmayı benliğinde çözüme kavuşturmuş ve kendini Allah'ın rızasına uyumlu hâle getirmiş kişinin ibâdetidir.[28]

Namaz kılan mü'min ilâhî şuur odaklanmasını ifade eden huşuu sağlamak için açlığını gidermeli, ihtiyaçlarını karşılamalı ve namaz esnasında dikkat ve konsantrasyonunu bozacak hususları ortadan kaldırmalıdır. Böylece bütün zihinsel, duygusal, ruhsal güçlerini namazda toplamış, kalbi ve aklı boş düşüncelerden arınmış; duygusal, ruhsal ve zihinsel anlamda Allah'a yönelmiş ve diliyle söylediklerine zihni, kalbi de uyum göstermiş olur.[29] Huşuun sağlayacağı bu durumu namazın bitimine kadar muhafaza etmek gerekmektedir. Ebû Tâlib el-Mekkî, namaz kılan mü'minlerin namaz üzerinde devamlı olmalarını

---

24. Mâ'ûn, 107/4-5.
25. Alak, 19.
26. er-Râzî, a.g.e., C. 18, 32, 33.
27. Ateş, a.g.e., C. 4, s. 346.
28. Hökelekli, a.g.e., s. 243; bkz. Hökelekli, a.g.m., C. 19, s. 248-252.
29. el-Mekkî, a.g.e, C. 3, s. 318; Certel, Hüseyin "Ebû Tâlib el-Mekkî'de Namazın Psikolojisi", S.D.Ü. Dergisi, 1999/6, Isparta, 1990, s. 130.

ve namazlarını muhafaza etmeleri[30] konusundaki hassasiyetlerini namaz ibâdeti ile sükûn bulma ve tatmin olmaları olarak yorumlamıştır. O, namazda devamlılığın şartının da namaz esnasında sükûnetin muhafaza edilerek, zihnin başka şeylerle meşgul olmaktan alıkoyulması olduğunu söyler.[31]

Namaz ibâdetinin insanı ahlâkî açıdan olgunlaştırması için namaz kılan kişinin namazlarını ikame etmesi gerekir. Namazın ikamesi, "namaza ait her hakkı ve şartı dosdoğru yerine getirmek; namazı sadece şekilsel olarak değil ruhsal, duygusal ve zihinsel odaklanma sûretiyle manen de kılmak"[32] ; namaz hususunda "devamlı[33] ve duyarlı[34] olmak" anlamlarına da gelmektedir.

"Namazı ikame etme" sözü, namazla hedeflenen bütün amaçların gerçekleşmesini, namazın kişi ve toplum hayatında yapacağı dönüşümü ifade eder. Kur'ân'da, "namazlarınızı ikame edin[35] emrinde ikame fiili özellikle kullanılmıştır.[36] Namazı vasıtasıyla yaratıcıya karşı saygısını gösteren kişi yaratıcının kullarına karşı hürmetsiz davranamaz. İyilik onun ayrılmaz vasfı olur yeter ki kimin huzuruna çıktığının farkında olsun. Her daim kimin huzurunda olduğunun da!

a. Namaz-Sorumluluk Duygusu ve Vicdanlılık

aa. Namaz -Allah'a Karşı Sorumluluk Duygusu

Bireyin nasıl ki kendisiyle ilgili anlamadığı ve anlamak istemediği her şeyi bir başkasına yükleyerek başından atmak gibi vazgeçemediği bir eğilimi varsa, bunun gibi kötülüğü de daima karşı tarafta görmek eğilimi vardır. Bu sorumsuzluk ve kayıtsızlık kadar toplum üze-

---

30. Me'âric, 70/23-34.
31. el-Mekkî, a.g.e., C. 3, s. 318.
32. el-İsfahânî, a.g.e., s. 630.
33. Derveze, a.g.e., C. 4, s. 106.
34. Esed, a.g.e., s. 509.
35. Bakara, 2/3.
36. el-İsfahânî, a.g.e, s. 420-421.

rinde bölücü ve yabancılaştırıcı bir etki yaratan başka hiçbir şey yoktur. Ve hiçbir şey, tarafların yansıtmalarını karşılıklı olarak birbirlerinin üzerinden çekmeleri kadar anlaşmayı ve uzlaşmayı teşvik edemez. Bunu sağlamak ise özeleştiri gerektirir.[37] Namaz kılan birey Allah'ın huzurunda durup, O'nun hesap gününün sahibi olduğu bilincini taşıyorsa, kendini Allah hesaba çekmeden önce hesaba çekecektir. Bireyin kendisini hesaba çekişi, kendisini daima takip eden canlı bir ilâhî şuur bilinci nedeniyle iyi eğilim ve davranışlara yönelmesini sağlar. İyi eğilim ve davranışlar bireyde yerleştikçe bireyin özeleştiri yeteneği artar.

İnsanî deneyimlerden biri olan sorumluluk da günümüzde asıl anlamını yitirmeye ve çoğu kez, görev sözcüğünün eş anlamlısı olarak kullanılmaya başlanmıştır. Görev, özgür olmama anlamında kullanılan bir kavramdır; sorumluluksa, özgürlük alanına ait bir kavramdır.

Görevle sorumluluk arasındaki ayrım, yetkeci (otoriter) bilinçle insancı bilinç arasındaki ayrım gibidir. Yetkeci bilinç, temelde boyun eğilenin buyruklarına uymaya hazır olmak durumudur; yüceltilmiş, fazlasıyla büyütülmüş söz dinlemedir, boyun eğmedir. İnsancı bilinç ise, kişinin öz insanlığının sesini dinlemeye hazır olma hâlidir ve herhangi bir başkası tarafından verilen buyruklardan bağımsızdır.[38] Namaz ibâdetini eda etmesi noktasında birey Allah'a karşı sorumlu tutulurken,[39] bu tarz bir sorumluluk Fromm'un da ifade ettiği gibi bireyin öz insanlığının sesini dinlemeye hazır olma hâline motive edilişidir. Böylece birey yüce yaratıcıya karşı sorumlu iken insanî değerlerini de değerlendirme fırsatını bulacaktır. Birey Allah'a karşı sorumlu tutulduğu zaman, vicdanının ve iradesinin özgür sesini dinleyerek Allah dışında hiçbir kimseden emir almadan ve O'ndan başka hiç kimseye boyun eğmeyerek -ki bunu Sübhâneke duasındaki "senden başka ilâh yoktur"[40] ifadesi ile bu durumu tasdik eder- namaz emrini yerine getirmektedir.

---

37. Jung, *a.g.e.*, s. 116.
38. Fromm, *Umut Devrimi*, s. 95.
39. Me'âric, 70/26-27.
40. *Ve lâ ilâhe gayruk.*

Hakkıyla namaz kılan bireylerin hesap gününün doğruluğunu tasdik ederek Rablerinin azabından korktukları[41] ifade edilmiştir. Bu ayete göre, namaz kılan bireyler sorumlu tutuldukları yani mükellef oldukları hususlarda, böylesi korku ve endişeyi beş vakitte hatırlayarak emirleri hakkıyla yerine getirmeye doğru motive edilirler.[42] Kendini sorgulama bilincini kazanan insan, Allah'a karşı sorumlu olduğunun bilincini de günde beş vakit bir disiplin içerisinde tazeleyecektir. Zaten beş vakit namaz, ancak Allah'a karşı sorumluluk, sevgi ve saygı duyguları içerisinde yerine getirilebilecek bir ibâdettir.

Namaz kılan kişiler, hesap gününe inanarak, Rablerinin azabından korku üzere bulundukları için[43] davranışlarını kontrol ederek sorumluluklarını hatırlarlar. Her türlü sorumluluklarında, yapmaları gereken işlerde kusur etmiş veya yasak olan bir şeye atılmış bulunmak ve Hakk'a lâyık işler yapamamış olmak endişesiyle uyanık, tedbirli bir psikolojik yapı içerisinde bulunurlar[44]

Kur'ân-ı Kerim'de Allah, namaz kılan bireylere kıldıkları namazın gerekçesini belirterek "Şüphesiz ben Allah'ım, benden başka hiçbir ilâh yoktur. Onun için bana kulluk et ve beni anmak için namaz kıl."[45] buyurmuştur. Bu ayet-i kerime gösteriyor ki ibâdet sadece O'nun için yapılır. Kişi Allah'ın huzurunda kendini O'na karşı sorumlu hissetmiyorsa, gerçek anlamda namaz kılmıyor demektir. Yani burada biz özellikle ibâdetlerin en önemlisi olan namazı, Allah'a karşı sorumlu olmamızın; O'nun varlığını, birliğini, eşsizliğini hatırlayıp, O'nun bizim üzerimizdeki haklarına odaklanarak, O bizi sorumluluklarımızdan dolayı hesaba çekmeden önce kendi nefsimizi hesaba çekmenin bir göstergesi olarak görüyoruz. Çünkü namaz yoluyla biz Allah'ı, Allah'da bizleri hatırlamakta ve zikretmektedir. Nitekim Allah, "Siz beni zikredin ben de sizi zikredeyim."[46] buyurmaktadır. Yani Allah'ın benim için namaz kılın demesi, bizim ibâdetlerimizi niçin yap-

41. Me'âric, 70/26-27.
42. er-Râzî, a.g.e., C. 22, s. 134.
43. Me'âric, 70/26-27.
44. Yazır, a.g.e., C. 8, s. 340.
45. Taha, 20/14.
46. Bakara, 2/157.

tığımızın gerekçesini bize sunmaktadır. Şüphesiz bütün ibâdetler Allah'a karşı sorumluluk bilinci taşıyan bireylerin, Allah'a yönelme, O'nun varlığını ve birliğini kabul etme, O'nun sevgisini kazanma esasına dayanır. Namazın gerekçesi de budur.[47]

Kur'ân-ı Kerim'de Allah'a karşı sorumluluklarının bilincinde olan (takva sahipleri) bireylerin en önemli özelliklerinin, namaz ibâdetleri hususunda dikkatli ve devamlı olmaları,[48] namazlarını dosdoğru kılmaları[49] olduğu belirtilmiştir. Bu bağlamda takvâ sahibi namaz kılan bireyler, Allah'ın her zaman ve her yerde hazır olduğunun farkında olan; bu farkında oluşun ışığı altında kendi varlığını biçimlendirme arzusu içinde bulunan, kötülüklerden sakınan, sorumlulukları konusunda dikkatli olan, ilâhî sorumluluk bilincine sahip bireylerdir.[50]

Bu bağlamda Allah'ın sevgi ve yakınlığını kazanma isteği içerisinde davranışlarını düzenleyen ve namazlarını kılan bir birey, Allah'a karşı olan sorumluluk bilincini (takvâ) en üst düzeyde tecrübe edecektir:

1. İnsanı Allah Korkusuna Yönlendiren İç Dürtüler: "Azab endişesi, kabir suali, mutsuzluk, doyumsuzluk. Dış dürtüler: cennet, cehennem, ödül, mükâfat, ceza vb. Görüldüğü üzere bu boyut, Allah'a karşı sorumluluk bilinci olan takvanın Allah korkusuna dönüşmesinden önceki süreci teşkil eden Allah korkusuna motive eden sebepleri ve tahrik nedenlerini oluşturmaktadır.

2. Allah Korkusu, Yasaktan Sakınma Boyutu: İnsanı Allah korkusuna yönlendiren iç ve dış dürtüler namaz esnasında sonsuz kudret sahibi, ilâhî güvenin kaynağı olan Allah'a sığınma ile son bularak Allah korkusu ve O'nun yasaklarından sakınma hâline dönüşür.

3. Olumlu Yönde Davranış Değişimi Boyutu: Allah'a karşı olan sorumluluk bilincini ifade eden takvanın ikinci süreci olan

47. Kutub, a.g.e., C. 10, s. 31.
48. Esed, a.g.e., s. 4.
49. Bakara, 2/2-3.
50. bkz. Esed, a.g.e., s. 4.

Allah korkusunun ve O'nun yasaklarından sakınma hâlinin namaz esnasında Allah tarafından gözlendiği düşüncesi ve O'na vereceği hesap duyarlılığı kişiyi olumlu eylemlere ve karakter özelliklerine yönlendirir. Yani namaz kılan birey, Allah'a olan sorumluk bilinci (takvâ) sonucunda kendini hataları sebebiyle hesaba çekebilen ve kendini olumlu karakter özelliklerine doğru yenileyebilen bir ruhsal ve psikolojik yapı kazanır.

4. Huzur Duygusu ve Allah'ın Sevgi ve Yakınlığını Kazanma Düşüncesiyle Davranışta Bulunma Boyutu: Allah'a olan sorumluluk bilinci ve duyarlılığı olan takva, namaz ibâdeti vasıtasıyla Allah korkusunun son bulması neticesinde hissedilen "huzur ve tatmin duygusu içerisinde Allah'ın sevgi ve yakınlığını kazanma düşüncesiyle davranışta bulunma" boyutu ile en olgun şeklini alır. Bu boyutta Allah'a karşı hissedilen sorumluk bilinci (takvâ) içerisinde davranışlarını düzenleyen namaz kılan bireyleri tanımladığını düşündüğümüz şu ayeti zikredebiliriz: "Ey huzura kavuşmuş insan, sen Rabbinden razı (hoşnut), Rabbin senden razı (hoşnut) olarak Rabbine dön. Seçkin kullarım arasına katıl ve cennetime gir."[51]

ab. Namaz-İnsana Karşı
Sorumluluk Duygusu ve Vicdanlılık

Diğerkâmlık yani fedakârlık duygusu içerisinde yapılan paylaşım ve dayanışma (infâk) ile çok açık bir şekilde bağlantılı olan; ama tümüyle onunla aynı olmayan diğer iki duygu da duygu birliği ve duygu sezgisidir. Duygu birliğinin özü, insanın bir başka kişiyle 'birlikte acı çekmesi' ya da daha geniş anlamda 'birlikte hissetmesi'dir. Bu durum, insanın karşısındakine dışardan bakmadığı, kişiyi kendi ilgi ve kaygılarının nesnesi olarak görmediği, kendisini, o kişinin yerine koyduğu anlamına gelir. Bu demektir ki, ben kendi içimde, tıpkı karşım-

---

dakinin yaşadığı deneyimi yaşarım yani ben senim, anlayışını deneyimlerim. Duygu birliği ve duygu sezgisi şu anlamı içerir: Ben kendi içimde, öteki kişinin yaşadığı deneyimi yaşıyorum dolayısıyla o ve ben biriz.

İnsanlararası duygu birliği bize ırk ya da kültürün daraltıcı bağlarından kurtulmamızı ve insan gerçekliğinin derinliklerine nüfuz etmemizi gerektirir.[52]

Kur'ân-ı Kerim'de, namaz kılan kişilerin, sahip olduğu mallar üzerinde, yardım isteyenlerin ve birtakım maddî şeylerden yoksun bulunanların, hak sahibi olduklarını kabul ettikleri[53] ifade edilmiştir. Bu duruma göre namaz ibâdeti, bize sunulan nimetleri yardıma muhtaç olan insanlarla paylaşmanın, yardıma muhtaç insanların bizler üzerindeki hakkı olduğu anlayışını yerleştiren bir konuma sahiptir. Yani bizim paylaşım ve dayanışma içerisinde bulunmamız insanlara karşı olması gereken bir sorumluluk anlayışının sonucudur. Yani Allah'ın insanlara sunduğu birtakım, maddî nimetleri karşılıksız paylaşım (infak), maddî yetersizlik içinde bulunan insanların maddî yeterlilik ve güç içerisinde bulunan insanlar üzerindeki hakkıdır. Aynı şeyi sevgi ve saygı paylaşımı gibi manevî hususlar açısından da düşünebiliriz. Böylece insanların kendisi üzerinde maddî ve manevî hakları olduğunun bilincinde olan birey, karşısındaki kişilerin yerine kendisini koyabilecek, onlarla birlikte aynı mutluluğu veya acıyı paylaşabilecektir. Nitekim böyle bir duyarlılığa sahip insanlar kendi içlerinde karşısındaki insanın yaşadığı deneyimi tecrübe edebilir; karşılıklı duygu birliğine ulaşabilirler. Fromm'un da vurguladığı gibi, insanlararası duygu birliğini yakalayabilen bireyler, ırk veya kültürün daraltıcı bağlarından kurtularak ahlâken olgun bir insan gerçeğinin derinliklerine nüfuz etmeyi başarabilirler.

Bütün bunlar ise, bireyde vicdan sisteminin gelişimine yardım eder. Böylece namaz kılan birey, kötü eğilimlerine ket vurarak bunları kontrol etmeyi tecrübe eder. Sorumluluk sahibi, yardımsever, bütünleşmiş kişilik özelliklerini geliştirir.

52. Fromm, *Umut Devrimi*, s. 92, 93.
53. Me'âric, 70/24-25, bkz. Esed, *a.g.e*, s. 1186.

Namaz ibâdeti sayesinde Allah'ın huzurunda bulunduğu bilincini kazanan birey, daima Allah'ın kontrolünde olduğunu düşünerek kendini denetler; hayatını Allah'ın emir ve yasakları çerçevesinde gözden geçirir ve Allah'a boyun eğer. Diğer insanlarla ilişkilerine de bu zaviyeden bakar; saygılı, dürüst ve duyarlı davranır. Kur'ân-ı Kerim'in, bireyin kendisiyle ve başkalarıyla barış içinde yaşamasını sağlayan "salih amel" kavramı, "vicdan" denilen değerlendirme ve kontrol merkezi tarafından işlerlik kazanır. Kısaca "vicdan" denilen değerlendirme ve kontrol merkezi, yapılan güzel işler ve ibâdetler vasıtasıyla yükselen bilinç düzeyinde devreye girecek; bireyin hem ibâdetlerinin gerçek anlamını ve özünü anlamasına imkân sağlayacak hem de bireyi psikolojik ve sosyal uyum bakımından kontrol edecektir.

Bu duruma göre vicdan; insanı hayvandan ayıran belli norm ve değerlere sahip kılan, kendisi ve diğer insanların hakkına riayet etmesini sağlayan, fiil ve davranışlarını beşerî planda hür iradesiyle gerçekleştirmesini temin eden bir olgunluk derecesidir. Vicdan, insanın değer şuurunun farkına varması ile gelişmeye başlar. Vicdanlı kişi denildiğinde de, başkalarının hâlini anlayabilen, kendisini onların yerine koyarak empati yoluyla hem kendisine, hem de diğer insanlara sevgi ve şefkatle bakabilen bir şahsiyet kastedilmektedir.[54]

Aynı zamanda Stuart Mill, ahlâkî hareketlerimizin vicdanın, zihnî, hissî, iradî bir oluşumun sonucu olduğunu ileri sürer. Gerçekten de duygu, düşünce ve irade, vicdanın oluşumunu ortaklaşa etkiler. Meselâ Allah'a kulluk görevini ihmal eden bir Müslümandan, ahlâkî bir tutum, vicdan muhasebesi beklemek boşunadır.[55] Bu bağlamda namaz ibâdeti, bireyin kendisini önce Allah'a, sonra da insanlara karşı sorumlu hissetmeye motive ederek kişinin insanlık ailesine karşı ahlâkî bir tutum ve vicdan muhasebesi geliştirmesine katkıda bulunmaktadır.

Davranışları, ahlâkî niteliklerine göre savunan veya suçlayan bir ses; insanın kendi iç uyumunun bilincine varması; Tanrı tarafından verilmiş aklın yasası; iyi hareketlerde bulunmak için doğuştan gelen

---

54. Uysal, Veysel, *Psiko-Sosyal Açıdan Oruç*, T.D.V. Yay., Ankara, 1994, s. 157.
55. Çam, *a.g.m.*, sy. 3, s. 11.

istek gibi pek çok farklı şekillerde tanımlanan vicdan, sorumluluk duygusunun insan varoluşundaki akit merkezidir.[56] Nitekim Kur'ân-ı Kerim de, namazını dosdoğru, hakkını yerine getirerek sürekli kılmayan bireylerin "vicdan" denilen iyi hareketlerde bulunmak için doğuştan gelen isteğin veya iyi ile kötü arasındaki farkı anlayarak ayırt edebilecek ahlâkî bilincin gelişmediğini vurgulayarak, "Vay o namaz kılanların hâline ki onlar namazlarından gaflet edenlerdir (namazlarına ehemmiyet vermezler); gösteriş için ibâdet ederler ve onlar insanlara en ufak bir yardımı (zekâtı) men ederler."[57] diyerek, bu tarz namaz kılanları sert bir dille eleştirmektedir.

Namaz ibâdeti ahlâkî bilinç düzeyini artırmaya, insanı kötülüklerden alıkoymaya, insanları birbirlerine ve Allah'a karşı sorumluluk bilinci içerisinde davranmaya motive ederek "vicdan" olgusunu geliştirmektedir. Bu bağlamda insan kendisini vicdanın yergisine konu olacak davranışlardan ne kadar uzak tutarsa, karakterini o ölçüde sağlamlaştırmış ve ahlâkî olgunluğa yükselmiş olur. Çünkü iyi çalışan bir vicdanî sorumluluk kişiyi kötülüklerden engeller ve iyi olanı yapmaya sevk eder.[58]

Bununla beraber namaz kılan bireyde gerçekleşmesi beklenen vicdan azabı, buna yol açan faktörün sorumluluğu nisbetinde değil, kişinin karakter yapısına ve ahlâkî duyarlılık derecesine göre gerçekleşmektedir. Bundan dolayı ilâhî bir otoritenin emir ve ölçütlerine göre yapılanmayan bir vicdan, tek başına iyiye yöneltmekte yetersizdir. Vicdan, kendi gelişim ve olgunluğunu, dinî değerlerle uyum içerisinde bir yönelişe sahip olmakla sağlayabilir.[59] Bu bağlamda namaz ibâdeti, bireyi kötülüklerden alıkoyması ve kişiyi Allah'a ve insanlara karşı sorumluluk bilinciyle hareket etmeye yönlendirmesi yönüyle bireydeki vicdanî sorumluluğu günde beş vakit periyodik bir zaman dilimi içerisinde canlı tutmaktadır.

56. Fromm, *Erdem ve Mutluluk*, s. 171; Bahadır, a.g.t., s. 70.
57. Maun, 107/5-7.
58. Dönmez, İbrahim Kâfi, *İslâm'da İnanç, İbâdet ve Günlük Yaşayış Ansiklopedisi;* Hökelekli, Hayati, "Vicdan Maddesi", M.Ü.İ.F.V. Yay., İstanbul, 1997, s. 460.
59. Dönmez, *a.g.e.*, Hökelekli Hayati "Vicdan Maddesi", s. 460.

ac. Namaz-Zaman ve Çalışma Disiplini

Başta namaz gibi belirli zamanlarda yapılan ibâdetler hayat ve disiplin programı olarak vakti ve hayatı düzenlerler. Bütün ibâdetler insanda içsel gelişim ve olgunlukla birlikte büyük bir disiplin sağlarlar ve iradeyi güçlendirirler.[60]

İslâm toplumunda, hayatın ritmi ve düzeni büyük ölçüde günlük beş vakit namaz tarafından belirlenir. Günümüzde bile inananları namaz kılmak üzere toplamak için yapılan namaz çağrısıyla –ezan- insan bu durumun farkına varır.[61]

Namazın hayatımızı düzene koymasının bir nedeni de, günün belli vakitlerinde farz olmasıdır. "Şüphesiz ki namaz, inananlar üzerine vakitli olarak farz kılınmıştır."[62] ayeti de namaz ibâdetinin, namaz kılan bireylerin hayatını belirli bir zaman ve çalışma disiplini içerisinde bir düzene koyduğunu kanıtlamaktadır.

Aslında namaz vakitleri, namaz kılan bireyler için bir zaman ve çalışma programı kılınmıştır. Böylece birey, hayatı belli bir düzen içerisinde belli zaman dilimlerine bölerek değerlendirmeyi öğrenecek; mutmain olacağı bir hayatı yakalayabilecektir.

Namaz kılan bir birey gecenin karanlığından gündüzün aydınlığına ulaştığında, sabah namazını kılarak güne Allah'a olan sözünü yenileyerek başlamaktadır. Günün meşguliyetleri arttığı bir anda, bireyin yüce yaratıcıyla olan irtibatını tazelemeye ve dinlenmeye ihtiyacı varken böyle bir zamanda birey öğle namazını kılarak Allah'ın verdiği sayısız nimetlere şükretmeye çalışır.

Daha sonra güneşin batmaya doğru yöneldiği, gündüzün üçte birine yaklaşırken birey, zarar ve kârını gözden geçirmek için ikindi namazıyla kendini kontrol eder. Hayatında sapmalar ve çelişkiler varsa düzeltme imkânı bulur. Akşam namazı esnasında gün batarken yüce yaratıcısıyla olan ilişkilerini kontrol eder; yaratılış amacını hatırlar;

---

60. Bayraktar, a.g.e., s. 22-23.
61. Sachiko, Murata, William Chittick, İslâm'ın Vizyonu, İnsan Yayınları, İstanbul, 2000, s. 66.
62. Nisâ, 4/103.

hatalarını fark ederek düzeltme imkânı bulabilir. Karanlık bastırınca, gecenin kendisi için dinlenme vakti kılındığını anlar. Birey ölümü hatırlatan uyku ile baş başa kalmıştır. Tekrar hayata dönememe psikolojisine giren birey, günün sonunu yatsı namazıyla kapatarak manevî huzur ve mutluluk içerisinde günü tamamlar.[63]

Bununla beraber insanın her gün beş defa namaz kılmasının bireyin psikolojisi ve ruh sağlığı üzerinde önemli etkileri bulunmaktadır. İnsan, sabahleyin âdeta yeni bir hayat bulmuş, karanlıklardan aydınlıklara yeni umut dolu bir güne kavuşmuş, bir faaliyet meydanına atılmak üzere bulunmuş olur. Bu bağlamda kendisine bu nimetleri sunan Allah'a şükretmek üzere yeni güne sabah namazıyla başlar. İnsan sabahtan akşama kadar hayat nimetlerinden istifade ediyor. Bu müddet içinde maddî ve dünyevî bir meşguliyet sürecine giriyor. Bu meşguliyet içerisinde kendisini birbirinden güzel kapasite ve enerji ile donatan Allah'a şükretmek ve gündelik meşguliyetlerin insan ruhunu gaflet ve kasvet içinde bırakmasına engel olmak için öğlen ve ikindi namazları kılınır.

Günü, akşamın yaklaşmasıyla son bulmaya yüz tutan gündelik meşguliyet ve faaliyetlerin neticesinde insana psikolojik rahatlama sağlayan, gündelik meşguliyetler ile manevî yaşam arasındaki ruhsal dengeyi koruyan bir ibâdetle sona erdirmek için bir saadet âlameti, bir şükran nişanesi, bir kulluk vazifesi olarak akşam namazı kılınmaktadır.

İnsan daha sonra uyku âlemine can atacaktır. Bir nevi ölüm olan ve bir bakımdan da bir huzur ve rahatlama süreci sayılan uyku âlemine girmeden önce birey günlük hayatına yüce bir ibâdetle son vermek, uyku âlemine ilâhî bir zevk ve huzur içerisinde geçiş yapmak, yüce yaratıcının bağışlayıcılığına sığınmak üzere yatsı namazını kılmaktadır. Özetleyecek olursak namaz kılan birey insanın ve bütün canlıların hayatında yaşanan doğmak, büyümek, duraklamak, ihtiyarlamak ve ölmek gibi beş temel süreci tecrübe etmekle kalmayacak; aynı zamanda bu süreçleri yaşayan bir birey olarak maddî varlığı ile manevî varlığı arasında psikolojik ve ruhsal bir denge kurabilecektir.[64]

63. Büyür, a.g.e., s. 43-44.
64. Bilmen, Ömer Nasuhî, *Büyük İslâm İlmihali*, Bilmen Yayınevî, İstanbul, trs, s. 118.

Yûnus Emre, namaz ibâdetinin insanın hayatını düzenleyerek ona bir disiplin kazandıran etkisini şöyle ifade etmektedir:

Müslümanım diyen kişi şartı nedir bilse gerek
Tanrı'nın buyruğun tutup beş vakit namaz kılsa gerek
Seherle durup başın kaldır ellerin suya daldır
Cehennemden âzâdlı[65] oldur kullar âzâd olsa gerek
Öğle namazın kılasın, her ne dilersen bulasın
Nefs düşmanını öldüresin, nefs daima ölse gerek
Ol ikindiyi kılanlar, arı dirlik dirilenler
Onlardır Hakk'a erenler, dâim Hakk'a erse gerek
Akşam durur üç farida[66], dağca günahın erite
İyi amellerin sinde[67] şem[68]ü çerağ[69] olsa gerek
Yatsı namazın ol hâzır hazırları sever kâdir
İmanın eksiğin bitir iman piş-rev[70] olsa gerek[71]

b. Namaz-Sosyal ve Ahlâkî Değerleri Koruma İlişkisi

Herhangi bir insandaki yaşama doğru yöneltilmiş güçlere saldırmak, zorunlu olarak bu saldırganlığı yapanın üzerinde de çeşitli sonuçlar doğurur. Kendi gelişmemiz, mutluluğumuz ve kuvvetimiz bu güçler için duyduğumuz saygı üstünde temellenir. İnsan, başkalarının bu güçlerine saygısızlık gösterdiği zaman, kendisi de etkilenmeksizin kalamaz. Kendimizinkine olduğu kadar başkalarının yaşamına da duyduğumuz saygı, kendi başına, yaşam sürecinin yardımcısı ve ruhsal sağlığın bir koşuludur. Başkalarına karşı duyulan yıkıcılık, bir bakıma intihara ilişkin iç terapilerle karşılaştırılabilecek patolojik bir olaydır. Yıkıcı bireyin kendi öz varlığını yok etmeye çalışan yıkıcılı-

---

65. Hür.
66. Farz, farîza.
67. Mezar
68. Mum.
69. Meş'ale, kandil.
70. Önder.
71. Yûnus Emre, *Dîvân*, s. 199.

ğının amaçlarına erişmeyi başarmış bile olsa, mutsuz olduğunu görüyoruz.[72]

Örgütlü kitleye veya çevresel olumsuz etkilere direnebilmek, ancak ve ancak insanın bireyliğini o örgütün organizasyonu kadar iyi organize etmesi ile mümkündür. Çünkü insanın dünyayı kucaklayan ve koşullandıran bir ruhu olduğu gerçeği dimdik ayaktadır. Makrokozmosun imgesi sadece ruhsal bir varlık olarak insanda izlerini bırakmakla kalmamıştır, insan da bu imgeyi giderek genişleyen ölçüde bizzat yaratmaktadır.[73] Birey kendini sosyal ve ahlâkî temel değerlere bağlı kalarak olgun bir karakterle geliştirirse olumsuz çevresel etkilere karşı koyabilir. İşte namaz ibâdetini hakkıyla yerine getirenlerin en önemli özelliklerden başlıcası kendi değerleri kadar diğer insan ve toplumların değerlerine de saygı duymalarıyla sorumlu tutulmalarıdır.[74] Daha önce de ifade edildiği gibi kendimizinkine olduğu kadar başkalarının hayatlarına, sosyal ve ahlâkî değerlerine duyduğumuz saygı hem bireysel hem toplumsal yaşam sürecinin güvencesi ve ruhsal sağlığın bir koşuludur. Nitekim Kur'ân-ı Kerim'de, "Allah dışında varlıklara tapan kimselere sövmeyin; onlar da düşmanca ve cahilce Allah'a söverler."[75] buyurularak onaylamadığımız değerlere sahip insanların değerlerine bile saygı duymamız istenmektedir. Aksi takdirde başkalarının değer ve yaşamlarına saygı duymadıkça kendi değerlerimiz ve yaşamlarımıza saygı duyulmasını bekleyemeyiz .

Kur'ân-ı Kerim'de namaz kılan bireylerin iffetlerini korudukları gibi nikah yoluyla meşru şekilde sahip oldukları dışında isteklerini engelledikleri[76] ifade edilmiştir. Bu ayette namaz kılan kişilerin iffet, namus gibi sembolik değerlerin yanında ahlâkî olduğu düşünülen toplumun devamını sağlayan bütün değerleri korumaya karşı duyarlı oldukları anlaşılmaktadır. Sosyal ve ahlâkî değerlerin korunmasında duyarlı olan bireyler kendi değerlerinin korunmasına özen gösterdikleri gibi diğer insanların ve hatta aynı dinî ve dünya görüşünü paylaş-

---

72. Fromm, *Kendini Savunan İnsan*, s. 215.
73. Jung, *a.g.e*, s. 87.
74. Me'âric, 70/29, 30; Mü'minûn, 23/5, 6.
75. En'âm, 6/108.
76. Mü'minûn, 23/5,6; Me'âric, 70/29, 30; bkz. Esed, *a.g.e.*, s. 1187.

madıkları insanların değerlerini korumaya özen göstermekle sorumludurlar. Nitekim inanan ve bu iki ayete atıfla namaz kılan bireylerin, Allah dışındaki varlıklara tapan kimselere sövmemeleri gerektiği, bu hataya düşüldüğünde onların düşmanca ve cahilce Allah'a sövecekleri[77] vurgulanmıştır. Demek ki namaz kılan bireyler insanlığın değerlerine saygı göstermek ve toplumun devamını sağlayan ahlâkî değerleri yaşatmakla yükümlüdürler. Aksi takdirde yaşamlarımıza da saygı duyulmasını bekleyemeyiz.

Me'âric Sûresi'nde[78] insanın tatminsiz (helû'an) yaratılmış olduğu vurgulanmıştır. Yani insanın kendisini aynı derecede hem verimli başarılara, hem de kronik memnuniyetsizlik ve hayal kırıklıklarına sürükleyen bir iç tatminsizlik ile donatıldığı ifade edilmiştir. Ancak namaz ibâdetini hakkıyla yerine getiren bireyler o fıtrî tatminsizliği pozitif bir güce dönüştürebilecek ve böylece içsel huzur ve tatmini sağlamayı başaracaklardır. Namaz ibâdetini hakkıyla yerine getirmekten uzak tatminsiz bir tabiata sahip birey, aynı zamanda bireysel ve sosyal ahlâkî değer ölçülerinden uzak olur. Bu nedenle, ne zaman pozitif bir iman çağrısı ile karşılaşırlarsa, rûhî bir şaşkınlık içinde kendilerini entelektüel olarak haklı çıkarmak için, her tarafa çekilebilir çelişkili kanıtlarla söz konusu iman çağrısını çürütmeye çalışırlar.[79] Fromm, toplumun devamını sağlayan ahlâkî değerleri korumayan bireylerin değerler sisteminin ya kişisel zevkleri temel alacaklarını ya da toplumun kendi değerlerini kendisinin yaratacağını savunacaklarını ifade etmiştir. Yine Fromm, toplumun devamını sağlayan ahlâkî değerlere uzak bireylerin değerler sisteminde, benciliğin, rekabetin ve yıkıcılığın, türlerin yaşamlarını sürdürmesinin koşulu olduğunu düşünmektedir.

Namaz ibâdeti, aksine, yapılmış olan hataların yol açtığı utanma duygusu diyebileceğimiz haya ve her hususta haddini bilerek kendi hak ve özgürlüklerinin bilincinde olma neticesinde başkasının hakkını da gözetmeyi ifade eden edeb özelliklerini geliştirerek bireyi toplumun devamını ve bütünlüğünü sağlayan ahlâkî değerleri korumaya yönlendirir. Böylece edeb ve haya duyguları insanı olumsuz karakter

77. En'âm, 6/108.
78. Me'âric, 70/19.
79. Esed, a.g.e., s. 1187, 1188.

özelliklerinden men eder. Maddî ve manevî olgunlaşma bu erdemler olmaksızın mümkün değildir. Çünkü toplumlar edeb ve haya değerlerini kaybederlerse, toplumsal düzen ve birliğin sağlanması mümkün değildir. İnsanları olumsuz karakter özelliklerinden men etmek hususunda edeb ve hayanın tesiri, başka hiçbir şeyle kıyas edilemez.[80]

Namaz ibâdeti sayesinde toplumsal düzenin ayakta kalmasını sağlayan ahlâkî değerlerin korunması duyarlılığını kazanan bireyler ruhlarını, ailelerini ve toplumlarını olumsuz her durumdan korurlar. Olumsuz fiillerden, akla, sağduyuya ve ahlâkî emirlere aykırı olan tutum ve düşüncelerden, akıl ve duygularını koruyarak temizlenirler. Ve böylece gönüllerini toplumsal bütünleşme ve düzene aykırı düşecek noktalara odaklanmaktan korumuş olacaklardır. Soyun, ailenin, cemiyetin bozulmasını ve beşerî, şehevî güdülerin olumsuz etkilerini önlemiş olacaklardır.[81]

Kur'ân-ı Kerim'de, Lokman (a.s.), oğluna namazını dosdoğru kılmayı tavsiye ettikten hemen sonra, doğru ve yararlı olan şeyleri emredip, kötülüklerden vazgeçirmeye çalışmasını[82] emretmiştir. Yani bu ayetle namaz kılan bireyler, iyiliği emredip kötülüklerden sakındırmayla sorumlu tutulmaktadırlar. Demek ki namaz kılan bireyler, toplumu devam ettirecek ahlâkî değerleri korumakla beraber, ifade edilen bu değerleri topluma emredip, bu değerlere aykırı durumlardan da onları vazgeçirmeye çalışmakla sorumludurlar.

Bu bağlamda ma'rûf kavramı, Kur'ân ve sünnetle gelen emirler, toplumda bilinen her hayır, adalet, hak kavramlarına denk düşen faydalı, güzel, iyi işleri kapsar. Münker ise, Kur'ân ve sünnetle gelen yasaklar, toplumda kötü, zulüm, zararlı, aşağılık kabul edilen durumları kapsar. Namaz kılan bireyler sadece toplumsal düzenin devam etmesini sağlayan ahlâkî değerleri korumakla kalmayıp bu değerleri topluma yaymaya çalışarak toplumu iyiliğe, doğru ve güzel olana yönlendirip kötü, zararlı ve aşağılık durumlardan uzaklaştırma duyarlılığına sahip iseler, toplumsal düzende anarşi, başıboşluk ve kaos ön-

80. Akseki, a.g.e., s. 169, 170.
81. Kutub, a.g.e., C. 10, s. 301; bkz. Kutub, a.g.e., C. 15, s. 239.
82. Lokman, 31/17.

lenir; insanlar doğru ve faydalı işlere yönlendirilerek toplumsal düzen sağlanmış olur.[83]

Demek ki insanların ahlâkî düzeylerini yükseltmek, iyilik yapmaya yönlendirerek olumsuz karakter özelliklerini ortadan kaldırmaya çalışmak ve olumsuz fiillerin toplum hayatındaki olumsuz izlerini silmek için en önemli vasıta Allah'a ibâdet ve namazdır.[84]

Aynı zamanda bir ferdin dinî duygu ve davranışları genellikle ona sunulan kültürel formun bir kopyasını taşır. Bu anlamda dindarlığın, ferdî ve sosyal uzlaşma, uyum ve muhafazakârlıkla ve sonuç itibarıyla de sosyal bütünleşme ve istikrarla yakın ilişkisi dile getirilmiştir. Dindar insanın genel olarak daha itaatkâr ve daha az toplum düzenine aykırı, toplumsal ve ahlâkî değerleri koruma noktasında duyarlı hareket etmeye eğilimli görülmesi de bu durumdan ileri gelmektedir.[85]

Sonuç itibarıyla İslâm dini, sosyal faaliyetlere, müşterek teşebbüs ve erdemlere büyük önem verdiğinden, cemaate ve camiye ayrı bir ehemmiyet atfetmiştir. Müslümanların günde beş defa camide toplanmalarını tavsiye ve teşvik etmiş, haftada bir kere toplanmayı farz, bayram günleri senede iki defa toplanmayı vacip, her sene bütün dünya Müslümanlarının bir kere Mekke'de toplanmalarını mecburi kılmıştır.[86] Böylece namaz kılan kişi, toplumsal sorunlara daha duyarlı, toplumu ayakta tutacak ahlâkî değerlere daha uyumlu, toplumsal uyum ve uzlaşma yönleri daha yüksek olacaktır.

İbâdetlerin psiko-sosyal uyum üzerindeki etkisi üzerine yapılan bazı çalışmalarda, namaz ve sosyallik arasında olumlu ve anlamlılık düzeyi yüksek bir ilişki tesbit edilmiştir. Ayrıca ibâdetler ile psiko-sosyal uyum arasındaki ilişkide özellikle namaz, dua ve tevbe ile kendini kabullenme, sosyallik ve kendini ifade etme boyutları arasındaki ilişkilerin anlamlı bir şekilde farklılaştığı görülür.[87]

83.   Derveze, a.g.e., C. 3, s. 168; er-Razî, a.g.e., C. 18, s. 159.
84.   Kutub, a.g.e., C. 7, s. 68, 69; Yazır, a.g.e., C.6, s. 274.
85.   Hökelekli, a.g.e., s. 118-119.
86.   Uludağ, İslâm'da Emir ve Yasakların Hikmeti, s. 83.
87.   Hayta, a.g.m., 52.

c. Namaz-Tevbe İlişkisi:

İnsan, şaşırmaktan, merak etmekten ve yeni sorular ortaya atmaktan hiçbir zaman vazgeçmeyecektir. Ancak eğer beşerî durumu, varoluşundan gelen ikiye bölünmüşlükleri ve güçlerini ortaya koyma konusundaki yeteneğini kabul ederse sorumluluklarını yerine getirmede başarılı olabilecektir. Bu sorumluluk, onun kendi kendisi olması, kendi kendisini savunması ve özellikle akıl, sevgi ve üretici çalışma gibi yetilerini tam anlamıyla gerçekleştirmesi aracılığıyla mutluluğa erişmesidir.[88] Namazda birey kendisinin, ailesinin ve aynı varoluşsal amaca sahip bütün inananların affedilmeleri için bağışlanma dileyerek kendine ait olan akıl, sevgi gibi kuvvetleri geliştirerek ve daha iyiye yönelmeyi sağlayan, üretken, daha ileriye yöneltici motiveleri harekete geçirerek mutlu olabilecektir. Namazdaki bu tatmin duygusu sadece suçluluk duygusu ile baş edebilecek bir birey için yenilenme bilincini oluşturan tevbe etme sayesinde mümkün olacaktır.

Konuyu başka bir yönden ele alacak olursak usdışı nefret, kişinin karakter yapısından kaynaklanır. Bu çeşit bir nefret, insanın kendisine olduğu kadar başkalarına da yöneliktir. Ama biz, çoğu kez kendi kendimize duyduğumuz nefretten çok, başkalarına duyduğumuz nefretin ayırımına varırız. Kendi kendimize karşı duyduğumuz nefret, genellikle kendi kendini düşünmezlik, her şeyden eline eteğini çekme ya da kendini suçlama ve aşağılık duygusuna neden olmaktadır.[89] Birey, namazdaki tevbe bilinci sayesinde bağışlanma umudu, yenilenme bilinci, üretici davranış özelliklerini harekete geçirerek, kendini suçlama, aşağılık duygusu ve usdışı nefretin olumsuz etkilerinden korunabilecektir. Kişinin tevbe sayesinde üretici ve bütünleşmiş bir hayat yakalaması mümkün olabilecektir.

"İnsanlığın ruhsal dönüşümü bir nesil içinde meyvelerini veremez. Ancak ruhsal dönüşüm (tevbe) kendi davranışları hakkında iç görü sahibi olan ve dolayısıyla bilinçdışına erişim imkânı bulmuş bireylerin, ister istemez çevre üzerinde de etkili olacakları genel kabu-

---

88. Fromm, *Kendini Savunan İnsan*, s. 54.
89. Fromm, *a.g.e.*, s. 208-209.

lünden söz ediyorum."[90] Jung'un ifade ettiği ruhsal dönüşüm, namazda kendi hataları için bağışlanma dileyen,[91] hatalarını sorgulamayı öğrenerek hesap gününde hesaba çekilmeden kendi muhasebesini yapabilen,[92] kendini olumlu bir ahlâka yönlendirerek yenileyebilen bir insan için günde beş kez mümkün olmaktadır.

Namaz ibâdetindeki tevbe bilincinin önemi, içerisinde umut duygusu ile yenilenme bilincini içermesinden kaynaklanmaktadır.

Umut etmek demek, henüz doğmamış bir şey için her an hazır olmak ama doğumun, bizim yaşam sürecimiz içinde gerçekleşmemesi hâlinde kayıtsızlığa, umutsuzluğa düşmemek demektir. Yine umut etmek, bir varolma durumudur. Yoğun, ancak henüz harcanmamış bulunan etkin olma durumunun içsel olarak hazır olmasıdır. Umut, yaşamaya ve büyümeye eşlik eden, onunla birlikte bulunan bir ruhsal ögedir.[93]

Umut yok olduğunda, yaşam olgusal ya da potansiyel olarak sona ermiştir. Umut, yaşamın doğasında, insan ruhunun dinamiğinde varolan bir ögedir. İnanç, kendi yaşama deneyimimiz ve kendimizi dönüştürmemiz temeline dayanır. Umut, inanca eşlik eden bir ruh hâlidir. Umutluluk hâli olmaksızın inanç ayakta duramaz, dayanaksız kalır. Umut, yalnız ve yalnız inanç temeli üzerinde durabilir.[94] Umudu en güçlü şekilde içinde barındıran tevbe bilinci, yaşamsal enerjiyi, dünya sonrası hayata dair aktif yenilenme hâlini, insan ruhunun dinamiğinde varolan değişebilme ve gelişebilme yani kendimizi dönüştürebilme motivasyonunu içinde barındırır.

Tevbe, insanın dince uygun görülmeyen bir davranıştan vazgeçmesi ve bir daha o davranışı işlemeyeceğine söz vermesidir.

Kur'ân-ı Kerim'de, mü'minlere gündüzün başında ve sonunda, bir de gecenin erken saatlerinde namazı dosdoğru kılıp devamlı olmaları emredilmiş; bu ayetin nüzul gerekçesi kabul edilebilecek bir ifade

---

90. Jung, a.g.e., s. 122.
91. Rabbenâ duaları.
92. Mâliki yevmi'd-dîn.
93. Fromm, Umut Devrimi, s. 29.
94. Fromm, a.g.e., s. 27, 28.

ile "çünkü iyi eylemler kötü eylemleri giderir"[95] denilerek namazın, hataların olumsuz etkilerini sileceği ve bireyi olumlu eylemlere yönlendireceği vurgulanmıştır. Nitekim Peygamber efendimiz Mu'âz b. Cebel'e, "Her nerede ve her ne hâlde olursan ol, Allah'a karşı sorumluluk bilinciyle hareket et. Bir kötülük yaptığın zaman hemen arkasından iyilik yap ki yaptığın kötü fiili silsin ve insanlara karşı güzel ahlâklı davran."[96] buyurmuştur. Bu noktada namaz ibâdeti, bireyde, hatalardan pişmanlık duyup Allah'tan bağışlanma dileme yoluyla kötü fiillerin terk edilerek iyi fiillere dönüşmesini ve böylece kötü fiillerin olumsuz etkilerinin ortadan kaldırılarak olumlu bir karakter yapısının oluşmasını motive eder. Başka bir deyişle namaz esnasında birey, "Rabbimiz bize dünyada da iyilik ver ahirette de iyilik ver, ve bizi ateş azabından koru."[97], "Rabbimiz beni, anne-babamı ve bütün inananları hesap gününde bağışla."[98] diyerek hatalarının farkına varıp Allah'tan bağışlanma dilemiştir. Bu durum bireyin, hatalarının olumsuz etkilerinden kurtularak iyi fiillere yönelmesinin ve böylece olumlu karakter özelliklerini kazanmasının ilk basamağıdır. Aynı zamanda birey, "bizi doğru yola ilet"[99] diye duada bulunurken, Allah'tan doğru bir hayata yönlendirilmesini dilemektedir. Bu dua ile bireyin ilk etapta kendisini ve hatalarını keşfetmesi mümkün olmaktadır. Kişi, kendi hatalarını ve aynı zamanda kendi eşsiz varlığını bulması sonucu[100], iyilik yapma kapasitesini kullanamamasından kaynaklanan hatalardan dolayı alçakgönüllü bir duyarlılıkla Allah'tan bağışlanma dileyerek kendini yenileme arzusu içinde, hatalarının olumsuz etkilerini silmek isteyecektir. Bu noktada Fâtiha Sûresi'ndeki bu dua ile durumunun farkına varan insan, olumlu bir yöneliş içerisinde, hadiste buyurulduğu gibi iyiliğe motive olarak kötü fiillerinin olumsuz etkilerinden sıyrılma arzusunu namaz esnasında dile getirir. Böylece, bizi doğru yola hidayet et, duası tevbe bilinci ile yenilenme ve olumlu karakter gelişimini mümkün kılacak bir motivasyonu bireyin bilincine işler.

95. Hûd, 11/114.
96. Tirmizî, Birr, 55; Ahmed b. Hanbel, 3, 113-134; Ebû Dâvûd, Rikak, 47.
97. Rabbenâ âtina duası.
98. Rabbena'ğfirlî duası.
99. Fâtiha, 1/5.
100. Budak, a.g.e., s. 444.

Bununla beraber birey, "En yüce olan Rabbimi insanlığa ait bütün eksik sıfatlardan tenzîh ederek tesbîh ederim."[101] derken, Allah'ı bütün eksik sıfatlardan uzak kılarak kendi eksik ve hatalarının da farkına varmaktadır. Böylece Allah'ın eşsiz sıfat ve isimlerinin de farkına varan insan, bu sıfat ve isimleri tanıma ve kendi karakterini oluşturma esnasında kendini tanıma ve algılamaya da başlayacaktır. Bireyin kendini algılaması, kendi benliğini oluşturan şeylerin yani kendi eşsiz duygularının, dürtülerinin, özlemlerinin ve kişilik özelliklerinin farkında olması demektir.[102] Böylece kendini algılayan insan, ilâhî sıfat ve isimler yoluyla kendi karakter yapısını oluşturabileceğinin farkına varırken, aynı zamanda kendi hata ve eksikliklerinin de farkına varır. İşte bu noktada namaz ibâdeti, bireyin kendi hata ve eksikliklerinin farkına varması ve Allah'ın isim ve sıfatlarını tanıma ve yaşama yoluyla kendi eşsiz kapasitesini geliştirmesi noktasında bireye katkıda bulunacaktır. Böylece Allah'tan tevazu ve minnet duyguları içerisinde bağışlanma dileyen insanın hatalı fiillerini olumlu bir yöneliş ve karakter yapısına dönüştürebilmesi mümkün olabilecektir.

Namazda birey, daha önce yaptığı hatalardan dolayı utanır ve pişmanlık duyar. Bu olay insanı tefekküre iter, yanlışlardan el çekmeye yönlendirir.[103] Yani vurgulandığı üzere, "İyilikler kötülükleri giderir" ayeti ile iyiliklere tevbe yoluyla yönlendirme anlamı taşıyan namaz ibâdeti, kötülükleri giderir.[104] Bu nedenle Peygamber efendimiz, "Büyük günahlardan uzak durulduğu sürece namaz kılmak, iki namaz vakti arasındaki günahlara da keffarettir."[105] buyurmuştur.

Namaz ibâdeti, insanı çirkin fiillerden, akla, sağduyuya aykırı olan her davranış ve tutumdan uzaklaştırdığı[106] için namaza devam edildikçe, genellikle, namaz kılan bireylerde kötülüklere ve günahlara karşı nefret duygusu gelişir. Böylece namaz insanları büyük günah-

---

101. Sübhâne Rabbiye'l-a'lâ.
102. Budak, *a.g.e.*, s. 444.
103. Derveze, *a.g.e.*, C.3, s. 492.
104. Yazır, *a.g.e.*, C., 5, s. 20.
105. Müslim, Taharet, 16; Ahmed b. Hanbel, II, 359-404.
106. Ankebût, 29/45, bkz Esed, *a.g.e.*, s. 812.

lardan da uzaklaştırmaya, şayet alıştığı şeyler varsa bireyde pişmanlık uyandırıp tevbeye de sebep olur.[107] Namaz ibâdeti esnasında, tevbenin hem bilinç hem fiil boyutu yaşanır. Bu iki boyutun birlikte yaşanması nedeniyle, davranış değişimi gerçekleşir. Davranış değişiminin gerçekleşmesiyle olumlu karakter özellikleri gelişir. Şimdi tevbenin ifade edilen bu boyutları üzerinde namaz ibâdetinin etkisini görelim:

Bilinç Boyutu: Kişi işlediği fiilin kötü bir fiil olduğunu fark ederek, bir daha bu fiili yapmaması gerektiği sonucunu çıkardığı andan itibaren, tevbe kişinin zihninde başlamış olacaktır. İşte bu noktada namaz ibâdeti bireyin bağışlanma umuduyla ve doğru yola iletilmesi dileğiyle yaptığı dualar vasıtasıyla işlediği hatalı fiilleri fark etmesini zihnen ve kalben mümkün kılmaktadır.

Fiil Boyutu: Kişinin işlediği hatayı fark ettikten sonra, hatasını bir daha uygulamama noktasındaki azmi, bu fiili tekrarlamama noktasındaki sebatı fiil boyutunun ilk aşamasını oluşturur. Fiil boyutunun ikinci aşaması ise kötü fiili iyi olan bir davranış veya fiille örterek olumsuz fiili bir daha tekrar etmemek üzere bitirmektir.

Davranış Değişimi: Kişinin hatalı olan bir fiili yerine iyi bir fiili gerçekleştirme azmi kötü fiilinin olumsuz etkilerini ortadan kaldırır. Böylece bireyin olumsuz duygu, düşünce ve fiillerini iyiye yönlendirmesi sonucunda oluşan davranış değişimi boyutuyla tevbe sonuçlanmış olur.[108] Namaz ibâdeti, bizi doğru yola hidayet et, ayeti ile doğru düşünce, duygu ve davranışlara yönelme dileğinin sonucunda oluşması beklenen olumlu karakter özelliklerinin gelişmesini sağlayan davranış değişimi ile tevbe bilincinin en yüksek düzeyde yaşanmasına neden olur. Namaz esnasında, dua ve bağışlanma dileklerini içeren Rabbenâ duaları ile olumlu duygu, düşünce ve davranışlara, bütün insanlığın bağışlanması arzusu içerisinde motive edilen birey olumlu karakter özelliklerine davranış değişimi neticesinde gelişen tevbe bilinci sayesinde yönelir.

---

107. Kutub, *a.g.e.*, C.8, s. 277.
108. Alawneh, Shafiq Falah, "Human Motivation: An Islamic Perspective", *The American Journal of Islamic Social Sciences*, U.S.A., 1996, s. 15.

Kur'ân-ı Kerim'de, namaz kılan bireylerin Allah tarafından günahlarının örtüleceği[109] öncelikli olarak ifade edilmektedir. Bu ayet-i kerimede, namaz kılanlarla beraber zekât verenlerin, elçilere inanıp onları destekleyenlerin, Allah için, yoksullara sadaka ve ihtiyacı olanlara ödünç para verenlerin de günahlarının örtüleceği vurgulanmaktadır.[110] Bu ayet-i kerimede öncelikli olarak, namaz kılan bireylerin günahlarının örtüleceğinin belirtilmesinin sebebi, namaz kılanların namaz ibâdetinin motive ettiği tevbe bilinci ile Allah tarafından iyiliğe yönlendirileceği gerçeğinden dolayıdır.

Demek ki Allah tarafından günahkârlık duygusunun ezikliğinden kurtularak günahların örtülmesinin ön şartı, Allah'tan bağışlanma ve doğru yola iletilme duygusu içerisinde kılınan, duygu ve bilinç düzeyi yüksek bir namazdır. Bu namaz, ibâdetin Allah ile kul arasında hakîkî bir bağ olduğunu düşünerek, karakteri olumlu bir yöne yönlendiren bir unsur olduğunu unutmadan, kötü fiillerden koruyucu bir ibâdet olduğunun bilincine varılarak kılınmalıdır ki günahları örtücü nitelikte olsun.[111]

Daha önce de ifade ettiğimiz gibi, namaz ibâdeti bireyi tevbeye zihinsel, duygusal, ruhsal yönden motive ederek, bireyin bağışlanma ve doğru yola iletilme arzusunu dile getirmesini sağlayarak, bireye hatalarını fark ettirip olumsuz fiili yapmama kararına yönlendirerek olumsuz bir durumu olumlu bir karakter gelişimine dönüştürecek bir ruhsal, zihinsel ve duygusal bir kapasiteye yükselterek bireyin hatalarının olumsuz etkilerini tamamen ortadan kaldırmasını sağlar.

Allah tarafından, kıldığı dosdoğru bir namaz sayesinde günahlarının örtüleceği ve ettiği dualar ile bağışlanacağı umudunu taşıyan bir insan, psikolojik rahatsızlıkların oluşmasında esas sayılan, strese sebep olan günahkârlık duygusunun yıkıcı etkileri ile başa çıkma noktasında önemli bir güç kazanacaktır. Çünkü namaz sebebiyle günahlar affedilir, nefs hata kirlerinden temizlenir. Allah'ın bağışı ve rızası konusunda bağışlanma umudu her namazda dirilir.[112] Bu nedenle Ra-

---

109. Mâide, 5/12.
110. Derveze, a.g.e., C.3, s. 55.
111. Kutub, a.g.e., C. 4, s. 170, 171.
112. Necati, a.g.e., s. 325, 326

sûl (s.a.v.): "Ne dersiniz; birinizin evinin önünden bir ırmak aksa, günde beş kere onda yıkansa, o kişide kir kalır mı?" diye sordu. "Kir diye bir şey kalmaz." cevabı verilince, "İşte beş vakit namaz böyledir; Allah onunla bütün hataları siler."[113] buyurdu. Bu hadiste peygamber efendimiz bireyi bağışlanmaya ve doğru bir istikamete yönlendirmeye motive eden namaz ibâdetinin hataların olumsuz etkilerini giderek bireyi olumlu duygu, düşünce ve karakter özelliklerine yönlendirişini vurgulamıştır.

Namaz ibâdetinin motive ettiği tevbe ile kişinin kendini kabullenmesi; kaygı ve endişeye düşmeden, suçluluk duygusuna kapılmadan kendisinden emin bir şekilde yaşaması, kendi kişilik özelliklerini bilmesi ve bunlarla yaşamayı severek kendi kendisiyle çatışmaya düşmemesi mümkün olmaktadır.[114] Böylece tevbe eyleminin en yoğun hissedildiği namaz ibâdeti esnasında birey, bağışlanmasını dilemekte, yüce yaratıcıya sığınarak O'nun himayesine girmekte, ayrıca suçluluk ve günahkârlık duygularının meydana getirmiş olduğu ikilemli bir hayatın çelişki ve sıkıntılarından kurtulmak için önemli bir çıkış yolu elde etmektedir. Bunun sonucunda da çatışmalarına çözüm bularak kendisiyle ve çevresiyle barışmakta, umut içerisinde ve herhangi bir endişeye düşmeden hayatını sürdürebilmektedir.

d. Namaz ve Sabır İlişkisi

Karakter, özellikle yaşamın ilk yıllarındaki deneyimlerle biçimlenir. Herhangi bir kişinin hangi konularda çabuk ve kuvvetli olduğu, ilişkilerinin türüne ve karakter yapısına dayanmaktadır. Eğer kişi doğru ve sevecen bir kimse ise, bir haksızlıkla karşılaştığında veya sevgiyle ilgili herhangi bir etkilenme neticesinde, çabuk ve kuvvetli bir tepki gösterecektir. Eğer yıkıcı ve sadist bir özyapısı (karakteri) varsa yıkıcılığı ve acımasızlığı yine çabuk ve kuvvetli olacaktır.[115] Namaz ibâdeti insana kazandırdığı bilinç ve sorumluluk duygusu nedeniyle

---

113.   Müslim, Mesâcid, 51, 666; Buhârî, Mevâkıt, 6; Tirmizî, Emsâl 5, 268.
114.   Armaner, *Din Psikolojisine Giriş*, C. I, s. 110.
115.   Fromm, *Kendini Savunan İnsan*, s. 60.

insandaki nefsânî (olumsuz) duygu ve düşünceleri kontrol altına almayı, irade gücünü harekete geçirerek yıkıcı, fevri, acımasız vb. kötü özellik ve alışkanlıklara hâkim olmayı sağlar. Bu nedenle inananların, "namaz ve sabırla Allah'tan yardım dilemeleri"[116] emredilmektedir. Çünkü namaz ibâdeti, sabrı kuvvetlendirip, irade gücünü harekete geçirme yoluyla davranış, duygu ve düşünceleri kontrol etmeyi sağlayacak; kötü duygu, düşünce ve davranışların olumsuz etkilerini pasifize edip onların dışa yansımasına engel olacaktır.

Kötü etkiler ve güdülerle uğraşmanın daha iyi ve etkili yolu, onların bilince çıkmalarına engel olmak gibi görünmektedir. Böylece bilinçli bir günaha itilme söz konusu olamaz. Namaz ibâdeti, olumsuz düşünce, hareket ve duyguları, irade gücünü kuvvetlendirme ve iradeyi Allah'ın huzurunda namaza odaklama yoluyla bireyin olumsuz düşünce, hareket ve duygularını kontrol etmekte, bilinçli bir şekilde günah ve hataya düşmesine engel olmaktadır. Ancak bu durum bir iç tepkiyi bastırmak, onu bilinçten uzaklaştırmak anlamına gelir; hâlbuki bu durum onun varlığını ortadan kaldırmak demek de değildir. Freud, bastırılmış iç tepkinin, birey bunun ayrımında olmasa da birey üzerinde büyük bir etki yapmayı sürdürdüğünü söylemiştir.[117]

Kendine güvenen, hayatı seven, tam anlamıyla gelişmiş bir insan, hırs ve dünyevî tutkularını kontrol altında tutulabilir. Doymak bilmezliği irade gücüyle yenmiş kişinin, dünyevî anlamda kaybedebileceği hiçbir şeyi yoktur. Bu anlamda zengindir, çünkü güçlüdür. Güçlüdür, çünkü arzularının esiri değildir. Akıldışı isteklerden ve fantezilerden kurtulmuştur. Çünkü kendi içinde ve dışında hakikatle tam bir ilişki içindedir. Bu durumun aksine kişinin kaygılı, huzursuz vb. durumları giderilmediği ya da büyük ölçüde azaltılmadığı sürece hırs ve tutkuları kontrol edilemez.[118] Daha önce ifade ettiğimiz gibi namaz ibâdeti, olumsuz duygu düşünce ve hareketleri irade gücünü kuvvetlendirme yoluyla ortadan kaldırır. Ayrıca namaz, Allah'ın huzurunda bulunma bilincini[119] teşvik etme yoluyla insanı, hırslarını, dünyevî

---

116. Bakara, 2/45.
117. Fromm, a.g.e., s. 219.
118. Fromm, Umut Devrimi, s. 30, 90.
119. Mü'minûn, 23/1-2.

tutkularını, akıl-ahlâk dışı istek, fantezi ve davranışlarını kontrol altına alabilen güçlü bir birey kılar.

Nefsin istek ve arzuları, dünyaya ait olan maddî istek ve arzulardır. İnsan, kötü huyların ve çirkin hareketlerin kaynağı olan nefsin arzularına gem vurarak, nefse hoş gelen şeylerden uzaklaşma ile nefsin etkisini azaltır ve nefsi kontrol altına alır. Bu ise, az yemek, az uyumak, az konuşmak gibi birtakım manevî disiplinler sayesinde mümkün olur.[120] Nefsi kontrol altında tutma gücünü bize telkin eden unsur sabırdır. Namaz ibâdetinde ise birey özellikle secde noktasında olumsuz duygu ve düşüncelerin kaynağı nefsi, en yüce olan Rabbini kendisine ait bütün noksan sıfatlardan uzak kılarak[121] kontrol altına almakla kalmayıp nefse hak ettiği muameleyi göstermektedir.

Kur'ân-ı Kerim'de, namaz kılan bireylerin, yakınlarına da namazı emretmeleri ve namazlarında devamlı, sebat içerisinde[122] olmaları teşvik edilmiştir. Yani namaz kılan bireyler bütün insanlık ailesine namazın anlam ve güzelliklerini anlatacaklardır. Böylece şuurlu ve namazı özümseyen bir toplumun oluşması noktasında bütün namaz kılanlar sorumlu tutulmaktadır.

Allah'ın, "namaza sebat ederek devam eyle" buyruğuna gelince; namaz kılan bireylerin, namazı anlatıp telkin etmeleri kadar, namaz ibâdetini bilfiil tecrübe etmeleri, kararlılık içerisinde devam etmeleri çok önemlidir.[123] Çünkü namaz ibâdetinin karakter gelişimi üzerinde olumlu bir etki göstermesinde etkili olan en önemli şart, namaza kararlılık içerisinde devam etme ile mümkün olacaktır. Namaz ibâdetinin olumsuz duygu ve düşüncelere (nefsânî isteklere) ya da isteksizlik, yorgunluk gibi irade gücünü zayıflatan unsurlara rağmen yerine getirilmesi, bireyin olumlu karakter özelliklerin namaz vasıtasıyla kazanmasında çok önemlidir.

Ayrıca namazda sebat etmenin günlük hayata getireceği birtakım pratik faydaları ve olumlu psikolojik etkileri vardır:

120. Peker, a.g.m., s. 42.
121. Sübhâne Rabbiye'l-a'lâ.
122. Taha, 20/132.
123. Yazır, a.g.e., C. 6, s. 16, s. 83.

Bir işte sebat eden insan, yapacağı şeyi iyice düşünür; lehinde ve aleyhinde olan bütün sebepleri tesbit eder. Anlık hazlar, menfaatler ve heyecanlar kararlı olan insanı kararından vazgeçiremez. Bireyin güzel bir sonuca ulaşması, başladığı birçok işte başarıya ulaşması, ancak sebat ve azim gücünü günde beş vakit motive eden namaza kararlılık içerisinde devam etmesiyle mümkün olur.

Bunun aksine bir işte sebat göstermeyen, hiçbir kararı benimsemeyen bireyler zayıf irade sahibidirler. Bu yapıda olan insanların düşündükleri sonuçsuz, başladıkları her iş eksik kalır. Azim ve sebat sahibi insanlar hedeflerini tayin etmiş oldukları için en zor işleri bile metanetle ve umutsuzluğa düşmeden gerçekleştirirler. Bu duruma göre, namaz ibâdeti sebat ve azim gücünü motive ettiği için hedeflerine ulaşmak için harekete geçmiş, en zor işlerinde bile umutsuzluğa düşmeden o işin üstesinden gelen, verdiği makul karardan dönmeyen başarılı bir şahsiyete sahip bireylerin gelişmesine destek olur.

Sebat sahibi insanlar, kuvvetli bir irade sahibi oldukları için, başka insan ve toplumların esiri olmayacaklardır. Kuvvetli şahsiyet yapıları ile pasif değil güç sahibi birey ve toplumlar olacaklardır.[124] Bu nedenle sebat ve azim gücünü günde beş defa motive eden namaz ibâdeti, kuvvetli bir irade gücü ile beraber bütünleşmiş bir şahsiyet yapısının oluşmasında da etkin olacaktır.

Gelmesi elde olmayan, kaldırılması mümkün olmayan belâları sükûnet içerisinde karşılamak, ibâdetlerde devam göstermek, isyan ve hatalara dönmemek, hata ve isyanın vermiş olduğu geçici tatmin duygusuna aldanmamak, namaz ibâdetine sebat göstermek ile mümkün olmaktadır.

Kur'ân-ı Kerim'de, namaz kılan inançlı bireylerin, sabır ve namazla Allah'tan yardım dilemeleri[125] gerektiği ifade edilmektedir. Bu ayette yaratanına karşı bir tevazu ve Allah'ın zikriyle meşguliyet olan namazın, birtakım sıkıntılar karşısında namaz kılan kimseye teselli vereceği vurgulanmaktadır.[126] Namaz içerisinde, dünyaya ait sevdiğimiz

124. Akseki, A. Hamdi, *Ahlâk Dersleri*, Üçdal Neşriyat, İstanbul 1968, s. 160, 161, 168.
125. Bakara, 2/45.
126. er-Râzî, *a.g.e.*, C. 2, s. 484, 485.

geçici zevklere ket vurulur; sabır gücü ile beraber olumsuz duygu, düşünce, istek ve ihtiyaçlardan alıkoyma motivasyonunu oluşturan namaz ibâdeti bireyi güçlü irade sahibi kuvvetli bir şahsiyet hâline getirir. Böylece kişi namaz ibâdetinin sabır ve irade gücünü motive etmesi sonucu kendi davranışlarını, duygularını, düşünce ve isteklerini denetleyebilir. Başka bir deyişle özdenetim (*self-control*) kavramıyla ifade edilen kişinin kendi davranışlarına hükmedebilme, kendi dürtülerini (örneğin cinsellik, saldırganlık, yeme, içme vb.) dizginleyebilme yetisini geliştirebilir.[127]

Birçok kişi hayatı boyunca dürtülerinin kölesi olarak yaşar. Hâlbuki kendisini irade kuvvetini harekete geçirerek denetlemek, niyet ile eylem arasında bir alan oluşmasını sağlar. Ve başka insanların, sadece düşüncelerimizde kalması gereken eylem ve tepkilerimizden korunması fırsatını tanır. O alanın ne kadar farkında olursak, eylemde bulunup bulunmayacağınız ve nasıl hareket etmeniz gerektiği konusunda seçim yapmakta o kadar rahat ederiz. Kendini denetleyip davranış ve düşüncelerini kontrol etme bireye anlık bir rahatlama sağlayacak, hatta zevk verecek; aynı zamanda o kimsenin karşısındaki insana acı verebilecek, onun aklını karıştırabilecek ya da öfkelenmesine yol açacak bir şeyi söylemekten, yapmaktan bireyi alıkoyacaktır. Kendini tutma ve davranış, düşünce, duyuları kontrol (*self-control*), sevginizi ifade etmeye yarar ya da başka insanların hayatlarının sizin hayatınız kadar değerli olduğunu görmenize ve içinizde böyle bir iç görünün gelişmesine fırsat tanır.[128]

Bireye kendi davranış ve dürtülerini kontrol etme imkânı veren namaz, kul ile Allah arasında bir bağ ve buluşmadır. Namaz kalbin kuvvet aldığı, ruhun Allah'a bağlılığını hissettiği, nefsin dünya hayatının değerlerinden daha üstün değerler bulduğu bir râbıtadır. Rasûlullah zor bir işle karşılaştığı zaman, hemen namaza dururdu. Bu, vahiy ve ilhamla Allah'a bağlı bulunan bir kalbin yine O'na yönelişi demekti.[129] Ayrıca namaz insanı Allah'ı anmaya, O'nun sevgisini ka-

127. Budak, *a.g.e.*, s. 576.
128. Dowrick, Stephanie, *Sevginin Halleri*, (çev. Gürol Koca), Ayrıntı Yayınları, İstanbul, 2000, s. 142, 148, 150.
129. Kutub, *a.g.e.*, C. 1, s. 144.

zanmak uğruna sabır özelliğine sahip olmaya yöneltmektedir. Bu ise ruhun huzura, doyuma kavuşmasının, insan tabiatının yumuşamasının ve olumlu karakter özellikleri geliştirmesinin başlıca etkenidir. Bu mahiyetteki bir namaz, insanın Hakk'ı kabul etmeye, şartlar ne olursa olsun, aleyhteki ortam ne kadar ağır olursa olsun Hak'tan, doğruluktan taviz vermemeye yöneltir.[130]

Bireyin kendi davranış ve dürtülerini kontrol etme, irade gücünü motive etmesi yönüyle namaz ibâdeti, kişinin kaza ve felâketler ile başa çıkmasını, bir insanın öfke ve cinsellik gibi dürtülerine yenilmemesini, engel olunması mümkün olunmayan elem ve kederleri sükûnet ile karşılayabilmesini, hayatı paylaştığı bütün insanların olumsuz davranışları karşısında kendini kontrol etme mekanizmasını motive ederek sabır ve irade gücünü periyodik olarak geliştirir.[131]

Bununla beraber Peygamberimiz, ashabına, isteklerinin yerine gelmesi, karşılaştıkları sorunların çözümü, insanın seçme güçlüğü karşısında kaldığı birçok işin doğrusunu bulmak için hacet, yağmur, istihare namazı vb. namazlarla yardım istemeyi öğretirdi.[132]

Bir bütün olarak özellikle namaz ibâdeti her türlü sıkıntıya neden olan zorluklara katlanma, onlarla başa çıkma, sıradan benliği aşarak geliştirme ve kendini yenileme ile sonuçlanan psikolojik bir olgunlaşmanın itici gücü olarak değer kazanmaktadır. Bu noktada namaz ibâdeti kişiye kazandırdığı psikolojik olgunlaşmanın yanı sıra içsel bir gelişim, sabır ve irade eğitimi gibi birtakım özelliklere sahiptir. Namaz ibâdetinin Kur'ân'da sabırla beraber[133] ifade edilmesi bu gerçeğe işaret etmektedir. Böylece insan sabrederek iradesini güçlendirir, arzularını engeller ve düzene koyar, alçakgönüllü bir kişiliğe sahip olur. Bu yönüyle insan namaz ibâdeti sayesinde güzel bir ahlâk için gerekli olan gelişmiş bir şahsiyet ve irade gücünü elde edecek; kötü sayılan davranışlardan uzaklaşacaktır.[134]

---

130. Derveze, *a.g.e.*, C.1, s. 70.
131. Akseki, *a.g.e.*, s. 168, 169; Gazâlî, *Mîzânü'l-Ahlâk, Ahlâk Ölçüleri*, s. 234; Gazâlî, *İhyâ*, C. 2, s. 432.
132. Necati, *a.g.e.*, s. 327.
133. Bakara, 2/45.
134. Bayraktar, *a.g.e.*, s. 22- 23.

Bu bağlamda stresli bir olay ya da duruma uyum sağlama çabası içerisindeki bireylerin, mevcut stresli durum ya da olayla baş edebilmede kullandıkları, inançları ve ibâdetleridir. Bir problemle karşılaşan kişi, problemin çözümüne yönelik olarak dinî inancından bir çıkış yolu bulmaktadır. Yapılan araştırmalarda, insanların % 45'inin stresli zamanlarında birtakım dinî davranışları gerçekleştirerek sorunu aşmaya çalıştıkları; hastalık, ölüm vb. olumsuz bir durum karşısında ise insanların % 78'inin dinî değerler ve ibâdetlere yöneldikleri tesbit edilmiştir.[135] Nitekim namaz ibâdeti, hem sabır eğitimi niteliği taşırken, hem de güçlüklere direnç noktasında bireye güç ve dayanıklılık sağlayan bir ibâdettir.

Namaz ibâdeti, sabır ve irade gücünü geliştirmesi yönüyle bireyin özdenetim yeteneğini harekete geçirmektedir. Bu bağlamda özdenetim ile bireyin duygu, düşünce, heyecan ve davranışları denetlenmiş tepkiler hâline gelirler. Ancak kişinin kendisini içten gelen bir denetimle denetleyebilmesinin, onu denetime teşvik edecek durumlarla ve yüce yaratıcısı ile olan ilişkisiyle yakından alâkası vardır. Kişinin mekanizmalarında dıştan içe doğru gidildikçe yaptırım gücünün artan bir nitelik taşıdığı hissediliyorsa, o kişinin, iyi bir denetim organizasyonu kurduğundan söz edilebilir.[136]

e. Namaz-Diğerkâmlık İlişkisi:

İnsan yalnız başına olmaya, yani diğer insanlarla ilişki kurmamaya katlanamaz. Mutluluğu, dayanışma ve yardımlaşma duygusuna dayanır.[137] Namaz ibâdeti Allah'ın kişiye duyduğu sevgi ve saygının bir ifadesi olarak insanlara olan sevgi, saygı ve yardımlaşma duygusunun gelişmesine neden olur. Bu yüzden namaz ibâdetini yerine getirme ile yükümlü olan insanın en önemli sorumluluğu Allah'ın kendisine gösterdiği sevgi, saygı, minnet ve takdiri, "infak" denilen maddî ve manevî yardımlaşma, dayanışma ve sevgi duygularıyla insanlarla paylaş-

---

135. Kula, a.g.m., sy. 1, s. 240.
136. Mehmedoğlu, a.g.e., s. 106.
137. Fromm, Kendini Savunan İnsan, s. 52.

masıdır. İşte bu nedenle namazı hakkıyla kılanların en temel özellikleri, Allah'ın kendilerine vermiş olduğu her yetenek ve nimeti insanlarla paylaşmasıdır. Böylece insan Allah'ın ve insanların sevgisini kazanma yoluyla sonsuz yalnızlık duygusundan kurtulacak; iyilik yapma yoluyla mutlu olma duygusunu tatmin edebilecektir.

Kişi yıkıcılığını yalnızca başkalarına karşı gösterse bile bu yıkıcılık başkalarınınki kadar kendisinin yaşam ilkesini de bozmaktadır. Dinsel dilde bu ilke, insanın Tanrı'nın sûretinden yaratılmış olduğu, bu nedenle insana karşı olan her saldırının Tanrı'ya karşı bir suç; insana karşı bir iyiliğin de Tanrı'ya karşı bir iyilik olduğu dile getirilmiştir. Dolayısıyla başka insanlara yaptığımız her kötülüğü de her iyiliği de kendimize yaptığımız söylenebilir.[138] Böylece namaz ibâdeti ile Allah'a karşı sorumluluğu hatırlatılan insana, hemen akabinde diğer insanlara iyilik etme, onlarla dayanışma, sevgi, yardımlaşma ve paylaşma içerisinde olması emredilerek toplumsal sorumlulukları hatırlatılmaktadır. "Vay o namaz kılanların hâline... Ve ufacık bir yardımı da engellemektedirler."[139] hitabı, insanlara sorumlu olduğumuzu hatırlatmakla kalmayıp, aynı zamanda maddî, manevî her açıdan yardımlaşma, dayanışma ve paylaşım duygularını harekete geçirmektedir.

Benlik, iletişim süreci içinde oluşan bir kavramdır. Ancak iletişim içinde insan kendi içinden çıkıp, sanki diğerlerinin gözüyle kendine bakabilmektedir. Sadece kendine değil, başkalarına da başkalarının gözüyle bakabilmeyi öğrenir. Böylece bu etkileşim ağı içinde benlik ortaya çıkmaya başlar. Toplumsal yaşantının olmadığı, yani iletişim olmayan yerde, benlik bilincinin oluşacağını düşünemeyiz. Benlik bir kez oluştuktan sonra, bireyler uzun yalnızlık sürelerine dayanabilirler. Çünkü birey bir arkadaş olarak kendini kullanabilir. Benlik oluştuktan sonra kişi, diğerleriyle olduğu gibi, kendisiyle de iletişim kurabilir. Kendisiyle kurulan iletişim sonsuza dek sürmez, mutlaka bir süre sonra bu iletişimin başkalarıyla kurulan toplumsal iletişim biçimine dönüşmesi gerekir. Yoksa kişilerde akıl hastalığı belirtileri ortaya çıkar.[140]

---

138. Fromm, *a.g.e.*, s. 217.
139. Mâ'ûn, 107/5-7.
140. Cüceloğlu, Doğan, *Yeniden İnsan İnsana*, Remzi Kitabevi, İstanbul, 1993, s. 99.

Kur'ân-ı Kerim'de, namaz ibâdetini hakkıyla yerine getiren mü'minler, namazın hemen akabinde insanlara, dayanışma, paylaşım, yardımlaşma duyguları ile muamelede bulunmaları teşvik edilmiştir.[141] Böylece namaz kılan insan, hem Allah'a hem insanlara karşı sorumluluklarını yerine getirme duyarlılığı içerisinde olacaktır. Namaz kılan insanlar birinci derecede toplumsal yaşantı ve toplumsal sorumluluğa teşvik ile toplumsal paylaşım, fedakârlık, yardımlaşma duygularını geliştirecek; benlik bilincini ve diğerlerinin gözüyle kendine bakabilme, kendini başkalarının yerine koyarak iyilikte bulunma duyarlılığını üst düzeye çıkarabilecektir.

Güven, sevgi ve yalnızlaşma bunalımını göğüsleyebilmek için, özgür toplumun etkili bir birleştirici bağa ihtiyacı vardır. Bu bağ, güven, sevgi, dayanışma ve en önemlisi fedâkârlık merkezli bir paylaşıma (infak) dayanmaktadır. Ama bu sevgi ve paylaşım içimizdekini karşımızdakine yansıtmamızdan doğan anlayışsızlık yüzünden acı çeker. Dolayısıyla insan ilişkileri sorununu psikolojik bakış açısıyla düşünmek toplumu bir arada tutmaya, ona güç vermeye imkân sağlayabilir. Sevgi ve paylaşımın bittiği yerde, güç savaşları, şiddet ve terör başlar.[142]

Her sevme edimi, diriliştir. Her doymak bilmezlik, bencillik edimi ölümdür. Ben merkezli bir kişi yalnız ve yalnız kendisi için yaşar ve kendisi için ister. Buna karşılık sevecenlik ve fedakârlık (diğerkâmlık infak) deneyiminde, kişi diğer kişilerden hiçbir şey hatta kendisine yönelik bir sevecenlik ve fedâkârlık (diğerkâmlık-infak) duygusu, anlayışı dahi beklemez. İnsanoğlunun tarihi boyunca yarattığı bütün duygular arasında, yalnızca insan olmanın katışıksız niteliğini yansıtma açısından diğerkâmlık (infak) duygusunu aşan hiçbir duygu yoktur.[143]

Namaz kılan insanların, namaza devamlarının akabinde en önemli özelliklerinden ikincisi; mallarında, dilenen ve dilenmekten utanan fakir insanlar için hak olduğuna[144] inanmalarıdır. Böylece namaz kılan bireyler, Allah'ın kendilerine ikram ettiği nimetleri ihtiyaç sahibi

141. Me'âric, 70/24, 25.
142. Jung, a.g.e., s. 118.
143. Fromm, Umut Devrimi, s. 92.
144. Me'âric, 70/24-25; Mü'minûn, 23/4.

olan, isteyen ya da istemekten çekinen insanlarla paylaşmak zorunda olduklarını hissederler. Bunun yanı sıra namaz kılan kişiler, duygusal, zihinsel ve ruhsal dayanışmayı sağlayacak sevgi ve saygı paylaşımı gibi manevî nimetleri, duygusal, zihinsel ve ruhsal yetersizliğe sahip ihtiyaç sahibi olan insanlarla paylaşma duyarlılığına sahiptirler.

Namaz kılan bireylerin paylaşım içerisinde bulunma duyarlılıklarını, onların mallarının zekâtlarını vermeleri olarak yorumlayanlar bulunurken; aynı zamanda namaz ile geçen zekâttan maksadın, temizlik ve temizlenme manasına sahip olduğunu söyleyenler olmuştur. Bununla beraber namazlarını kılan bireylerin, zekât görevlerini yerine getirmeleri, nefsî, bedenî ve mâlî olarak temizlenme ve arınma düşüncesi içerisinde namazlarını kılmaya gayret harcamalarına işaret etmektedir. Nitekim Kur'ân-ı Kerim'de namaz kılan kişilerin arınmak ve temizlenmek için yapılması gereken her şeyi yaptıkları[145] ifade edilmiştir.

Kur'ân-ı Kerim'de namaz kılan bireylerin, namazlarında dikkatli, devamlı olmaları, namazlarını dosdoğru kılmalarının hemen akabinde karşılıksız yardımda bulunmaları[146] emredilmiştir. Yani namaz kılan bireyler sadece kendilerini düşünmekle sorumlu tutulmayıp insanlara da koşulsuz yardım (infak)da bulunma ve zekâtlarını verme ile sorumludurlar.

Böylece namaz kılan bireylerin zekât vermekle sorumlu tutulmaları, dolayısıyla namaz ibâdetinin zekâtla beraber ilişkilendirilmesinde önemli hikmetler vardır. Zekât; sözlük manası itibarıyla gelişme, büyüme, arınma ve temizlenme anlamına gelmektedir.[147] İlim, sevgi, mal vb. paylaşıldıkça artar ve gelişir. İlmini, sevgisi, aklını, malını paylaşma, bireyi tatmin eder ve geliştirir. Namaz, bireyleri zekât ve maddî-manevî infak gibi paylaşıma yönlendirdiği için bireyi ruhsal, zihinsel, duygusal anlamda geliştirir. Paylaşılan ilim, sevgi, akıl (manevî infak), mal ve para (maddî infak) hata ve günahlardan temizler, namaz ibâdetinin doyuma ulaştırması gibi bireyi doyuma ulaştırır.

---

145. Mü'minûn, 23/4; bkz. Esed, *a.g.e.*, s. 689.
146. Bakara, 2/43, Bakara, 2/3, Müzzemmil, 73/20, Ra'd, 13/23-24.
147. er-Râzî, *a.g.e.*, C. 2, s. 474, 475, Derveze, *a.g.e.*, C.1, s. 82, 83.

Namazlarında dikkatli ve devamlı olan bireylerin, kendilerine verilen nimetlerden Allah yolunda başkaları için harcamaları gerektiği[148] Kur'ân'da yetmişe yakın yerde emredilmektedir. Namaz bize bütün insanlık için en güzel nimetin paylaşımını yani dua etmeyi öğretmektedir. Biz namazda bütün insanların en doğru yola hidayet edilmesi,[149] dünya ve ahirette iyiliklere mazhar olmaları, temizlenip arınmaları,[150] Hz. İbrahim ve Hz. Muhammed'in şahsında bütün peygamber ve peygamber ümmetlerinin, yakınlarının yüceltilmeleri ve bağışlanmaları[151] için dua etmekteyiz. Ayrıca, "Âlemlerin Rabbi Allah'a hamd olsun."[152], "Rabbimiz hamd sanadır."[153] diyerek Allah'ı överken, Allah'ın övgü ve sevgisini kazanarak insanlığın övgüye değer bir duruma yükseltilmesini, namaza dosdoğru devam eden nesiller dilerken[154] nesiller boyunca Allah'ın bize sunduğu fedakârlık merkezli paylaşım ilkesinin namaz yoluyla sürmesini diliyoruz. Bu yönüyle namaz, bütün unsurlarıyla fedâkârlık merkezli bir paylaşım, arınma ve gelişmeyi[155] motive eden bir ibâdettir. Böylece namaz ibâdeti bireyin kendini aşma tecrübesini düzenli olarak yaşamasını sağlar. Kendini aşma, Victor Frankl'ın ifadesiyle, kişinin sadece kendisiyle meşgul olmayı bırakıp kendini başkalarına, işine, bir davaya veya başka bir etkinliğe adayabilmesi demektir. Eric Fromm'a göre de ibâdet, kişinin kendisini daha aşkın bir varlığa adamasının bir sonucudur. Frankl'a göre, kişinin kendini unutabilmesi, kendi dışındaki bireyler veya daha üst amaçlarla meşgul olabilmesi ruh sağlığı için temel bir önem taşır.[156]

Hesap gününün, bütün mülkün ve nimetlerin sahibinin Allah olduğunu[157] her namazda düşünen birey, gerçekte kendisinin sahip olmadığı mülkü ve nimetleri harcama noktasında cimrilik edemez. Do-

148. bkz. Bakara, 2/43, Bakara, 2/3.
149. İhdina's-sırâta'l-müstaqîm.
150. *Rabbenâ âtina duaları.*
151. Salli-Bârik (salavât) duaları.
152. *Elhamdülillâhi Rabbi'l-âlemîn.*
153. *Rabbenâ leke'l-hamd.*
154. *Rabbi'c-alnî muqîmes's-salâtî ve min zürriyetî.*
155. bkz. Bakara, 2/45, Bakara, 2/3, Müzzemmil, 73/20, Ra'd, 13/23, 24.
156. Budak, *a.g.e.,* s. 575.
157. *Mâliki yevmi'd-dîn.*

layısıyla kendisine emanet edilen mülkü Allah'ın yarattığı bütün varlıklarla paylaşabilir. Nitekim bu durum namaz kılan bireylerin emanet ve sözlerine riayet edecekleri[158] gerçeğine de ışık tutmaktadır.

Bir başka yönüyle Allah'ın verdiği nimetleri insanlarla paylaşabilmemiz için, Allah'a ve insanlara karşı alçakgönüllü bir duyarlılık içerisinde olmamız gerekmektedir. Huşu içerisinde kılınan bir namazdaki rükû ve secde tecrübesi, bizi insanlara karşı alçakgönüllü bir duyarlılık ile davranmaya motive edecektir. Cemaatle namaz kılma ruhu da kibri ortadan kaldırıp fedakârlık ve sevgi merkezli bir paylaşıma kişiyi yönlendirir.

Namaz ibâdeti vasıtasıyla insanlarla paylaşımı öğrenen birey, insanlara sunduğu sevgi, paylaştığı nimetler sayesinde ilâhî sevgi ve nimeti elde edeceğine de inanır. Nitekim Rasûlullah, "İnfak et, sana da infak edilsin"[159] buyurmuştur. Böylece namaz sayesinde, birey paylaşımcı bir ruh hâlini korumakla kalmayıp, bu ruh hâlini geliştirmeyi de öğrenir.

Namaz ibâdetinin motive ettiği fedâkârlık ve sevgi merkezli paylaşım unsurları olan zekât ve infak sayesinde, toplumun ve ihtiyaç sahiplerinin her türlü sıkıntılarının hafifletilmesi; ihtiyaç sahipleri ile ekonomik durumu iyi olanlar arasında meydana gelmesi olası kin, öfke ve hased sebeplerinin en aza indirilmesi; ekonomik güç ile gerçekleştirilebilecek olan kamuyu ilgilendiren projelerin finansmanının sağlanması mümkündür.[160]

Bununla beraber namaz ibâdetinin motive ettiği fedâkârlık ve sevgi merkezli paylaşım unsurları olan zekât ve infak sayesinde insandaki cimrilik ve bencil ruh hâli etkisini yitirip insanda iyi, cömert, diğerkâm bir ruh hâli gelişecektir. Aynı zamanda bu tarz bir psikolojik yapı, hayatı çatışma ve ihtiraslardan uzaklaştırıp sevgi ve yardımlaşmaya sevk eder. Zayıf ve çaresizlere tam bir emniyet ve güven telkin eder.[161] Ayrıca paylaşım sayesinde bireyler, sevgi bağları kurar; toplumsal dengeyi sağlarlar; kıskançlığı, düşmanlığı, başkasının elindeki-

158. Me'âric, 70/32, Mü'minûn, 23/8.
159. Müslim, *Sahih*, Zekât, 36.
160. Derveze, *a.g.e.*, C.1, s. 84, 85.
161. Kutub, *a.g.e.*, C. 1, s. 81; bkz. Kutub, *a.g.e.*, C. 10, s. 300; İbn Kesîr, *a.g.e.*, C.3, s. 1540

ne göz koymayı, hırsızlığı, rüşveti haksızlığı azaltmaya çalışırlar; dünya kazancı karşısında küçülmezler, bilakis yücelirler.[162]

Namazın motive ettiği sevgi ve fedâkârlık merkezli bir paylaşım, insanın ruhunu inşa eder. Her paylaşım, zamanınızı, ilginizi, dikkatinizi, anlayışınızı içtenlikle vermek; mizah duygunuzu, sadakatinizi, dürüstlüğünüzü paylaşmak anlamına gelir. Bu durum da sevgiyi doğurur. Cömertlikten uzak durmak ise, sevgi ve bağlılık anlayışımızı ve ruhumuzu aşındırır. Tanıdığımız ya da tanımadığımız her insanla bir şeyleri paylaşmak, bu insanların hayatlarının bizim için önemli olduğunun; onların bizim için önemli oluşunun sadece bize olan yakınlıkları, bize yararlı oluşları ya da onlarla yakın ilişkide oluşumuzla belirlenmediğinin farkında olduğumuz anlamına gelir.[163]

Toplumda psikolojik açıdan en sağlıklı kişiler kendilerinden bir şey eksildiğini düşünmeden veren kişilerdir. Bu kişiler, insanlara bir şey vermenin insanı eksik bırakacağı yanılgısına kapılmazlar.[164] Bu bağlamda, sevgi ve fedakârlık merkezli bir paylaşımı (zekât, infak) motive ettiği,[165] için namaz ibâdeti psikolojik açıdan sağlıklı kişilerin gelişimini sağlama noktasında katkıda bulunur.

İbâdetler insan yapısındaki kibri, gururu ve bencilliği yıkarak yerine tevazuyu, kendini aşarak diğer insanlarla ilgilenmeyi, fedakârlık merkezli bir cömertlik anlayışını geliştirir. Cömertlik, insan tabiatında varolan mal tutkusunu dengelemek ve onun insana hakim olmasını önlemektir.[166] Özellikle zekât, sadaka, kurban, hac, oruç gibi ibâdetlerin "diğerkâmlığı" öğrettiği düşünülse de namaz, bütün ibâdetleri kapsayan özelliği ile fedakârlık merkezli bir dayanışma, yardımlaşma ve paylaşımın en canlı örneklerini özünde barındırır. Namaz ibâdeti, içerdiği dualarla kendimizi aşma tecrübesini kazandırarak geçmiş ve gelecek insanlık için sevgi, saygı, arınma, istikamet bulma, yüceltilme, bağışlanma nimetlerini fedakârca diğer insanlarla paylaşma motivasyonunu canlı tutar.

162. Ece, *a.g.e.*, s. 305.
163. Dowrick, *a.g.e.*, s. 171-172.
164. Dowrick, *a.g.e.*, s. 173.
165. bkz. Bakara, 2/45, Bakara, 2/3, Müzzemmil, 73/20, Ra'd, 13/23-24.
166. Bayraktar, *a.g.e.*, s. 22-23.

Namaz esnasında rükû ve secde ile bencil karakterini bir kenara bırakma tecrübesine motive edilen birey, bütün insanlık için iyilik, bağışlanma, yüceltilme,[167] hidayet,[168] övgü, sevgi, saygı ve minnete lâyık olma,[169] ibâdetleri ve özellikle namazı sevme ve onlara devam etme şuuru[170] Allah'tan istenmektedir.

f. Namaz-Doğruluk ve Dürüstlük İlişkisi

İnsan ilişkileri alanında, bir başka kişiye "inanç duymak", onun özünden, yani temel davranışlarının güvenirliğinden ve değişmezliğinden emin olmak anlamına gelir. Bu bağlamda, kendimizin doğruluk ve güvenilirliğine dair de inanç duyabiliriz. Ayrıca görüşlerimizin değişmezliğine değil, kişilik yapımıza şekil veren kalıba, yaşama karşı temel yönelimimize karşı da inanç besleyebiliriz. Bu türden inanç, kişinin kendi deneyimleriyle, mantıklı olarak, rahat rahat "ben" deme yetisiyle, kimlik duygusuyla biçimlenir.[171] Bu noktada kimlik, insanın çabalarına, değer yargılarına ve sonuçta kişinin bu değer yargılarıyla davranışlarının ahenkli olmasına dayanır.[172]

Kur'ân-ı Kerîm'de, namaz ibâdetini yerine getiren bireylerin emanetlere ve ahitlere riayet edecekleri[173] vurgulanmıştır. Yani namaz kılan bireyler, kendilerine emanet edilen söz, hâl, fiil, mal, evlât, görev, sorumluluklara, Allah haklarına ve kul haklarına riayet ederler. Onlar Allah'a, Rasûlü'ne, ailelerine, çocuklarına, komşularına, yakınlarına ve yabancılara vermiş oldukları ahid ve sözlere uyarak onları tutarlar, ahid ve sözlerini bozmaktan ve ihanet etmekten sakınırlar. Çünkü her namazda, Allah'a ve insanlara karşı vermiş oldukları sözleri hatırlama imkânları vardır. Allah ve Rasûlü'nün bütün emirleri ve bizim üzeri-

---

167. Rabbenâ duaları.
168. İhdinâ's-sırâta'l-müstaqîm.
169. Elhamdülillâhi Rabbi'l-âlemîn; Semi'allâhu limen hamideh.
170. Rabbi'c-alnî muqîme's-salâtî ve min zürriyetî.
171. Fromm, *Umut Devrimi*, s. 29.
172. Kula, *a.g.e.*, s. 44.
173. Me'âric, 70/32.

mizdeki hakları birer emanet olduğu gibi, Allah'ın kullarına vermiş olduğu uzuv, mal, çocuk, makam, mevki, akıl ve duygu gücü vb. nimetlerin hepsi de emanettir. Emanetlerini kullanılması gereken yerin dışında kullananlar, tutarlılık ve doğruluk ilkelerine uymayanlar emanete ihanet etmiş olurlar.[174]

Doğruluğun bir diğer göstergesi, şahitlikte dürüst davranmaktır. Nitekim Kur'ân-ı Kerim'de namaz kılan bireylerin şahitliklerinde dürüst olacakları[175] ifade edilmiştir. Yani namaz ibâdetini hakkıyla yerine getiren bireyler doğru, dürüst, adaletle şahitlik yaparlar; şahit oldukları hususun hiçbir noktasını gizlemeden, hakikati saklamadan dosdoğru şahitlik ederler; gördükleri şey ile ifade ettikleri şeyin tutarlılık göstermesine dikkat ederler.[176] Demek ki doğruluk, sözün, fiillerin, yaşanan gerçeklerin birbiri ile çelişkiye düşmeden, tutarlılık içerisinde korunmasıdır.

Bu özellik, emanet kavramı kapsamına girmekle beraber, Allah, şehadeti emanetlerden ayırarak özellikle vurgulamıştır. Çünkü şehadetlerin hakkıyla yerine getirilmesinde hakların gözetilmesi, yerine getirilmemesinde ise hakların çiğnenmesi söz konusudur. Ayrıca bir başka bakış açısına göre, şehadete riayet etmek, Allah'ın kendisinin bir olduğuna, ortağı olmadığına, O'ndan başka ilâh olmadığına dair şehadeti tasdik etmektir.[177] Nitekim biz Tahiyyât duasındaki şehâdet ifadesi ile, Allah'ın varlığı hususundaki şehadetimizi her namaz kılışımızda yenilemekteyiz.

Namaz kılan bireylerin, emanetlerine ve ahitlerine riayet edecekleri,[178] önemine binaen Mü'minûn Sûresi'nde tekraren vurgulanmıştır. Emanet kavramını daha önce açıkladığımız için üzerinde durmayacağız. Ahid ise, insanın kendisini Rabbine yaklaştıracak şeyler hususunda yapmayı taahhüd ettiği şeyler olduğu gibi Yüce Allah'ın emrettiği emirlere de denmektedir.[179] Yani ahid, Allah'a, Peygambere ve

---

174. er-Râzî, a.g.e., C. 22, s. 136.
175. Me'âric, 70/33.
176. Yazır, a.g.e., C. 8, s. 341.
177. er-Râzî, a.g.e, C. 22, s. 137.
178. Mü'minûn, 23/8.
179. er-Râzî, a.g.e, C. 16, s. 393, 394.

insanlara karşı olan anlaşmaları ve taahhütleri içine almaktadır.[180] Demek ki namaz kılan bireyler, kendisini Allah'a yaklaştıracak her emre uyma, şartsız boyun eğme duyarlılığını gösterdikleri gibi insanlara karşı verdikleri sözleri ve yapmayı vaad ettikleri şeyleri de yerine getirme hassasiyetine sahiptirler.

Bireyin emanet ve ahitlerine riayet etme bilincini motive eden namaz ibâdeti, Allah'a verilen; kul olma, insanlara insanca davranma sözünü yenilememizi sağlar. İster maddî ister manevî bir emanet olsun, emanete riayet etmemek, toplum hayatını altüst edecek kadar büyük dengesizlik ve kaoslara sebebiyet verecektir.

Doğruluğun egemen olduğu bir toplumda bireyler arasında güven duygusu pekişir; ilişkiler, hak, kolaylık ve hayır çizgisinde gelişme gösterir. Ama yalan egemen olunca bireyler arasında güven kaybolur; toplumsal bünyede çatlamalar, çökmeler meydana gelir.[181] Bireyin emanet ve sözlerine riayet etmemesi, yalancı bir tabiata sahip olması, inanılan değerler ile davranışlar arasında bir tutarsızlık oluşturur. Bu inanç- davranış tutarsızlığı kişilik bölünmesine neden olur. Bu noktada namaz ibâdeti emanetlere, yapılan şahitliklere ve verilen sözlere duyarlılık, inanç-davranış bütünlüğü oluşturacağı için bütünleşmiş kişilik özelliklerine sahip, birbirlerine güven duyan şahsiyetlerin gelişmesinde etkili olacaktır.

Namaz kılan bireyler, kıldıkları namaz sayesinde emanetlere ve ahitlerine riayet etmeye motive edildikleri için doğrudan yaratıcının, insandan aldığı söze riayet ederler. Bu söz, Allah'ın insanın özüne koyduğu yaratanını tanıma kabiliyetidir. Özüne katılan bu kabiliyet, insanın Rabbine itaat edeceği hakkında verdiği sözdür. Nitekim namaz kılan bir birey, namaz esnasında "Senden başka ilâh yoktur."[182], "Mülkün ve hesap gününün sahibi O'dur."[183] "Yalnız sana ibâdet eder yalnız senden yardım dileriz."[184], "Şehadet ederim ki Allah'tan başka ibâdet edilecek ilâh yoktur."[185] diyerek, ilâh olarak sadece Al-

180. Yazır, a.g.e., C. 5, s. 509.
181. Derveze, a.g.e., C. 4, s. 319; Kutub, a.g.e., C. 10, s. 304.
182. Ve lâ ilâhe gayruk.
183. Fâtiha, 1/4.
184. Fâtiha, 1/5.
185. Tahiyyât duası, şehâdet ifadesi.

lah'ı tanıyıp O'na ibâdet edeceğine; O'ndan yardım dileyeceğine dair Allah'a verdiği sözü tekrar ederek bu söze riayet eder. Ayrıca namaz kılan bireyler, "Şehadet ederim ki Hz. Muhammed, O'nun kulu ve elçisidir."[186] derken, Peygamber'e verdikleri, O'na itaat etme ve onun Allah'ın elçisi olduğuna dair söze riayet ederler. Namaz kılan kişiler, insanlara verdikleri sözlere ve anlaşmalara da riayet edeceklerdir. Çünkü insanlar sözleşirken, genellikle bu sözlerine Allah'ı şahit tutarlar.[187] Ayrıca namaz kılan bireyin riayet etmesi beklenen en önemli emanet fıtrat emaneti olup; bu emanete riayeti sayesinde birey namazda O'ndan başka hiçbir ibâdet edilecek ilâh kabul etmeyeceğini[188] tasdik edecektir.

g. Namaz-Alçakgönüllülük İlişkisi

İdeal olmak imkânsızdır; dolayısıyla bu hiçbir zaman gerçekleşmeyen bir önerme olarak alır. Bu nedenle bize vaad edilen ve önümüzde resmî geçit düzenleyen idealist ölçülerin çoğu, bize gerçek dışı gelir ve ancak karşıtı olan şeylere de açıkça izin verildiği zaman kabul edilebilir olurlar. Bu dengeleyici ağırlık olmazsa, ideal denen şey bizim insanî kapasitemizi aşar; sevimsizliğinden ötürü inandırıcılığını yitirir. Ve ne kadar iyi niyetli de olsa, bir blöf durumuna düşer. Blöf, insanlara hükmetmenin ve onları bastırmanın gayri meşru bir yoludur ve hiçbir fayda getirmez.

Diğer yandan, gölge yönümüzü tanımak, kusursuz olmadığımızı kabul etmemiz için bize gereken alçakgönüllüğü sağlar. Ve insanî bir ilişkinin kurulabilmesi için tam da bu bilinçli kabullenmeye ve saygıya ihtiyacımız vardır. İnsanî bir ilişki ayrımlara ve kusursuzluğa dayanmaz; zira bunlar sadece farklılıkları vurgularlar veya tam karşıtın ortaya çıkmasına neden olurlar. İnsanî bir ilişki, daha ziyade mükemmel olmamaya, zayıf, çaresiz ve desteğe muhtaç olmaya dayanır. Ki bağımlılığın bizzat temelini ve itici gücünü oluşturan budur. Kusursuz

---

186. *Eşhedü enne Muhammeden abdühü ve rasûlühü.*
187. Ateş, *a.g.e.*, C. 4, s. 471.
188. Sübhâneke ve Tahiyyât duaları.

olanın başkasına ihtiyacı yoktur, ama zayıf olanın vardır; çünkü o kendisine bir destek arar ve partnerini daha aşağı bir konuma düşüren, hatta aşağılayan herhangi bir şeyle yüzleşmez. Bu aşağılama, ancak idealizmin çok önemli bir rol oynadığı durumlarda çok kolaylıkla gerçekleşebilir.[189]

Namaz ibâdetinde Allah'ın huzurunda alçakgönüllü bir boyun eğiş (huşu) ile tevazuyu öğrenen birey, insan ilişkilerinde de kibir ve gururdan arınmayı başaracak; namazda Allah huzurunda geliştirdiği tevazu sayesinde insanî ilişkileri de bu durumdan etkilenecektir. Nitekim Jung'un da ifade ettiği gibi, insan ilişkileri ayrımlara ve kusursuzluğa dayanmaz. Aksine insanî bir ilişki daha ziyade mükemmel olmamaya zayıf, çaresiz ve desteğe muhtaç olmaya dayanır. Kusursuzluğuna inanan insanın desteğe ve insan ilişkilerine ihtiyacı yoktur. Kibirli, kusursuzluğuna inanan birey, asla sağlıklı bir insanî ilişki kuramaz. Demek ki Allah huzurunda alçakgönüllü duruşumuz, bize sağlıklı bir insanî ilişkinin de kapılarını açmaktadır.

Kur'ân-ı Kerim'de, namaz kılan inançlı bireylerin, namazlarını huşu içerisinde yerine getirdikleri[190] ifade edilmiştir. Namazında huşu içinde olan kimsenin Allah'a karşı sevgi merkezli korku ve ürperti ile beraber nefsini hor ve hakir görerek son derece itaatkâr bir ruh hâli içerisinde tevazu ile boyun eğmiş olması beklenmektedir.[191] Huşu duyan kişi, kalbi ve bedeni Allah'a tevazu içerisinde boyun eğmiş, Allah'ın yüceliğini düşünme anında ürperti, korku, umut ve sevgi kalbine hâkim olmuş bir kimsedir. Huşu, Allah korkusuyla beraber tevazu duyguları içerisinde insanın kendini oluşturan maddî-manevî bütün unsurlarıyla sükûnet bulmasıdır.[192] Yani huşu, bedenle beraber insanı oluşturan tüm unsurların, kalbin, ruhun, düşüncelerin ve fikirlerin tevazu ve sükûnet içerisinde boyun eğerek yüce yaratıcıya secde etmesidir. Eğer kalp namaz esnasında ifade edilen ruh hâlini gerçekleştiremezse, ruh, beden ve düşünceler canlanamayacak, huşu elde edilemeyecektir.

---

189. Jung, *a.g.e.*, s. 118.
190. Mü'minûn, 23/1-2.
191. er-Râzî, *a.g.e.*, C. 16, s. 386-387.
192. Tabbâra, *a.g.e.*, s. 28-29.

Namaz içerisindeki rükû ve secdenin amacı, Yüce Allah'a saygı, sevgi ve tevazu duyguları içerisinde boyun eğiştir. Bilinçsiz kılınan bir namaz, ancak Allah ile insanın uzaklığını arttırır[193] ve insan ikame fiiliyle ifade edilen dosdoğru bir namaz kılmanın özelliklerinden uzaklaşır.

Huşu, aslı kalpte, etkisi bedende gerçekleşen bir kavramdır. Huşunun kalbe ait tarafı, Rabbin yüceliği karşısında kendi yetersizlikleri ve eksikliklerinin farkına varan bireyin Hakk'ın emrine tevazu ile boyun eğerek, kalbini, zihnini, düşüncelerini namaza odaklamasıdır. Dış görünüşle ilgili yönü de, bir sakinlik ve sükûnet hâlinin kişiyi kuşatmasıdır. Bundan dolayı, huşunun aslı namazın şartlarından olan niyetin samimiliği ile; etkisi ise namazın edebi ve diğer tamamlayıcıları ile ilgilidir.[194]

Namazda, özellikle rükû ve secde durumunda tevazu ile eğilen bireyde, insanların şahsiyet haklarına saygı duyarlılığı oluşacaktır. Ve böylece, kâinatta kendi gerçek konumunu idrâk eden alçakgönüllü bir insanı, ne ilim, ne yaptığı iş ve ibâdet, ne soy, ne güzellik, ne mal, ne güç ve kuvvet, ne evlât ve yakınlar, ne makam ve mevki kibre yönlendirebilecektir.[195]

Kur'ân-ı Kerîm'de, Lokmân (a.s.), oğluna, namazı emrettikten hemen sonra yersiz gurura kapılarak insanlara üstünlük taslamamasını ve yeryüzünce küstahça gezip dolaşmamasını[196] öğütlemiştir. Bu duruma göre namaz kılan bir bireyin gücü, malı, sahip olduğu imkânları nedeniyle övünen, böbürlenen bir kişi olmaması; yüzünü kibir duyguları içerisinde insanlardan öteye çevirmemesi; yeryüzünde böbürlenerek yürümemesi; başkasına karşı kendisinin o kimseden herhangi bir yönden daha büyük olduğuna inanmaması; başkalarını küçümseyip yüz çevirmemesi beklenmektedir.[197]

193. Tabaranî, *Mu'cemu'l-Kebîr*, Dâru'l-İhyâ-i Turasî'l-Arabiyyi, C. 11, had no: 11025.
194. Yazır, *a.g.e.*, C. 5, s. 508-509.
195. Akseki, A. Hamdi, *Ahlâk Dersleri*, Üçdal Neşriyat, İstanbul, 1968, s. 185.
196. Lokman, 31/18.
197. Derveze, *a.g.e.*, C. 3, s. 165; Ateş, *a.g.e.*, C. 7, s. 69; er-Râzî, *a.g.e.*, C. 18, s. 160; Yazır, *a.g.e.*, C. 6, s. 274; İbn Kesîr, *a.g.e.*, C. 3, s. 1890.

Çünkü namaz ibâdeti vasıtasıyla namaz kılan bir birey, övgü, minnet ve şükür ifadeleriyle Allah'ı, yaratılmışlara ait bütün eksik özellik ve vasıflardan tenzîh ederek[198] kendi hata, günah ve eksiklerinin farkına varacaktır. Kendi eksik yönlerinin ve hatalarının farkına varan bir birey, kibre ve gurura düşmeyecek, kendi hata ve eksikliklerini düzeltme gayreti içinde bulunacaktır. Bu nedenle Allah'ın vefası karşısında kendi vefasızlığını, O'nun rahmeti karşısında kendi merhametsizliğini; O'nun bilgisi karşısında kendi bilgisinin sınırını fark edecektir. Sonuç itibarıyla birey böylesine bir tecrübe sonucunda Allah'a ve insanlara karşı tevazu ile davranmaktan başka bir çaresinin olmadığı düşüncesine her namazla motive edilecektir. Çünkü kibir, gurur ve büyüklenme, hata ve eksiklikleri görme gücünü tamamen zayıflatır; hatalarını düzeltme, eksikliklerini giderme yolundaki bir birey için haddini bilme ve tevazudan başka kendisini amacına ulaştıracak hiçbir vasıta bulunmamaktadır.

Aynı zamanda birey, övgü, minnet, takdir ve şükranın her çeşidinin Allah'a lâyık olduğunu;[199] hesap gününün ve her şeyin sahibinin Allah olduğunu[200] ifade ettiği için, kendisine verilen bütün nimetlerin sahibinin Allah olduğunu hatırlayarak, kendisine ikram edilen nimetlerden dolayı kibirlenmeyecektir. Ayrıca namaz esnasında birey, hamdini yani övgüsünü, minnetini Allah'a sunduğu için; kendisine sunulan nimetlerin Allah tarafından kendisine verildiğini idrâk ederek başka insanların elindekilere göz dikmemeyi, onlara verilen nimetler nedeniyle onlara kıskançlık ve kin duyguları beslememeyi tecrübe edebilecektir.

h. Namaz-Şükür ve Vefa İlişkisi

Şükür, Allah'ın nimetinin etkisinin kulun dilinden "itiraf ve övgü", kalbinde "şahitlik ve muhabbet", organlarında da "itaat etme ve boyun eğme" olarak ortaya çıkmasıdır. Şükür, nimet sahibini bilip

---

198. Sübhâneke duası.
199. Fâtiha, 1/2.
200. Fâtiha, 1/4.

onu övmek demektir.[201] Bu yönüyle namaz ibâdeti şükrün her çeşidini içine almaktadır.

Kur'ân'dan anladığımıza göre mü'minler Allah'a üç şekilde şükredebilirler:

Kalbin sözcüsü dil ile şükür: Nimet sahibini anmak, O'nu övmek, O'nun nimet sahibi olduğuna iman etmekle ve bunu tevhîd kelimesiyle ilân etmekle olur. Bu basit bir teşekkür ifadesi değil, "şehadet" getirmek, doğru sözlü olmak, Kur'ân'ı tasdik etmek, dil ile şükredip hamdederek Allah'ı çokça zikretmek ve buna benzer sözsel kulluk görevlerini yerine getirmekle ifa edilir. Namaz ibâdeti nimet sahibini övgü, minnet, saygı ve teşekkür ifadeleriyle[202] anmaktır; O'nun, nimetin ve hesap gününün sahibi olduğu[203] tasdik etmektir. Namaz ibâdeti yerine getirilirken rükû esnasında Allah'ın, kendisine şükredenleri işiterek[204] kendisine övenleri övgü, minnet, şükranla anacağını tasdik ederler ve bu inancın gereği, "Rabbimiz minnet, övgü, şükran sana aittir."[205] diyerek Allah'a minnet ve övgülerini tekrar sunarlar. Namaz kılan bireyler kıyâm duruşunda, Allah'ı övgü, minnet, teşekkür ve vefa duyguları içerisinde anarak, O'nu yaratılmışlara ait bütün eksik sıfatlardan tenzîh ederler.[206] Ayrıca tanımda ifade edildiği üzere namaz kılan bir birey O'nun nimet sahibi olduğunu,[207] O'na iman etmekle ve bunu tevhîd kelimesiyle ilân etmekle O'na şükrünü, minnetini, övgüsünü sunar. Nitekim namaz içerisinde, "Senden başka hiçbir ilâh yoktur,"[208] "Şehadet ederim ki Allah'tan başka ilâh yoktur"[209] ifadeleriyle Allah'a olan şükrümüzü dilsel ifadelerle sunarız.

---

201. Ece, a.g.e., s. 643; Gazâlî, Kimyâ-ı Saâdet, s. 730; Gazâlî, Mîzânu'l-Ahlâk, s. 232, 233; Gazâlî, İhyâ-ı 'Ulûmi'd-dîn, C. 4, s. 642, 643.
202. Elhamdülillâhi Rabbi'l-âlemîn.
203. Mâliki yevmi'd-dîn.
204. Semi'allâhu limen hamideh.
205. Rabbenâ leke'l-hamd.
206. Sübhâneke Allâhümme ve bihamdike.
207. Mâliki yevmi'd-dîn.
208. Ve lâ ilâhe gayruk.
209. Eşhedü en lâ ilâhe illallah.

Kalp ile şükür: İmanı kalbe yerleştirdikten sonra nimet sahibinin Allah olduğuna içtenlikle inanarak, kalbe Allah'tan başkasının sevgisini koymamaktır. Allah'ın nimet sahibini olduğuna içtenlikle inanan birey, minnet, şükür, övgü ve sevgisini kalben sadece O'na sunmaktadır. Allah'ı özellikle namazda ve diğer bütün ibâdetlerimizde anarak, O'nun bize bahşettiği nimetleri tanıyıp düşünmek, O'nu bütün övgü ifadeleriyle anıp hissetmek kalple olan şükür olmaktadır. Nitekim namazda, günde beş defa, Allah'ı hamd ile tesbîh etme,[210] O'nun hesap gününün ve her şeyin sahibi olduğu,[211] O'ndan başka ilâh olmadığını,[212] Allah'ın kendisine hamd edenleri işiteceğini[213] tasdik ederek, şükrün, övgünün ve minnetin Allah'a ait olacağı[214] tekrar edilerek kalbe yerleşmesi sağlanır.

Fiil ile şükür: Bedenin uzuvlarıyla, nimet verene itaat ederek ibâdetleri yerine getirmek ve O'nun emirlerine itaat etmektir. Fiil ile şükür, Allah'a hakkıyla ibâdet etmekle beraber O'nun verdiği nimetlerden diğer kullarını da faydalandırmaktır.[215] Namaz ibâdeti, Allah'a ibâdet etme yoluyla fiil ile yapılan şükrün en güzel örneği olmakla beraber, insanları olumlu karakter özelliklerine motive etmesi nedeniyle insanlararası paylaşım ve iyilik duygularının yayılmasına ve Allah'ın nimetlerinden bütün yaratılmışları istifade ettirmeye yönlendirir.

İşte bu yönüyle namaz ibâdeti her türlü şükür çeşidini de içine almaktadır.

Allah'ı hamdle tesbîh etmek, O'na bağlılığın ifadesidir. Allah'a bağlanan ruhlar güven duyar, huzur bulur.[216] Özellikle zor ve sıkıntılı anlarda Allah'ın anılmasının bireyi güvene, kalbi huzura, vicdanı rahatlığa kavuşturacağı, maddî ve manevî sıkıntılara direnç gücü vereceği muhakkaktır.[217]

---

210. *Sübhâneke Allâhümme ve bihamdike.*
211. *Mâliki yevmi'd-dîn.*
212. *Ve lâ ilâhe gayruk.*
213. *Semi'allâhu limen hamideh.*
214. *Rabbenâ leke'l-hamd.*
215. Ece, *a.g.e.*, s. 643, 648; Gazâlî, *Kimyâ-ı Saâdet*, s. 729; Gazâlî, *İhyâ-ı 'Ulûmi'd-dîn*, C. 3, s. 529.
216. Kutub, *a.g.e.*, C. 10, s. 89.
217. Derveze, *a.g.e.*, C. 4, s. 190.

Namaz ibâdeti esnasında, namaz kılan bireyin övgü, minnet, şükür, takdir ifadeleri içerisinde Allah'ı anmasına karşılık yüce yaratıcı da bireyi övgü, minnet, şükür ve takdir ifadeleri içerisinde anmaktadır. "Siz beni anın bende sizi anayım."[218] ayeti namaz esnasında Allah ile namaz kılan birey arasındaki canlı bir iletişimin göstergesidir. Nitekim İsmail Hakkı Bursevî, namaz kılan bireyin hamdine Allah'ın da hamd edeceğine işaret ederek, her durumda hamdin Allah'a mahsus olduğunu takdir etme neticesinde, kişi Allah tarafından övgü, minnet, şükür ve takdir duyguları içerisinde hamd edilen bir kul olacaktır.[219] Başka bir ifadeyle, Kur'ân nazarında şükür ve hamd tek yanlı olmayıp karşılıklıdır. Allah'ın ikramlarına karşılık şükretmek görevi insana düşüyorsa, Allah'ın da bu şükran, minnet ve övgüye; şükran, övgü ve minnet ile karşılık vermesi beklenmektedir. İşte bu tür karşılıklı şükür alışverişi, Allah ile insanlar arasındaki ideal ilişki biçimidir.[220] Yani "her kim kendi arzusu ile iyilik yaparsa yemin ederim ki, Allah ona minnettardır"[221] ayeti karşılıklı hamdin bir göstergesidir.

Namaz esnasında hamdine karşılık Allah'ın kendisini şükür, minnet, övgü, takdir ile andığını fark eden birey, Allah'ın kendisine olan sevgisini idrâk eder. Allah'ın kendisinin tek dostu olduğunu anlayan birey O'na karşı güven duyar. Allah'ın, kendisini minnet, övgü, şükür ve saygı ile andığını fark eden bireyin kendi benliğine karşı da saygı duyguları gelişecektir. Kendisine karşı saygı ve sevgi gösterilen birey, kendine ve diğer insanlara karşı saygı ve sevgi hislerini geliştirebilecektir. Namaz esnasında, Allah tarafından anılan, kendisine övgü ve saygı gösterilen birey, özsaygı denilen ruh sağlığı açısından çok önemli bir rol oynayan kendine değer verme yetisini oluşturacaktır.[222]

Aynı zamanda hamdine karşılık Allah tarafından övgü, minnet ile anılan bireyde gelişen kendilik saygısı, kişinin yeteneklerini doğru kullanmasına, kötü ve tehlikeli durumlarda onun ayakta kalmasına

218. Bakara, 2/152.
219. Bursevî, *Kitâbu'n-Netîce*, C. 2, s. 95; Ece, *a.g.e.*, s. 642.
220. Izutsu, Toshihiko, *Kur'ân'da Dinî ve Ahlâkî Kavramlar*, (çev. Selahattin Ayaz), Pınar Yayınları, İstanbul, 1997, s. 267.
221. Bakara, 2/158, bkz. Izutsu, *a.g.e.*, s. 267.
222. Budak, *a.g.e.*, s. 585.

yardım eden eğitsel bir değerdir. Kendine saygı, hayat planlarımızı yönetirken bize gerekli olan psikolojik bir değer olarak kabul görür. Bunun yanı sıra, başka değerleri de koruyan bir bekçi gibi, ahlâkî bir değer olarak anlaşılabilir.[223] Bu yönüyle namaz ibâdeti esnasında karşılıklı saygı ve övgü içerisinde anış fiili, kendi yeteneklerini geliştiren, zor zamanlarda kendine saygısını kaybetmediği için direnç gücü yüksek olan, hayat planlarını düzenlerken Allah'a ve kendine duyduğu saygı ölçüsünde amaçlarını oluşturan, sağlıklı bir ahlâkî değerler sistemi kurabilen bir kişilik yapısının oluşmasına katkıda bulunur.

Bununla beraber, kulun hamdine karşılık Allah'ın kendisini övgü, takdir, minnet, şükran ile andığını namaz esnasında hisseden bireyin ruhsal dinamiklerinde Allah'a karşı güven ve sevgi duygusu oluşacaktır. Allah'a duyulan güven duygusunun sonucunda insanın kendi yetenek, özellik, kapasite ve ruhsal yapısına karşı da güven duyguları gelişecektir. Böylece birey güvenlik güdüsünü ve temel güven ihtiyacını tatmin edecektir. Böylece karşılıklı güven duygusunu namaz esnasında tecrübe eden birey, her türlü güvenlik arayışına olumlu cevap bulacaktır.[224]

Vefa duygusu, yapılan bir iyilik karşılığında minnet duymayı, yapılan iyiliği unutmayarak, iyiliğe yine iyilikle karşılık vermeyi motive eden ahlâkî bir erdemdir. Vefa duygusunu hisseden, vefa erdemini karakter özellikleri içerisinde taşıyan birey, teşekkür ve takdir etmeyi görev sayan, kendisine yapılan iyiliğin değerini anlayan, ayrıca iyilik yapana karşı saygı ve memnuniyet duygusu taşıyan bir insan demektir.[225] Nitekim Hz. Peygamber, "İnsanlara teşekkür etmeyen Allah'a da şükretmez."[226] buyurmuş; yapılan iyiliğe teşekkür ve takdirle karşılık vererek, yapılan iyiliği unutmayarak karşılıkta bulunmanın önemine değinmiştir. Birey namaz ibâdetinde Allah'ı nimetlerin sahibi olarak tanıyarak, O'nun sunduğu nimet ve iyiliklere karşı övgü, minnet, takdir, teşekkür hislerini sunmayı tecrübe ettiği için insanların iyiliklerine de teşekkür, takdir ve övgü ifadeleri içerisinde karşılık

---

223. Mehmedoğlu, a.g.e., s. 102.
224. Budak, a.g.e., s. 349, 739; Lidenfield, a.g.e., s. 19, 20.
225. Dönmez, a.g.e, s. 347, 217.
226. Ebû Dâvûd, Edeb, 12.

vermeyi öğrenecek; kendisine yapılan iyilikleri, iyiliklerin gerçek sahibi yüce yaratıcıyı her namazında hatırladığı için unutmayacaktır.

Yüce yaratıcı, namazda, namaz kılan bireyin kendisini övgü, minnet, takdir ve şükür duyguları içerisinde anmasına karşılık onu övgü, minnet, takdir ve teşekkür ile hatırlayacağı için namaz kılan bireyde yapılan iyiliklere iyilikle karşılık verme ve yapılan iyilikleri unutmama yeteneği ve erdemi olan vefa duygusu gelişecektir.

Ayrıca Allah'ın verdiği nimetleri, O'nun sevgi, övgü, minnet duygularını insanlık üzerine odaklayacak tarzda, yaratılış amacına uygun yerde harcamak şükür, yaratılış amacına uygun olmayan yerde harcamak ise nimeti inkârdır.[227] Bu noktada özellikle namaz ibâdeti kıyâm duruşundan itibaren bireylere yaratılış amaçlarını hatırlatır. Böylece namaz ibâdeti, namaz kılan bireylere kendilerine verilen nimetlerin de yaratılış amacını düşünmeye odaklar. Bunun neticesinde namaz, kişileri kendilerine sunulan nimetleri bütün insanlığın istifadesi doğrultusunda değerlendirme amacına motive eder.

Sonuç itibarıyla, Salli-Bârik dualarında gördüğümüz gibi, İslâm dini özellikle namaz ibâdeti sayesinde gruplararası bir hâdise olarak görülen vefa erdemini evrensel, bütün insanlığı kapsayan bir erdem anlayışına dönüştürdü. Böylece İslâm, toplumun kavmiyetçi ilişkilerine bağlı her türlü sınırı ortadan kaldırırken, erdemleri daha geniş bir temele oturttu. Vefa duygusunu, kavimler üstü, gerçek anlamda insanî bir erdem hâline dönüştürdü. Bu sûretle vefa, toplumlararası ilişkilerde de işlerliğini icra edebilecek ahlâkî bir güç oldu.[228]

Kur'ân-ı Kerim'de, Lokman (a.s.), oğluna namazı dosdoğru kılmasını emretmeden hemen önce Allah'ın, insana ana-babasına iyilikle davranmasını emrettiğini; çünkü annesinin onu nice acılara katlanarak karnında taşıdığını ve iki yıl emzirdiğini; bunun sonucunda insanın Allah'a, annesine-babasına şükretmesi gerektiğini[229] öğütler. Demek ki Kur'ân-ı Kerim, namazı dosdoğru kılma ile beraber ana-babaya da şükretme prensibini getirmiştir. Yani, kişinin hayata gelişi-

---

227. Gazâlî, *Kimyâ-ı Saâdet*, s. 729.
228. Izutsu, *Kur'ân'daki Dinî ve Ahlâkî Kavramlar*, s. 127, 128.
229. Lokmân, 31/14.

nin sebebi olan ana-babasına şükran duyması; burada, varlığının nihaî sebebi ve kaynağı olan Allah'a şükretmesinin bir benzeri olarak zikredilmiştir[230]

Sonuç itibarıyla ana-babaya teşekkür, onların haklarını gözetmek, itaat ve iyilikte bulunmak ve dua etmektir.[231] Nitekim namaz ibâdeti esnasında, namaz kılan bir birey, "Rabbimiz bize dünyada da iyilik ver; ahirette de iyilik ver ve bizi ateş azabından koru"[232], "Rabbimiz beni, anne-babamı ve bütün inananları hesap gününde bağışla."[233], "Bizi doğru yola hidayet et."[234] diyerek anne-babası öncelikli olmak üzere kendisine hakkı geçen, iyiliği dokunan bütün insanlara, aynı inanç ve amaç birliğini paylaşan, Allah'ın varlığı ve birliği inancını taşıyan ve inancını hayırlı işlerle güçlendiren insanlık ailesine vefa, minnet, şükran, sevgi duyguları içerisinde duada bulunmaktadır.

230. Esed, a.g.e., s. 837, er-Razî, a.g.e., C. 18, s. 156.
231. Yazır, a.g.e., C. 6, s. 273.
232. Rabbenâ âtina fi'd-dünya haseneten ve fi'l-âhireti haseneten ve qınâ azâbe'n-nâr.
233. Rabbena'ğfirlî ve li vâlideyye ve li'l-mü'minîne yevme yeqûmu'l-hısâb.
234. İhdina's-sırâta'l-müstaqîm.

BİBLİYOGRAFYA

Adler, Alfred, *Yaşamının Anlam ve Amacı,* (çev. Kamuran Şipal), Say Yayınları, İstanbul, 1993.

Akseki, A. Hamdi, *İslâm Dini,* Nur Yayınları, Ankara, 1989.

Akseki, A. Hamdi, *Ahlâk Dersleri,* Üçdal Neşriyat, İstanbul, 1968.

Akseki, A. Hamdi, *Namaz Sûrelerinin Türkçe Tercüme ve Tefsiri,* Diyanet İşleri Bakanlığı Yayınları, Ankara, 1972.

Akyüz, Vecdi, *Mukayeseli İbâdetler İlmihali,* I-IV, İz Yayıncılık, İstanbul, 1995.

Al-Ajam, Rafic, *Encyclopedia of Sufi Terminology,* Mektebetü'l-Lübnan, Lübnan, 1999.

Alawneh, Shafig Falah, ' Human Motivation: An Islamic Perspective', *The American Journal of Islamic Social Sciences,* U.S.A., 1996.

Albayrak, Ahmet, *Ergenlerin Dini Gelişiminde Sevgi ve Korku Motifinin Etkinliği,* (Yayınlanmamış Yüksek Lisans Tezi), U.Ü. Sos. Bil. Enstitüsü, Bursa, 1995.

Armaner, Neda, *Din Psikolojisine Giriş I,* Ayyıldız Matbaası, Ankara, 1980.

Aslan, Nebile, *Kur'ân-ı Kerim'le İlgili İnanç ve Tutumlar,* (Yayınlanmamış Doktora Tezi), Uludağ Üniversitesi Sosyal Bilimler Enstitüsü, Bursa, 2002.

Ateş, Süleyman, *Yüce Kur'ân'ın Çağdaş Tefsiri, I-X,* Yeni Ufuklar Neşriyat, İstanbul, 1997.

Bahadır, Abdülkerim, *Hayatın Anlam Kazanmasında Psiko-Sosyal Faktörler ve Din,* (Yayınlanmamış Doktora Tezi), U.Ü. Sosyal Bilimler Enstitüsü, Bursa, 1999.

Baymur, Feriha, *Genel Psikoloji,* İnkılap Kitapevi, İstanbul, 1985.

Baymur, Feriha, *Genel Psikoloji,* Remzi Kitapevi, İstanbul, 1991.

Bayraktar, Mehmet, *İslam İbâdet Fenomenolojisi,* Doğuş Matbaacılık, Ankara, 1987.

Bayyiğit, Mehmet, *Üniversite Gençliğinin Dini İnanç, Tutum ve Davranışları Üzerine Bir Araştırma,* (Yayınlanmamış Doktora Tezi), Selçuk Üniversitesi Sosyal Bilimler Enstitüsü, Konya, 1992.

Bayyiğit, Mehmet, *Sosyo-Kültürel Yönleriyle Türkiye'de Hac Olayı,* T.D.V. Yayınları, Ankara, 1998.

Bilmen, Ömer Nasuhi, *Büyük İslam İlmihali,* Bilmen Yayınevi, İstanbul, trs.

Budak, Selçuk, *Psikoloji Sözlüğü,* Bilim ve Sanat Yayınları, Ankara, 2000.

Bursevî, İsmail Hakkı, *Kitâbu'n-Netîce,* (haz. Ali Namlı, İmdat Yavaş), I-II, İnsan Yayınları, İstanbul, 1997.

Bursevî, İsmail Hakkı, *Ferâhu'r-Rûh Muhammediyye Şerhi,* (haz. Mustafa Utku), Uludağ Yay., Bursa, 2003.

Büyür, Hasan, *Namaz Bilinci,* Denge Yayınları, İstanbul, 2001.

Can, Şefik, *Konularına Göre Açıklamalı Mesnevî Tercemesi,* İstanbul, Ötüken Yay., 2002.

Certel, Hüseyin, 'Ebu Talip el-Mekki'de Namazın Psikolojisi', *S.D.Ü.İ.F. Dergisi,* sy. 6, Yıl. 1990, s. 127-137, S.D.Ü.İ.F. Basımevi, Isparta, 1990.

Cevziye, İbn Kayyım, *Medâricu's-Sâlikîn, Kur'ânî Tasavvufun Esasları,* İnsan Yay., İstanbul, 1990.

Cîlânî, Abdü'l-Kadir, *el-Gunyetü li-Talebi'l-Hak,* Beyrut, 1297.

Cüceloğlu, Doğan, *Anlamlı ve Coşkulu Bir Yaşam İçin Savaşçı,* Sistem Yayınları, İstanbul, 1999.

Cüceloğlu, Doğan, *İnsan ve Davranışı*, Remzi Kitapevi, İstanbul, 1991.

Cüceloğlu, Doğan, *Yeniden İnsan İnsana*, Remzi Kitapevi, İstanbul, 1993.

Cündioğlu, Dücane, 'Kadınlar Niçin Kendilerini Özlemezler-II', *Yeni Şafak*, 9 Mart 2003.

Çam, Ömer,'Ahlak Eğitimi', *Din Eğitimi Araştırmaları Dergisi*, sy.3, Yıl. 1996, s.9-16, İstanbul, 1996.

Çamdibi, H. Mahmud, *Şahsiyet Terbiyesi ve Gazâlî*, Han Neşriyat, İstanbul, 1983.

Davutoğlu, Ahmet, *Sahîh-i Müslim Tercüme ve Şerhi*, Sönmez Neşriyat, İstanbul, 1973.

Demirci, Mehmet, 'İbâdetlerin İç Anlamı', *Tasavvuf İlmi ve Akademik, Araştırma Dergisi*, sy. 3, Yıl. 1, s. 10-31, Ankara, 2000.

ed-Dihlevî, Şah Veliyyullah Ahmed b. Abdirrahmân, *Huccetullâhi'l-Bâliğa*, (çev. Mehmet Erdoğan), I-II, İz Yayıncılık, İstanbul, 1994.

Derveze, İzzet, M., *et-Tefsîru'l-Hadîs*, (çev. Şaban Karataş, Ahmet Çelen, Mehmet Çelen), I,VI, Ekin Yayınları, İstanbul, 1998.

Dodurgalı, Abdurrahman, 'Nefs ve Eğitimi', *Din Eğitimi Araştırmaları Dergisi*, sy.5, s.75-82, İstanbul, 1998.

Dowrick, Stephanie, *Sevginin Halleri*, (çev. Gürol Koca), Ayrıntı Yayınları, İstanbul, 2000.

Dönmez, İbrahim Kafi, *İslâm'da İnanç, İbâdet ve Günlük Yaşayış Ansiklopedisi*, I-IV, İ.F.A.V. Yay., İstanbul, 1997.

Ece, Hüseyin K., *İslâm'ın Temel Kavramları*, Beyan Yayınları, İstanbul, 2000.

Er, İzzet, *Sosyal Gelişme ve İslâm*, Rağbet Yayınları, İstanbul, 1999.

Erkuş, Adnan, *Psikolojik Terimler Sözlüğü*, Doruk Yayınevi, Ankara, 1994.

Esed, Muhammed, *Kur'ân Mesajı, Meal-Tefsir*, (çev, Cahit Koytak, Ahmet Ertürk), İşaret Yayınları, İstanbul, 1997.

Frankl, Victor, E., *İnsanın Anlam Arayışı*, (çev. Selçuk Budak), Öteki Yayınevi, Ankara, 1992.

Fromm, Erich, *Erdem ve Mutluluk*, (çev. Ayda Yörükan), Türkiye İş Bankası Kültür Yayınları, İstanbul, 1995.

_____, *Kendini Savunan İnsan*, (çev. Necla Arat), Say Yayınları, İstanbul, 1982.

_____, *Psikanaliz ve Din*, (çev. Şükrü Alpagut), Kabalcı Yayınları, İstanbul, 1990.

_____, *Sevginin Şiddeti ve Kaynağı*, (çev. Yurdanur Salman, Nalan İçten), Payel Yayınevi, İstanbul, 1990.

_____, *Umut Devrimi*, (çev. Şemsa Yeğin), Payel Yayınevi, İstanbul, 1990.

Gazâlî, *İhyâ-u Ulûmi'd-dîn*, (çev. Ahmet Serdaroğlu), I-VIII, Bedir Yayınevi, İstanbul, trs.

_____, *Kimyâ-ı Saâdet*, (çev. Abdullah Aydın, Abdurrahman Aydın), Aydın Yayınları, İstanbul, 1992.

_____, *Mîzânu'l-Ahlâk, Ahlâk Ölçüleri*, (H. Ahmet Arslantürkoğlu), Sağlam Kitapevi, İstanbul, 1974.

_____, *İlâhî Ahlâk*, (çev. Yaman Arıkan), Uyanış Yay., İstanbul, 1983.

Guy, Palmade, *Karakter Bilgisi*, (çev. Afif Ergunalp), Kervan Matbaası, İstanbul, trs.

Hamidullah, Muhammed, *İslam Peygamberi*, (çev Salih Tuğ), İrfan Yayınları, İstanbul, 1991.

Hayta, Akif, 'U.Ü. İlahiyat Fakültesi Öğrencilerinin İbâdet ve Ruh Sağlığı, (Psiko-Sosyal Uyum) İlişkisi Üzerine Bir İnceleme', *U.Ü.İ.F. Dergisi*, C. 9, sy. 9, Bursa, 2000.

Hicâzî, M. Mahmut, *Furkan Tefsiri*, (çev. Mehmet Keskin), İlim Yay., İstanbul, trs.

Horney, Karen, *Günümüzün Nevrotik İnsanı*, (çev. A. Erdem Bagatur), Yaprak Yayınları, İstanbul, 1986.

_____, *Nevrozlar ve İnsan Gelişimi*, (çev. Selçuk Budak), Öteki Yayınevi, Ankara, 1993.

Hökelekli, Hayati, 'Ergenlik Çağı Davranışlarına Din Eğitiminin Etkisi', *U.Ü.İ.F. Dergisi*, sy. 1, s.35-51, Bursa, 1986.

_____, 'İbâdet-Psikoloji ve Sosyoloji Açısından İbâdet', *D.İ.A.*, C. 19, s.248-251, T.D.V.Yay., İstanbul, 1999.

_____, *Din Psikolojisi*, Türkiye Diyanet Vakfı Yayınları, Ankara, 1993.

Hucviîrî, Ali b. Osman Cüllâbî, *Keşfu'l-Mahcûb, Hakikat Bilgisi*, (haz. Süleyman Uludağ), Dergah Yay., İstanbul, 1996.

İbn Arabî, Muhyiddîn, *Fütûhâtü'l-Mekkiyye*, Kahire, 1293.

_____, *Letâ'ifü'l-Esrâr*, Kahire, 1287.

İbn Manzûr, *Lisânü'l-Arab*, I-VVIII, Daru's-Sadr, Beyrut, 1990.

İbrahim Mustafa Ahmed Hasan, Ziyad Hamid, Abdulkadir, Muhammed Ali Neccar, *Mu'cemü'l-Vasit*, Çağrı Yayınları, İstanbul, 1996.

Izutsu, Toshihiko, *Kur'ân'da Dini ve Ahlaki Kavramlar*, (çev. Selahattin Ayaz), Pınar Yayınları, İstanbul, 1997.

_____, *Kur'ân'da Allah ve İnsan*, (çev. Süleyman Ateş) Yeni Ufuklar Neşriyat, İstanbul, trs.

el-İsfahânî, Râgıb, *el-Müfredât fi'l-Garîbi'l-Kur'ân*, Karaman Yayınları, İstanbul, 1986.

Jung, C.G., *Keşfedilmemiş Benlik*, (çev. Canan Ener Sılay), İlhan Yayınevi, İstanbul, 1999.

Kanad, H. Fikret, *Karakter Kavramı ve Terbiyesi*, Milli Eğitim Basımevi, Ankara, 1997.

Kara, Mustafa, 'Cami ve İbâdet Psikolojisi', *Diyanet Aylık Dergisi*, sy. 28, s.27-36, T.D.V. Yay., Ankara, 2001.

el-Karadavî, Yûsuf, *İbâdet*, (çev. Hüsamettin Cemal), Çığın Yayıncılık, İstanbul, 1974.

Kayıklık, Hasan, 'Kur'ân'daki Dualar Üzerine Psikolojik Bir Değerlendirme', *Çukurova Üniversitesi İlahiyat Fakültesi Dergisi*, sy. 1, Yıl. 1, s. 126-142, Ç.Ü.İ.F. Basımevi, Adana, 2001.

Kuşeyrî, *Kuşeyrî Risâlesi*, (çev. Süleyman Uludağ), Dergah Yay., İstanbul, 1999.

Kelabazî, Ebû Bekir Muhammed b. İshâk, *et-Ta'arruf li Mezhebi Ehli't-Tasavvuf*, Mektebetü'l-Kahire, Kahire, 1980.

Konevî, Sadreddîn, *Fusûsu'l-Hikem'in Sırları*, (çev. Ekrem Demirli), İz Yay., İstanbul, 2002.

Koştaş, Münir, *Üniversite Öğrencilerinde Dine Bakış*, T.D.V. Yay., Ankara, 1995.

Köktaş, M. Emin, *Türkiye'de Dinî Hayat*, İşaret Yayınları, İstanbul, 1993.

Köroğlu, Nuri, *Hz. Mevlânâ'nın İrşâdı*, Adım Yayınları, Konya, 2002.

Krech, David, Crutchfield, R.C., *Sosyal Psikoloji*, (çev. Erol Güngör), Ötüken Neşriyat, İstanbul, 1980.

Kula, M. Naci, *Kimlik ve Din*, Ayışığı Kitapları, İstanbul, 2001.

Kula, M. Naci, 'Deprem ve Dini Başa Çıkma', *Gazi Üniversitesi İlahiyat Fakültesi Dergisi*, sy. 1, s.231-255, G.Ü.İ.F. Basımevi, Çorum 2002.

Kutub, Seyyid, *Fî Zılâli'l-Kur'ân*, (çev. M. Emin Saraç, Bekir Karlığa, İ. Hakkı Şengüller), Hikmet Yayınevi, İstanbul, 1968.

Kuzgun, Yıldız, 'Kendini Gerçekleştirme', *Dil ve Tarih–Coğrafya Fakültesi Felsefe Araştırmaları Enstitüsü Dergisi*, C. 10, s.168-177, Ankara, 1972.

Lindenfield, Gael, *Kendine Güvenen Çocuk Yetiştirme*, (çev. Gülden Tümer), Hyb Yayıncılık, Ankara, 1997.

Maslow, Abraham H., *'Maslow's Concept of Self-Actualization*, (Translate: Michael Daniels), Liverpool John Moores Üniversity, U.S.A., 2001.

Maslow, Abraham H., *Dinler, Değerler ve Doruk Deneyimler*, (Şükrü Alpagut), Kuraldışı Yayınları, İstanbul, 1996.

Meadow, Marry Jo., Richard D.Kahoe, *Pyschology of Religion, Religion in Individual Lives*, 1984, Harper & Row Publishers New York.

Mehmedoğlu, Yurdagül, *Erişkin Bireyin Kendilik Bilinci ve Din Eğitimi*, Rağbet Yayınları, İstanbul, 2001.

el-Mekkî, Ebû Tâlib, *Kutü'l-Kulûb*, (çev. Muharrem Tan), I-IV, İz Yayıncılık, İstanbul, 1999.

Muhâsibî, Hâris, *er-Riâye li-Hukukillah*, Beyrut, 1986, (çev. Ş. Filiz, H. Küçük), *er-Riâye, Nefs Muhasebesinin Temelleri*, İnsan Yayınları, İstanbul 1998.

Nasr, Seyyid Hüseyin, *İslâm'da Düşünce ve Hayat*, (çev. Fatih Tatlıoğlu), İnsan Yay., İstanbul, 1988.

Necati, Muhammed Osman, *Hadis ve Psikoloji*, (çev, Mustafa Işık), Fecr Yayınevi, Ankara, 2000.

en-Nedvî, Ebu'l-Hasen, *Dört Rükûn, Namaz, Oruç, Zekât, Hac* (çev. İsmez Ersöz), İslâmî Neşriyat, Konya, 1969.

Nurbaki, Haluk, *Âyete'l-Kürsî Yorumu*, Damla Yay., İstanbul, 1998.

Pazarlı, Osman, *Din Psikolojisi*, Remzi Kitapevi, İstanbul, 1968.

Peker, Hüseyin, *Din Psikolojisi*, Sönmez Yayınevi, Samsun, 1993.

er-Râzî, Abdulkadir, *Muhtâru's-Sıhah*, Müessesetü'r-Risâle, Beyrut, 1994.

er-Râzî, Fahruddîn, *Tefsîr-i Kebîr, Mefâtihu'l-Gayb*, (çev. Suat Yıldırım, Lutfullah Çelebi, Sadık Kılıç, Sadık Doğu), I-VVIII, Akçağ Yayınları, Ankara, 1988.

es-Sâbûnî, M. Ali, *Safvetü't-Tefâsir, Tefsirlerin Özü*, (çev. S. Gümüş, N. Yılmaz), I-VII, Ensar Neşriyat, İstanbul, 1990.

Sachiko, Murata, William Chittick, *İslâm'ın Vizyonu*, İnsan Yayınları, İstanbul, 2000.

Sanford, T. Linda, Marry Ellen Danovan, *Kadınlar ve Benlik Saygısı*, (çev. Şemsa Yeğin), HYB Yayıncılık, Ankara, 1999.

Schimmel, Annemarie, *Islam, An Introduction*, State University of New York, Pres, New York, 1992.

Senih, Saffet, *İbâdetin Getirdikleri*, Nil Yayınları, İzmir, 2000.

Shaikh, Muhammad al-Ghazali, *A Thematic Commentary on the Qur'an*, (çev. Ashur A. Shalmis), International Institute of Islamic Thought Herndon, Virginia, U.S.A., 1997.

Sirâcuddîn, Abdullah, *Salavât-ı Şerife*, (çev. Mahmut Sezgin), Matsa Basımevi, Ankara, 2001.

Spigelman, J. Marvin, Pir Vilayet İnayet Han, T. Fernandes, *Jung Psikolojisi ve Tasavvuf*, (çev. Kemal Yazıcı, Ramazan Kutlu), İnsan Yayınları, İstanbul, 1997.

Şahin, Adem, *Üniversite Öğrencilerinde Dini Hayat*, Konya, 2001.

Şemin, Refia, *Çocukta Ahlâkî Davranış ve Ahlâkî Yargı*, İ.Ü. Edebiyat Fakültesi Yay., İstanbul, 1979.

Şentürk, Habil, 'İbâdetin Manası ve Fonksiyonları Üzerine Psikolojik Bir Bakış Denemesi', *S.D.Ü.D.*, sy. 1, Yıl: 1994, s.139-157, S.D.Ü. Basımevi, Isparta, 1995.

_____, *Din Psikolojisi*, Esra Yayınları, İstanbul, 1997.

_____, *İbâdet Psikolojisi*, Hz. Peygamber Örneği, İz Yayıncılık, İstanbul, 2000.

Sühreverdî, Şihâbüddîn Ebû Hafs, *Avârifu'l-Ma'ârif*, en-Nâşir, Dâru'l-Kitâbi'l-Arabiyyi, Beyrut, 1966.

_____, Şihâbüddîn Ebû Hafs, *Avârifu'l-Ma'ârif, Gerçek Tasavvuf,* (ter. Dilaver Selvi), Semerkand Yay., İstanbul, 1999.

Tabbâra, Afif Abdü'l-Fettah, *Rûhu's-Salâti fi'l-İslâm,* Daru'l-İlim, Beyrut 1979.

Tûsî, Ebû Nasr Serrâc, *el-Luma fi't-Tasavvuf, İslam Tasavvufu,* (çev. Hasan Kamil Yılmaz), Altınoluk Yay., İstanbul, 1996.

Turâbî, Hasan, *Namaz,* (çev. Saim Eminoğlu), Risale Yayınları, İstanbul, 1987.

Uludağ, Süleyman, *İslâm'da Emir ve Yasakların Hikmeti,* Türkiye Diyanet Vakfı Yayınları, Ankara, 2001.

Uludağ, Süleyman, *İnsan ve Tasavvuf,* Mavi Yay., İstanbul, 2001.

Uysal, Veysel 'Dini Hayat ve Şahsi Özellikler', *Din Eğitimi Araştırmaları Dergisi,* sy. 2, 1995, s. 67–180, İstanbul, 1995.

Uysal, Veysel, *Dinî Tutum, Davranış ve Şahsiyet Özellikleri,* İ.F.A.V. Yay., İstanbul, 1996.

Uysal, Veysel, *Psiko-Sosyal Açıdan Oruç,* T.D.V. Yay., Ankara, 1994.

Ülken, Hilmi Ziya, *Ahlâk,* İ.Ü.E.F. Yay., İstanbul, 1946.

Ünal, Ali, *Kur'ân'da Temel Kavramlar,* Beyan Yayınları, İstanbul, 1996.

Ünal, Cavit, *Genel Tutumların ve Değerlerin Psikolojisi,* Beyan Yayınları, İstanbul, 1996.

Walsh, Roger N., Frances Caughan, *Ego Ötesi,* (çev.Halil Ekşi), İnsan Yayınları, İstanbul, 2001.

Yalçın, Şehabettin, "Anlam Arayışı", *Bilgi ve Hikmet,* Üç Aylık Kültür ve Araştırma Dergisi, İstanbul, Bahar, 1995, sy. 10, s. 137.

Yazır, Elmalılı Hamdi, *Hak Dini Kur'ân Dili,* I-X (sad. İsmail Karaçam, Emin Işık, Nusrettin Boleli, Abdullah Yücel), Azim Yayınları, İstanbul, trs.

Yeniterzi, Emine, *Mevlânâ Celâleddîn Rûmî,* T.D.V. Yay., Ankara, 2001.

Yıldız, Abdullah, *Namaz Bir Tevhîd Eylemi,* Pınar Yayınları, İstanbul, 2001.

Yûnus Emre, *Dîvân,* Türk Dili ve Edebiyatı Yayın Kurulu, Dergah Yay., İstanbul, 1982.

KİTAP HAKKINDA NE DEDİLER?

namaz ve Karakter Gelişimi isimli eser, her şeyden önce klasik ve yeni kitaplardan oluşan zengin bir kaynağa dayanıyor. Çok seviyeli ve ilmî olmasıyla birlikte, sıradan bir okuyucunun bile anlayıp uygulayabileceği bir üslûp sadeliği ve samimiyetiyle yazılmış. Eserde namazın ruhu ve esası olan ta'dil-i erkân ve huşûnun ne olduğu ve nasıl başarılacağı işleniyor.

Günümüzde namaz kılan az olduğu gibi, kılanların çoğunda da maalesef şuur ve derinlik yok. Sanki namazdaki hareketler bir robot rutinliğinde ve okunan dualar etkisiz cümleler gibi tekrar edilir. Namaz, bir an önce kılınıp kurtulunması gereken bir yük, bir alışkanlık gibi uygulanır.

Söz gelişi, 50 yıl namaz kılan bir Müslüman, namazında yaklaşık 730 bin defa Fâtiha Sûresi'ni okur. Ne acı ki, mana ve ruh derinliğinden mahrumdur. Hatta bir cami çıkışı, namazdaki sûre ve duaların anlamına yönelik yapacağımız bir anket, bizi hayal kırıklığına uğratır.

İşte tam bu yürek sızlatan duruma bir çözüm sunuyor Esma Hanım. Namazdaki hareketlerin, sûre ve duaların sadece meallerini değil, derin anlamlarını anlatıyor okuyucuya. Bunu yaparken namazın tasavvufî boyutunu ele alıyor. Böylece namaz kılan bir Müslüman, En Büyük Sevgili olan Rabbine ne dediğini bilerek namaz kılmanın engin mutluluğunu yaşıyor.

Ayrıca Esmâ-i Hüsnâ ile namaz ilişkisi çok güzel vurgulanmış. Lâfza-i Celâl olan Allah'ın, bütün güzel isimlerini içinde topladığı ve isim bilgisinin namazdaki bilinci artırdığı ispat edilmiş.

Kitabın belki de en güncel bir yönü de, bir ahlâk buhranı yaşayan bütün dünyaya çözüm sunması. Namazın karakter gelişimi üzerindeki etkisi, ahlâkî yücelmedeki yeri öylesine çarpıcı ve etkili işlenmiş ki, namazın tüm ibadetleri içinde barındıran ve insanları melekleştiren özelliği gözler önüne serilmiş. Namazı, duyarak, yaşayarak, hakkıyla kılmak için eseri bir kez değil, birkaç kez okumak gerekiyor. Yazarı tebrik ediyor ve daha nice eserler bekliyoruz.

CEMİL TOKPINAR
Sabah Namazına Nasıl Kalkılır? kitabının yazarı

Esma hanım kardeşim; çalışmanızı önceki gün büyük bir heyecanla aldım.. okuyorum, okuyorum. Namaz konusunda yazılmış aklı başında, dengeli bir çalışma... Rabbim hayırlara vesile eylesin. Bu yaşta böyle bir eser ortaya koymanız, ilerisi için bende ümitler doğurdu. Çalışmalarınıza şevkle devam edin inşallah. Fırsat buldukça, kitabınızdan toplantılarımda alıntılar da yapmak niyetindeyim. Allah kaleminize bereket versin.

Selam ve dualarımla.

SENAİ DEMİRCİ

Namaz hakkında yazılan yeni kitapları görmek, özellikle de namazın birey ve toplum hayatı üzerindeki olumlu etkilerini ele alan ilmî çalışmalara şahit olmak, bizleri ziyadesiyle mutlu ediyor. Doğrusu, İslâmî hayat tarzının omurgasını teşkil eden, bütün ibadet biçimlerini kendisinde cem eden, 'Din'in direği' yani İslâm'ın 'olmazsa olmazı' olan namaz konusunda ne kadar kitap yazılsa, ne kadar imâl-i fikr edilse azdır, diye düşünüyoruz.

Kuşku yok ki, bir *'tevhîd eylemi'* olan namaz, insanların dünya ve âhiret mutluluğunu kazanmalarında odak bir role sahiptir. Konuyla ilgili sohbetlerimde, namazın hayatımızdaki belirleyici rolünü vurgulama sadedinde şöyle bir ifade kullanırım: "Allâh-u Teâlâ'nın, biz aciz kullarının kılacağı namazlara ihtiyacı yok; aksine biz insanların yalnız Allah rızası için namaz kılmaya, günde beş kez huzûr-u ilâhîye çıkıp huzur bulmaya, dosdoğru ve sürekli namaz kılarak 'adam olmaya' ihtiyacımız var."

Doğrusu namaz, mü'min/muvahhid insanı gün-be-gün kemâle erdirir; onu sağlam, tutarlı, üstün ve tertemiz bir karaktere, daha genel anlamda örnek bir kişiliğe sahip kılar.

İşte, namazın karakter gelişimi üzerine etkisini inceleyen Esma Sayın'ın *Namaz ve Karakter Gelişimi* isimli çalışması, bu hakikati ilmî delillerle ortaya koyuyor. Esma Hanım kardeşimizin bu eseri, "Namazın Karakter Gelişimi Üzerine Etkisi" isimli yüksek lisans tezinin zenginleştirilmiş şekli. Bu kıymetli eser, sadece namazın insan karakterinin gelişimi üzerindeki etkilerini değil, aynı zamanda karakteri de içine alan kişiliğin inşası ve ahlakî yapının şekillenişi üzerindeki olumlu etkilerini de akademik yöntemlerle ele alıyor, ama didaktik bir üslûpla okuyucularının istifadesine sunuyor.

Ankebût Sûresi'nin 45. âyetinden hareketle; namazın, gereği gibi ikâme edilmesi (dosdoğru kılınması), muhafaza edilmesi (özenli ve düzenli olarak kılınması) ve huşû içinde eda edilmesi halinde, kişiyi çirkin fiillerden ve kötü davranışlardan uzak tutacağını belirten Sayın, psikoloji ilminin verilerinden de yararlanarak namazın insan karakteri üzerindeki etkilerini ise, çalışma sahasının sınırları içinde vuzuha kavuşturuyor. Namazın insanda Allah'a karşı sorumluluk duygusunu geliştirdiğini; bunun aynı zamanda insanın kendisine ve diğer insanlara karşı sorumluluk ve diğerkâmlık duygusunu da beslediğini; tabir yerindeyse musalli kimselerde bir "namaz ahlâkı" inşâ ettiğini; onları sabırlı, şükürlü, alçakgönüllü, dürüst, vefalı... kişilikler haline getirdiğini, vukûfiyetle ortaya koyuyor.

Mü'minin zaman bilincini de inşa eden namazın, İslam toplumlarının günlük hayatlarının ritmini ve düzenini belirlediğini de vurguluyor yazarımız. Doğrusu, zamanlarını namazla şekillendirmek yerine modern yaşam biçiminin gereklerine göre düzenlemenin, sabah namazını ihmal etmek başta olmak üzere, mü'minlerin hayatında ne büyük yaralar açtığına da hep birlikte tanık oluyoruz.

Kılınan namazların farkına varmayı ve farkında olarak kılınacak namazların, kişileri bir önceki hallerinden daha iyi ve daha farklı bir konuma taşıyacağı bilincini okuyucusunun zihnine yerleştiren bu güzel çalışmasından dolayı Esma Sayın kardeşimi yürekten kutluyor, yeni çalışmalarında Cenâb-ı Hak'tan başarılar niyaz ediyorum.

ABDULLAH YILDIZ
Namaz Bir Tevhid Eylemi kitabının yazarı

Esma Sayın'ın kitabı, ruhu ruhumuza, kalbi kalbimize, aklı aklımıza denk düşmeyen bir dünyanın sunduğu ve maalesef "farkındasızlık"la tüketilen "kişisel gelişim" kitaplarına güçlü bir alternatif. İlâhî kaynaklardan beslenen, ilâhiyât bilgisini psikoloji ilmi yanında hal ilmiyle yoğurarak okura sunan eser, dinin gösterdiği "insan-ı kâmil" hedefi için hem metot, hem yol haritası sunuyor.

EMİNE EROĞLU
Timaş Yay. yayın yönetmeni

Namaz hakkındaki böylesi bir eseri, Mehmet Davut Göksu'nun masasında görünce çok heyecanlanmıştım. Hemen aldım ve sonu nasıl geldi anlamadım. Hatta hemen seslendirmek istedim. Zanların ötesinde bambaşka bir namazdan bahsediyor. Kitabın mana derinliklerinde seyrederken kişi, İslâm'ın bütünselliğini, evrenselliğini ve sonsuzluğunu namazın merkezinde bir kez daha hissediyor. Kavramlar öyle güzel işlenmiş ki kavramların sistemle (kâinatla) olan bağlantılar ve bu bağlantılar arasındaki etkileşimde belki de kendinizi okuyacaksınız. Ve namaz, sizde hayatın kendisi konumuna gelecek. Evrensel normlarda, hikmeti arayan ve sorgulayan sadece namaz kılanların değil, namaz kılmayanların da ilgiyle okuyacağı bir eser. Esma Hanım'a böyle bir esere vesile olduğu için gerçekten çok teşekkür ediyorum.

KUBİLAY AKTAŞ
Moral FM

Sayın Esma Sayın tarafından yazılmış olan *Namaz ve Karakter Gelişimi* adlı eser, özel anlamda namaz ve genel anlamda ibadetin insan davranışları üzerinde yapıcı etkisi yanında, karakter gelişimi ile ihlâs, sevgi ve Allah'a bağlılık arasındaki ilişkiyi inceleyerek namazın bireyi olumlu eylemlere yönlendirdiğini vurgulamaktadır. Hem ibadetin anlamı, hem de karakter gelişimindeki rolü açısından okunmaya değer bir eser.

Doç. Dr. BÜLENT ŞENAY
Uludağ Ünv. İlahiyat Fak. öğretim görevlisi

İnsanoğlu yeryüzünde güçlü şahsiyetiyle ayrıcalıklı bir şekilde var olabilmek için bütün enerji kaynaklarına ulaşmak istiyor; kişisel gelişim, mutluluk ve benzer konularda sayısız araştırma yapıyor ve yayınlıyor. Fakat nedense Azîz ve Celîl olan Allah'tan güç alarak mükemmel bir şahsiyet oluşturmayı aklına çok az getiriyor; O'nunla ciddi bir şekilde birlikte olabilmenin biricik yolu namaz üzerinde gereği kadar durmuyor. Güçlü bir karakter elde ederek şahsiyetli bireyler ve toplumlar oluşturabilme açısından namaz konusunu işleyen *Namaz ve Karakter Gelişimi* isimli bu güzel çalışma kendi sahasında bir ilk sayılabilir.

Namazın her bir rüknünü, her rüknünde telaffuz ve tilâvet edilen her bir duayı ve ayetleri bu açıdan ele alan, onları birer güç kaynağı olarak tahlil eden yazar Esma Sayın hanımefendi, psikolojik ve sosyal denge açısından namazdan alınabilecek randıman ve güce işaret etmektedir. Namaz vesilesiyle Allah Teâlâ'nın her bir isminden insan olarak nasıl ve neler alınabileceğini güzel bir şekilde ortaya koymakta, Rasûlullah'tan günümüze kadar namazı en üst düzeyde yaşayan güzel insanlardan örnekler sunmaktadır. Bugün İslâm adına aktivite ortaya koymak isteyen herkes, bu kitabı okuduktan sonra, doğal olarak Esma Sayın hanımdan yeni yeni çalışmalar beklentisi içinde olacaktır.

MEHMET GÖKTAŞ
Namaz Gözaydınlığım kitabının yazarı

Namaz, dünyaya geliş amacının en bariz şekilde belirginleştiği mucizevî bir ibadet. Namaz aslında, günümüz insanının maddî ve manevî çıkmazlarının cevabını içinde barındıran ilâhî bir reçete? Namaz'ı anlatmaya, insan lisanıyla belki kelimeler aciz kalır. Öyle olmasaydı, namaz günde beş defa hayatımızı kuşatarak bedenimizi ve benliğimizi nefsanî ve şeytanî duygu, düşünce ve davranışlardan korumak için hazır kıt'a beklemezdi. "Namaz ve Karakter Gelişimi" ibaresini ilk okuduğumda, içimde anlamlı bir heyecan hissettim. Çünkü kâinatı yaratan Allah (c.c), namazın insanı kötü işlerden alıkoyduğunu ve iyiliğe teşvik ettiğini buyuruyor. Yani bir bakıma kişiliğimizi şekillendirdiği vurgulanıyor. Çünkü, bizi bizden daha iyi bilen Rabbimiz, insanın kişiliğinin olgunlaşması için hangi unsurların gerekli olduğunu elbette bizden daha iyi bilirdi. O halde, neden namaz kılan bunca insanın davranışlarında tam manasıyla olumlu bir değişme olmuyordu. İşte bu noktada *Namaz ve Karakter Gelişimi* önemli bir noktayı açıklığa kavuşturuyor. Çünkü "sağlıklı bir namaz" kılan bireylerin elbette sağlıklı bir toplum oluşturacağı şüphe götürmez bir gerçek. Bende bu vesileyle muhterem Esma Sayın hanımefendinin alanında belki de bir ilk olan bu örnek çalışmasını hemen temin edip istifade ettim. Gerçekten birçoğumuzun farkında olmadığı, namazla ilgili ince noktalara değindiğini gördüm. Doğrusu bu eseri okuduktan sonra şu soruyu sormak gerektiğini düşündüm: Başta kendi karakterimizin gelişiminde, daha sonra ise çocuklarımızın karakter ve kişiliklerinin gelişiminde referansımız nedir? Ve bu referansları etkin bir şekilde uyguluyor muyuz? İşte bu soruların cevabını bulabileceğiniz bir eser. Namazın bu yönünü ortaya koyduğu için Sayın'a çok şey borçluyuz.

KEMAL GÜMÜŞ
Vakit Gazetesi

Samimi ve heyecanlı bir araştırmacı tarafından hazırlandığı açıkça belli olan bu çalışmada, görev bilincini merkeze alan ve suçluluk duygularına yol açıcı göndermeler içeren klasik anlatım yerine, namazın ahlâkî olgunluğa sevk edici yönlerine vurgu ile uzaklaştırıcı değil, kolaylaştırıcı ve teşvik edici bir yöntemin tercih edilmesi oldukça çekici bir unsur olarak göze çarpıyor.

Dr. NEBİLE ASLAN

PSİKOLOJİ DİZİSİ KİTAPLARIMIZ